JN095031

学校でも、家庭でも
教科書レベルの力がつく！

小学

社会 6 年生

習熟プリント

小山 修治郎 著

これなら
できた！

清風堂書店

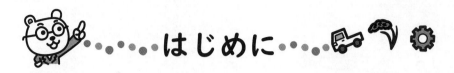

はじめに

　本書は、学習指導要領に基づいて作られている3社（東京書籍・教育出版・日本文教出版）の教科書を検討しながら作成しました。

　6年生の社会科は、政治、歴史、世界の国々に分けることができます。中でも歴史は、時代をイメージでとらえることが難しいだけでなく、人名やできごとなどの漢字に悩まされるところです。このプリントは、くり返し学習することで慣れるようにしてあります。政治や世界の国々についても、学習の仕方は同じです。

【プリントの構成】
① イメージマップ （各単元のとびら）

　　単元全体のイメージがつかめるように、内容が一目でわかるようになっています。アミ字をなぞったり、色をぬったりして楽しんで学習してください。

② 項目別プリント

　　基礎・基本がしっかり定着することを大事にしながら、思考力を高められるステップも用意しています。

③ 単元まとめプリント

　　基礎・基本がどれだけ定着しているかを確かめながら、キーワードなどを使って、総合的に思考力がつくようにしています。

④ 学年末まとめプリント

　　知識・技能・思考の力がどれだけついているかが、確かめられるようにしています。

※ 社会ゲーム

　　学習したことを、楽しみながらふり返れるようにしてあります。

　学校での学習内容と、このプリントをリンクさせて、さらに学力がアップできるようになればと願っています。

使い方

イメージマップ

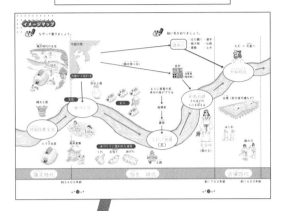

イメージマップを使った問題

項目別プリント

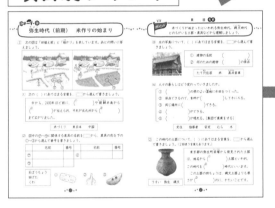

（基礎学力の定着・自己点検）

単元まとめプリント

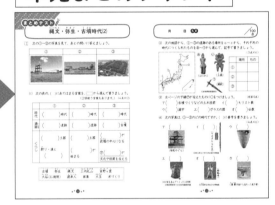

学年末まとめプリント

（知識・グラフの読み取り・思考の力がつくような問題）

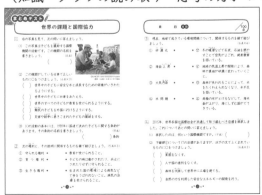

社会ゲーム

社会習熟プリント6年生　もくじ

 なぞって書きましょう。

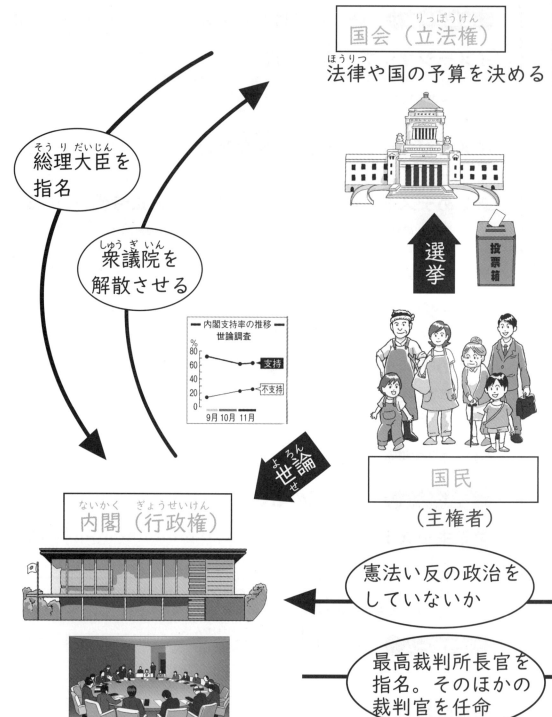

国会（立法権）

法律や国の予算を決める

選挙

投票箱

国民

（主権者）

総理大臣を指名

衆議院を解散させる

内閣支持率の推移
世論調査
%
80
60 支持
40
20 不支持
0
9月 10月 11月

世論

内閣（行政権）

憲法い反の政治をしていないか

最高裁判所長官を指名。そのほかの裁判官を任命

政治を行う

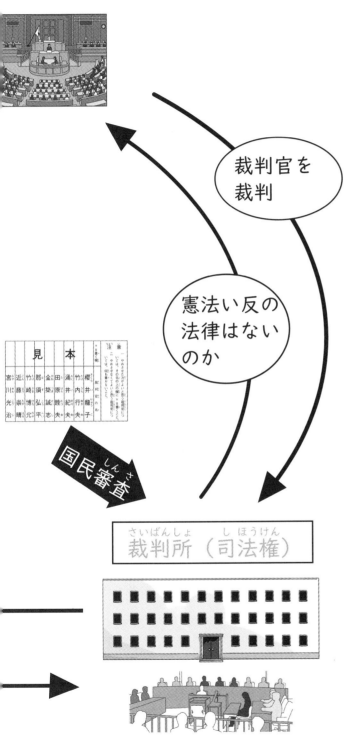

裁判官を
裁判

憲法い反の
法律はない
のか

国民審査（しんさ）

裁判所（さいばんしょ）（司法権（しほうけん））

裁判を行う

日本国憲法（にほんこくけんぽう）
の三大原則

基本的人権の尊重（じんけん　そんちょう）

だれもが
もっている
人間らしく
生きる権利
を尊重する

国民主権

政治のあり方は
国民が決める

平和主義

戦争を二度と
くり返さない

私たちの暮らしと日本国憲法　国民主権

1　次の図などを見てあとの問いに答えましょう。

(1) 次の（　）にあてはまる言葉を、┈から選んで書きましょう。

学校や公園は、（①　　　　　）や町、村といった（②　　　　　　　　）が実際は作りますが、きちんとした（③　　　　　　　　）にもとづいて作ります。そのたくさんの③の基本となるものが（④　　　　　　　　）です。

> 日本国憲法　　市　　法律　　地方公共団体

(2) 日本国憲法はいつ施行されましたか。□に数字を書きましょう。

□□□□ 年 □□ 月 □□ 日 （憲法記念日）

(3) 日本国憲法の三つの原則を書きましょう。

憲法

国民主権　　基本的人権の尊重　　平和主義

2　次の資料は、日本国憲法の前文の一部をまとめたものです。あとの問いに答えましょう。

> （略）国の政治は、国民から厳粛にゆだねられた行為であって、その権威は国民が本来持っているものである。政治の力は国民の代表者によって使われ、そこから得られる幸福と利益は国民が得るものである。これは人類全体の根本的なことであり、憲法はこの考えにもとづいて作られたのである。

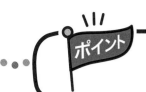

ポイント 日本国憲法の三原則と国民主権について理解しましょう。

(1) 左のページの資料は、日本国憲法の三原則のうちのどのことについて書かれていますか。　（　　　　　　）

(2) 次の図は、(1)の考えを表したものです。

① 図中の㋐〜㋒にあてはまる言葉を、□から選んで書きましょう。

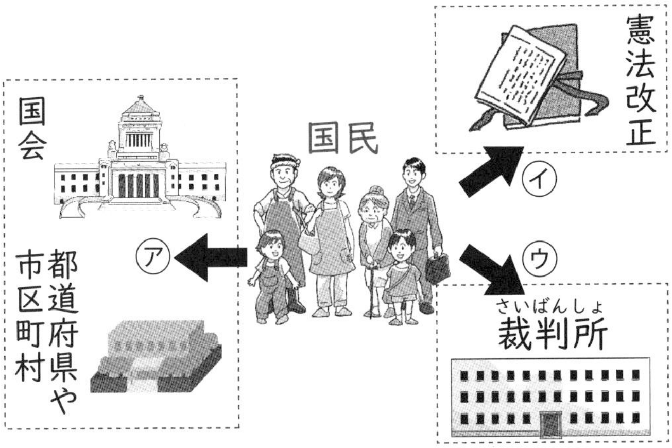

㋐	
㋑	
㋒	

国民審査（しんさ）　選挙
国民投票

② 図中の㋐について、正しいものに○をつけましょう。

（　　）20才以上の男子だけに権利（けんり）がある。

（　　）20才以上のすべての国民に権利がある。

（　　）18才以上のすべての国民に権利がある。

(3) 日本国憲法では、天皇（てんのう）はどうなりましたか。（　）にあてはまる言葉を、□から選んで書きましょう。

天皇は、日本の国や国民のまとまりの（①　　　　）の地位につき、国の（②　　　　）については権限をもたず、（③　　　　）で定められた（④　　　　）を行います。

国事行為（こうい）　憲法　象徴（しょうちょう）　政治

1　次の（　）にあてはまる言葉を、□□から選んで書きましょう。

(1)　日本国憲法はすべての国民が生まれながらにして自由で（①　　　　　）であり、だれもが（②　　　　　）に生活する（③　　　　　）を持つとされています。それを（④　　　　　）といいます。

男女の平等　　　信教の自由

学問の自由　　　職業を選ぶ自由

┌──────────────────────────┐
│　平等　　　権利　　　基本的人権　　　幸福　│
└──────────────────────────┘

(2)　駅や公共施設など、だれもが不自由なく安全に利用できるようにするという（①　　　　　　　　）の考え方にもとづいた整備が進められています。また、すべての人が使いやすいという（②　　　　　　　　）の考え方にもとづいた製品も多くつくられています。わたしたちは、（③　　　　　　　　）の人たちや在日外国人、年齢、（④　　　　　　　　）、国籍、障害のある人たちなどに対する差別がない社会をつくる努力をしていくことが大切です。

┌──────────────────────────────────┐
│　アイヌ　　　性別　　　ユニバーサルデザイン　　　バリアフリー　│
└──────────────────────────────────┘

(3)　日本国憲法では、3つの義務についても定めています。

①　（　　　　　）義務

②　（　　　　　）を納める義務

③　子どもに（　　　　　）を受けさせる義務

┌──────────────────────┐
│　教育　　　税金　　　働く　│
└──────────────────────┘

2　次の文は日本国憲法の成立に合わせて作られた社会科教科書の一部です。

戦争放棄

(1)　次の（　）にあてはまる言葉を、⌐‥‥¬から選んで書きましょう。

① 国どうしのもめ事の解決手段として（　　　　　　）は決してしないこと。

② そのための（　　　　　　）は持たないこと。

③ 上の図は軍艦や武器をとかして（　　　　　　）の発展につながるものを生産しようとうったえています。

> 社会　　戦力　　戦争

(2)　(1)は日本国憲法の三原則のどれにあたりますか。

（　　　　　　　　　　　）

3　右の写真について、（　）にあてはまる言葉を、⌐‥‥¬から選んで書きましょう。

1945年8月6日に原爆が投下され、14万人以上の犠牲者を出した（①　　　　　　）の平和記念式典です。日本は世界でただ一つの被爆国として、核兵器を（②　　　　　　）、（③　　　　　　）、（④　　　　　　）という非核三原則を世界にうったえています。

©広島市

> もたない　　つくらない　　もちこませない　　広島

国会のはたらきと国民の祝日

1 次の問いに答えましょう。

(1) 次の（　）にあてはまる言葉を、□□から選んで書きましょう。

日本国憲法では（　　　　　　）のしくみについても定めています。右の建物は（　　　　　　　　）で、国会では国民の代表者が話し合い、多数決で決めます。国民の代表者は（　　　　　　　）によって選ばれ、（　　　　　　　　）と呼ばれています。

> 選挙　　国会議員　　国会議事堂　　政治

(2) 次の表の（　）にあてはまる言葉を、□□から選んで書きましょう。

国　会		
	（　　　　　　　）	（　　　　　　　）
議員定数	465 人	248 人
任期	（　　　）年	（　　　）年
（　　　　　）	ある	ない
立候補できる人	（　　　）才以上	（　　　）才以上

> 4　　6　　25　　30　　解散　　参議院　　衆議院

(3) 国会が決めることで正しいものに○をつけましょう。

（　　）　国のきまりである法律を作る。

（　　）　次の天皇を決める。

（　　）　国の予算（収入と支出）を決める。

（　　）　外国との約束である条約を認める。

月　　日 [名前]

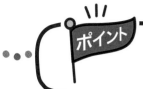

[ポイント] 国会のはたらきについて理解し、国民の祝日も法律に基づいてつくられていることを理解しましょう。

⑷ 国会が衆議院と参議院の２つあるのはなぜでしょうか。次の（　）にあてはまる言葉を、[　　]から選んで書きましょう。

国会は（①　　　　）の政治の（②　　　　）を決める重要な仕事をするところです。だから、衆議院と参議院という（③　　　　）をとって、慎重(しんちょう)に話し合って決めているからです。

[二院制　　方向　　国]

⑸ 国会の主な仕事は法律をつくる（立てる）ことです。これを何といいますか。正しいものに○をつけましょう。

（　）行政(ぎょうせい)　　（　）司法(しほう)　　（　）立法(りっぽう)

[2] 「国民の祝日」の日も法律で決められています。次の祝日の日にちを[　　]から選び、その説明を線で結びましょう。

① 憲法記念日
〔　　　　〕 •　　　　• ㋐ 子どもの人格を重んじ、子どもの幸福が実現されるようにする。

② 文化の日
〔　　　　〕 •　　　　• ㋑ 日本国憲法の施行(しこう)を記念する。

③ こどもの日
〔　　　　〕 •　　　　• ㋒ 自由と平和を愛し、文化をよりよいものにする。（日本国憲法の公布日）

④ 勤労(きんろう)感謝の日
〔　　　　〕 •　　　　• ㋓ 働く人たちに感謝し、生産を祝う。

[11月23日　　5月5日　　11月3日　　5月3日]

内閣と裁判所のはたらき

1 次の（ ）にあてはまる言葉を、┈┈から選んで書きましょう。

(1) 内閣の主な仕事は（①　　　　　　　）で決められた法律をもとに政治を行うことです。これを（②　　　　　　　）といいます。右の写真のように、各省庁（国の役所）のトップである（③　　　　　　　　）が話し合って進めていきます。③の最高責任者が（④　　　　　　　　）で、首相とも呼ばれます。

┈┈┈┈┈┈┈┈┈┈┈┈┈┈┈┈┈┈┈┈┈┈┈
行政　　　内閣総理大臣　　　国会　　　国務大臣
┈┈┈┈┈┈┈┈┈┈┈┈┈┈┈┈┈┈┈┈┈┈┈

(2) 具体的に仕事を進めるのは各省庁です。鉄道や道路の計画をしたり、災害に強い国土をつくるのは（　　　　　）省です。また、教育内容を決めたり、学校を作ったりするのは、（　　　　　）省です。他に9省あります。

┈┈┈┈┈┈┈┈┈┈┈┈┈┈┈┈┈┈┈┈
外務　　　文部科学　　　国土交通
┈┈┈┈┈┈┈┈┈┈┈┈┈┈┈┈┈┈┈┈

2 内閣の仕事で関係するものを線で結びましょう。

予算案作成　●　　　　　　　● 外国との約束事を条約として結ぶ。

条約を結ぶ　●　　　　　　　● 新しい法律案をつくり、国会に提出する。

法律案作成　●　　　　　　　● 次年度の国の予算を編成する。

3 右のグラフは国の予算の収入を表しています。収入の中心となっているものは何ですか。（ ）に○をつけましょう。

（　）税金　　　（　）給料　　　（　）寄付金

収入（2018年）
所得税 19.5%
消費税 18.0%
法人税 12.4%
その他の税金 10.6%
公債金 34.4%
その他の収入 5.1%
約97.7兆円

月　　日 [名前]

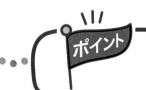

ポイント

内閣と裁判所のはたらきについて理解しましょう。

4　裁判所(さいばんしょ)のはたらきについて、次の（　）にあてはまる言葉を、[　　]から選んで書きましょう。

(1)　裁判所の主な仕事は争いごとや犯罪がおきると、（①　　　）や法律にもとづいて公正に解決します。これを（②　　　）といいます。また、（③　　　）が決めた法律や、（④　　　）が行った政策(せいさく)について憲法にい反していないかの審査(しんさ)もします。

内閣	国会	憲法(けんぽう)	司法

(2)　右の図のように2009年から始まった20才以上の人の中から選ばれた国民が、裁判に参加する制度を何といいますか。

（　　　　）制度

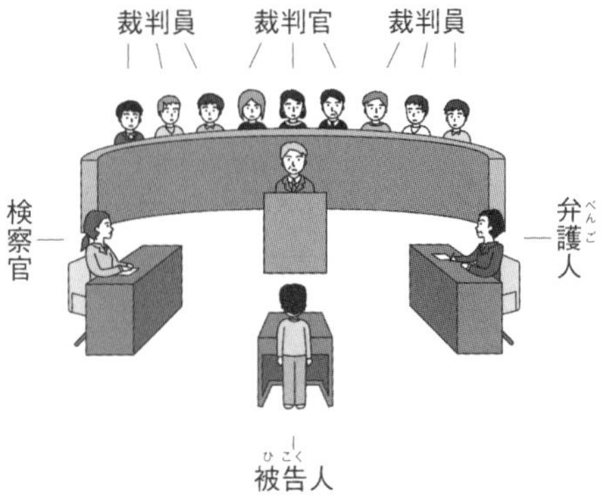

裁判員
裁判官
裁判員
検察官
弁護(べんご)人
被告(ひこく)人

(政府広報オンラインより作成)

5　日本は、公正に裁判をするために裁判制度は右の図のようになっています。あとの問いに答えましょう。

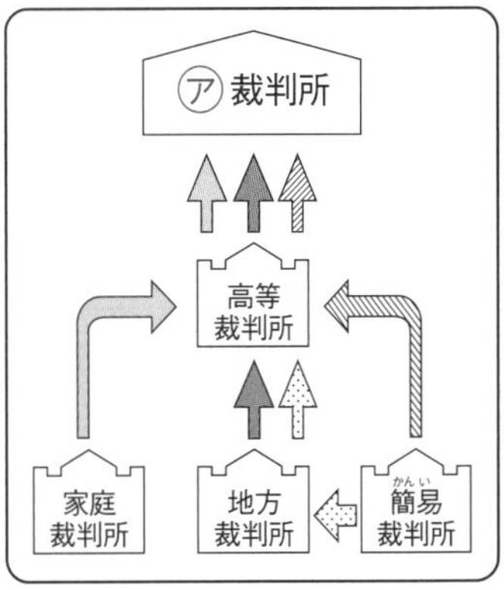

㋐裁判所
高等裁判所
家庭裁判所
地方裁判所
簡易(かんい)裁判所

(1)　裁判は判決に納得(なっとく)できなければ、上級の裁判所にうったえることができます。その順番を書きましょう。

地方裁判所 →［　　　］裁判所 →㋐［　　　］裁判所

(2)　このしくみを何というでしょうか。漢数字を入れましょう。

［　　　］審制(しんせい)

三権分立と税金のはたらき

[1]　次の図を見て、あとの問いに答えましょう。

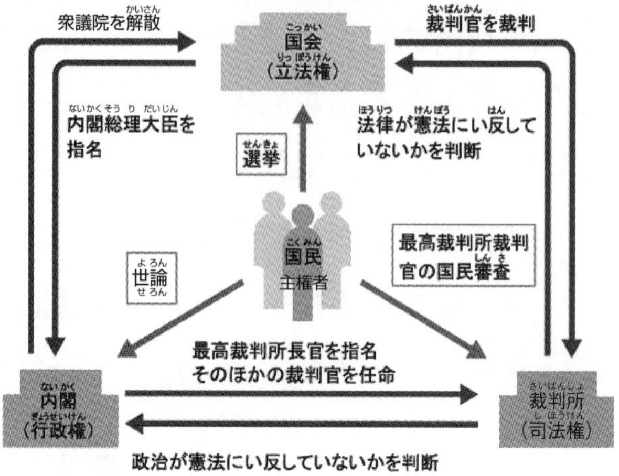

衆議院を解散
国会
（立法権）
裁判官を裁判
内閣総理大臣を指名
選挙
法律が憲法にい反していないかを判断
国民
主権者
世論
最高裁判所裁判官の国民審査
最高裁判所長官を指名
そのほかの裁判官を任命
内閣
（行政権）
裁判所
（司法権）
政治が憲法にい反していないかを判断

(1)　図を見て、（　）にあてはまる言葉を書きましょう。

①　国会（　　　　）権　…（　　　　　　　　）を指名する。

裁判官を（　　　　）できる。

②　内閣（　　　　）権　…（　　　　　）を解散できる。

③　裁判所（　　　）権　…法律が（　　　）にい反していないか。

④　国　民　…（　　　　）としてのかかわり。

㋐　国会　⇐（　　　）	㋑　内閣　⇐（　　　）
㋒　最高裁判所裁判官　⇐（　　　）審査	

(2)　図のようになっているのはなぜですか。

国会・内閣・裁判所は、それぞれ国を動かす大きな（①　　　　）をもっています。それらの力が（②　　　　）しないように（③　　　　）にしているのです。そして、それを見守るのが（④　　　　）です。

国民
権力
三権分立
集中

ポイント　三権分立の仕組みや、税金の使われ方について理解しましょう。

(3)　「三権分立」を守っていくために大切なことに○をつけましょう。

（　　）選挙では必ず投票に行き、自分の考えを表明する。

（　　）内閣を信じて任せる。

（　　）裁判所、国会、内閣には世論で自分たちの願いを伝える。

2　次の問いに答えましょう。

(1)　町には税金でつくられたものが多くあります。関係する施設を線で結びましょう。

・身近な公共施設　●　　　　　　● 交番、信号機

・安全を守る施設　●　　　　　　● 市民病院、ごみ処理施設

・健康を守る施設　●　　　　　　● 小学校、公園、図書館

(2)　右のグラフは、広島市の収入の内訳です。収入の中で一番多いのは何ですか。○をつけましょう。

（　　）国や県から受ける援助

（　　）住民や会社からの税金

（　　）民間からの寄付金

広島市の収入の内訳（2019）

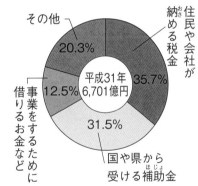

その他 20.3%
住民や会社が納める税金 35.7%
平成31年 6,701億円
事業をするために借りるお金など 12.5%
国や県から受ける補助金 31.5%

(3)　グラフからわかることとして、（　）にあてはまる言葉を、┈┈┈から選んで書きましょう。

　　市（区・町・村）の住民がよりよい暮らしにつながる政治（①　　　　　　）を進めるためには、住民や会社が納める（②　　　　　　）だけではなく、都道府県や国の（③　　　　　　）が使われていることがわかります。

┈┈┈┈┈┈┈┈┈┈┈┈┈┈┈┈┈┈
補助金　　税金　　地方自治
┈┈┈┈┈┈┈┈┈┈┈┈┈┈┈┈┈┈

地方自治

1 次のグラフを見て、あとの問いに答えましょう。

グラフ① 生まれた子どもの数と、人口にしめる65才以上の高齢者の割合

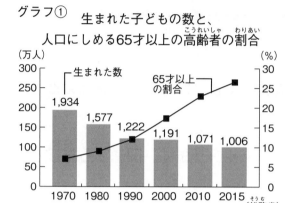

グラフ② 共働き世帯と専業主婦世帯の移り変わり

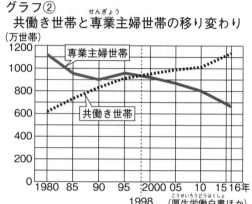

(1) グラフ①からわかることとして、（　）にあてはまる言葉を、┌┄┄┐から選んで書きましょう。

・65才以上の割合は（① 　　　　　　　　　）。

・生まれた子どもの数は（② 　　　　　　　　　）。

┌┄┄┄┄┄┄┄┄┄┄┄┄┄┄┄┄┄┄┄┄┄┐
　増えている　　減っている　　変わらない
└┄┄┄┄┄┄┄┄┄┄┄┄┄┄┄┄┄┄┄┄┄┘

(2) グラフ②からわかることとして、（　）にあてはまる言葉を書きましょう。

・（① 　　　　　）年からは専業主婦世帯よりも（② 　　　　　　　）世帯の方が多くなってきている。

(3) 次の（　）にあてはまる言葉を、┌┄┄┐から選んで書きましょう。

（① 　　　　　　　　　）社会をむかえている日本では、お年寄りや子育ての支援がじゅう実している、だれもが暮らしやすい社会をつくっていくことが（② 　　　　　　　）のはたらきとして求められています。

┌┄┄┄┄┄┄┄┄┄┄┄┄┄┄┄┄┄┄┄┄┄┐
　政治　　少子高れい化　　多子高れい化
└┄┄┄┄┄┄┄┄┄┄┄┄┄┄┄┄┄┄┄┄┄┘

月　　日 [名前]

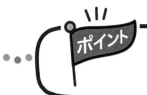

[ポイント] 自分たちに身近な地方自治体（市区町村）の仕組みについて理解しましょう。

[2] 次の図を見て、あとの問いに答えましょう。

(1) 次の（　）にあてはまる言葉を、[　　]から選んで書きましょう。

地域(ちいき)の（①　　　　）を自分たちの手で行うことを地方自治といいます。この地方自治の最大の目的は（②　　　　　）を実現することにあります。

市民の願い　　住民の仕事　　政治

(2) 次の図は、市民の願いが実現するまでの流れを表しています。

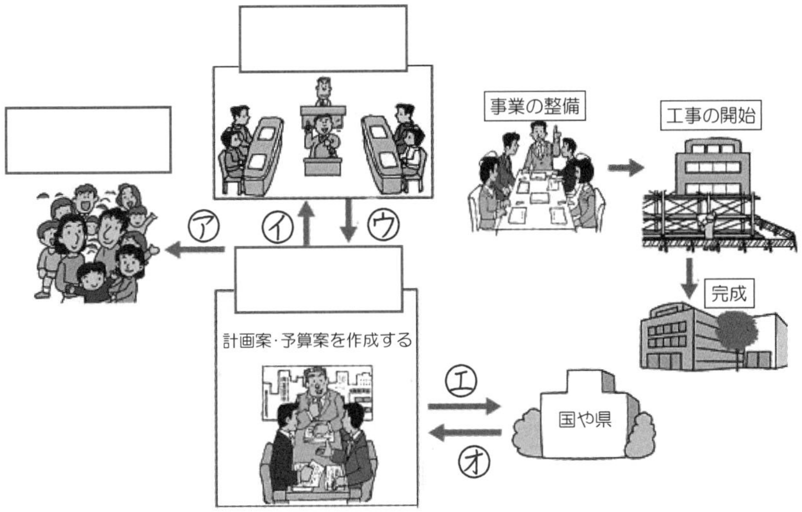

① 図の[　　]にあてはまる言葉を、[　　]から選んで書きましょう。

市議会　　市役所　　市民

② 次の仕事は、㋐～㋔のどこで行われていますか。記号で書きましょう。

① 補助(ほじょ)・援助(えんじょ)［　　　］　② 申請(しんせい)［　　　］

③ 賛成の議決［　　　］　④ 計画案・予算案の提出［　　　］

⑤ 市民の声を聞く会を開く［　　　］

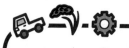

自然災害からの復旧・復興

[1]　次の図を見て、大きな地震などの自然災害がおきたときに、市町村・都道府県・国がすることを書きましょう。

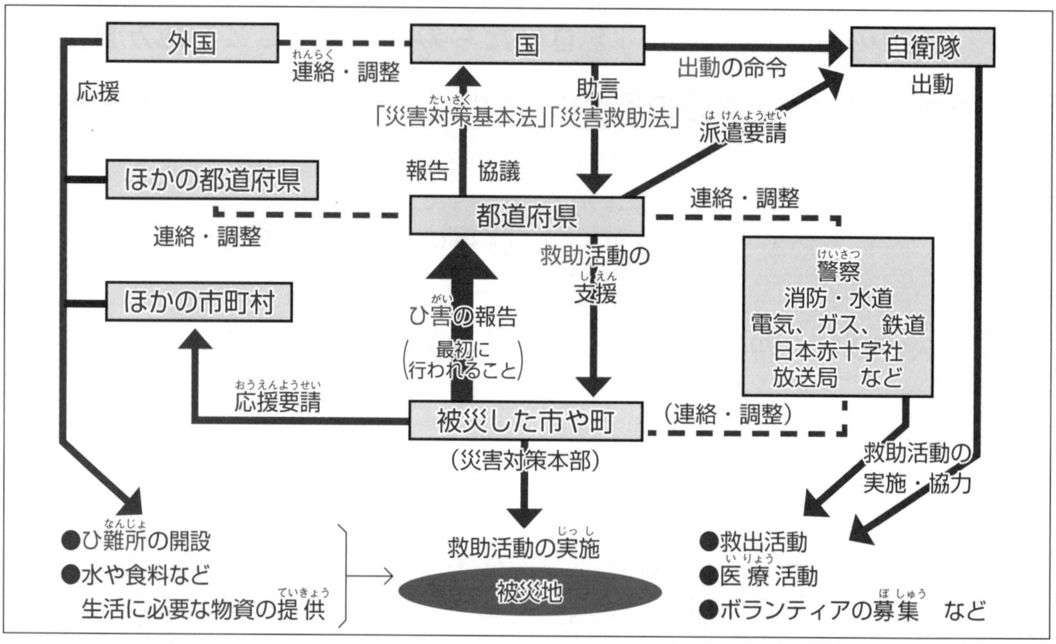

① [市町村]　災害対策本部の設置

- ㋐ (　　　　　　　)の開設
- ㋑ (　　　　　　　)を確認し、都道府県に報告

② [都道府県]　災害対策本部の設置

- ㋐ ひ害に基づいて(　　　　　　　)に派遣要請
- ㋑ 市町村に(　　　　　　　)活動の支援

③ [国]　(　　　　　　　)基本法と災害救助法に基づき、緊急災害対策本部の設置

- ㋐ 都道府県と連絡し合って、自衛隊に(　　　　　　　)の命令
- ㋑ (　　　　　　　)と連絡・調整

ポイント

自然災害が起きたときの仕組みについて理解しましょう。

2　次の図を見て、復旧・復興に向けた取り組みについて書きましょう。

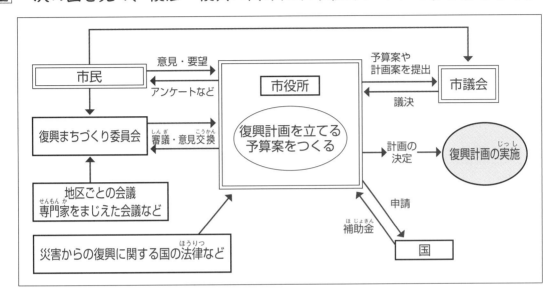

(1)　市役所が立てる「復興計画」には、だれの願いが生かされていますか。

（　　　　　　　　）

(2)　災害から命や暮らしを守るために、次の取り組みが必要です。（　）
にあてはまる言葉を、┈┈┈┈から選んで書きましょう。

　　①　国や都道府県、市町村が進める取り組み　　　　（　　　）

　　②　地域の人々の助け合い　　　　　　　　　　　　（　　　）

　　③　自分や家族を守ること　　　　　　　　　　　　（　　　）

┈┈┈┈┈┈┈┈┈┈┈┈┈┈┈┈
共助　　自助　　公助
┈┈┈┈┈┈┈┈┈┈┈┈┈┈┈┈

(3)　(2)のために行われている右の写真の取り組み
を、┈┈┈┈の中から選びましょう。

（　　　　　　　　）

┈┈┈┈┈┈┈┈┈┈┈┈┈┈┈┈┈┈┈
交通安全教室　　運動会　　防災訓練
┈┈┈┈┈┈┈┈┈┈┈┈┈┈┈┈┈┈┈

私たちの生活と政治(1)

1　次の日本国憲法の前文を読んで、あとの問いに答えましょう。

> 日本国民は、わたしたちと子孫のために、世界の国々と親しく交わり、 ⒶＡ国内に自由のめぐみをみなぎらせることが、国民を幸福にするものであると信じる。そして、 Ⓑ政府の行いによってこれから二度と戦争の起こることのないようにしようと決意するとともに、ここに国の政治のあり方を決める力は、わたしたち国民にあることを Ⓒ宣言して、この憲法をつくった。

(1)　文中のⒶ～Ⓒの、日本国憲法の三原則を書きましょう。　（6点×3）

Ⓐ	
Ⓑ	
Ⓒ	

> 国民主権　　平和主義　　基本的人権の尊重

(2)　次のできごとは、文中のⒶ～Ⓒのどれと関係がありますか。（　）に記号で書きましょう。　（5点×5）

（　）　18才以上のすべての国民に選挙権がある。

（　）　自らの戦争体験を語り続ける。

（　）　アイヌ民族は、日本に古くから住む先住民族である。

（　）　障がいのある人もない人も、住みやすい社会をつくる。

（　）　非核三原則をかかげる。

2 次の表を見て、あとの問いに答えましょう。

名　前	A（　　　　　　　　　　）憲法
施行日 （しこう）	1947年5月3日
㋐主権者	（　　　　　　　　　　）
天　皇 （てん）（のう）	日本国や国民の（　　　　　　　　　）
（　　　）	納税（のうぜい）・（　　　　　）・勤労（きんろう）
軍　隊	（　　　　　　）をもたない

(1) （　）にあてはまる言葉を書いて、表を完成させましょう。（6点×6）

(2) Aの憲法がつくられるきっかけとなったのは、何ですか。　（6点）

（　　　　　　　　　）大戦

(3) ㋐の意味を、次の（　）の言葉を使って書きましょう。　（15点）

（国　政治　権力）

私たちの生活と政治(2)

1　次の図を見て、あとの問いに答えましょう。

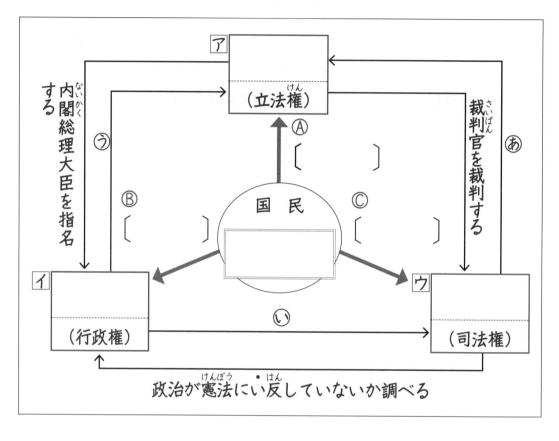

（1）　図中の ア ～ ウ と Ⓐ～Ⓒにあてはまる言葉を書きましょう。（5点×3）

> 内閣　　裁判所　　国会

（2）　次の仕事は、 ア ～ ウ のどこで行われていますか。（　）に記号を書きましょう。（3点×3）

（　　）　国の予算を決め、法律をつくる。

（　　）　憲法や法律に基づいて争いごとなどを解決する。

（　　）　法律や予算をもとに、実際に政治を進める。

(3)　図中の国民の□にあてはまる言葉を書いて、その役割をⒶ～Ⓒに書きましょう。　　　　　　　　　　　（6点×4）

> 国民審査　　主権者　　選挙　　世論

(4)　図のⓐ～ⓒの（　）にあてはまる言葉を書きましょう。　（5点×3）

ⓐ　法律が（　　　　　　　　）にい反していないかを審査する。

ⓘ　最高裁判所長官を（　　　　　　　　）する。

ⓒ　衆議院の（　　　　　　　　）を決める。

> 指名　　解散　　憲法

(5)　左の図のような仕組みを何といいますか。（6点）（　　　　　　　　）

(6)　なぜ(5)のような仕組みにしているのでしょうか。次の（　）の言葉を使って書きましょう。（権力・バランス）　　　　　　　　（10点）

> （解答欄）

② 　次の（　）にあてはまる言葉を書きましょう。　　　　（7点×3）

(1)　2011年、宮城県沖で発生した地震によってもたらされた災害を何といいますか。　　　　　　　　　　　（　　　　　　　　）

(2)　(1)の発生後、日本各地から自分から進んで社会のために行動する（　　　　　　　　）が集まりました。

(3)　(1)によりひ害があった地域は、今でも復興のための町づくりが進められています。その中でもっとも大事にしなければならないのは何でしょうか。　　　　（　　　　　　　　）の願いを生かした町づくり

作業1 なぞって書きましょう。

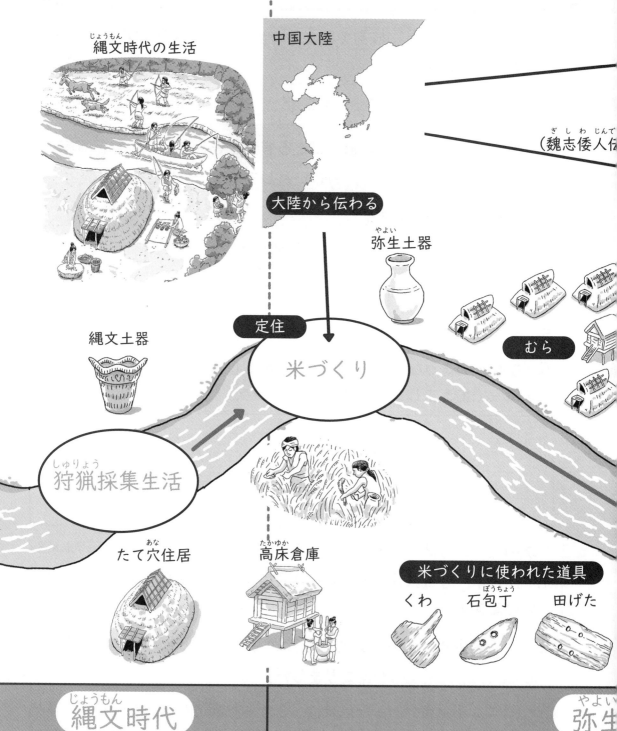

縄文時代の生活

中国大陸

（魏志倭人伝

大陸から伝わる

弥生土器

むら

縄文土器

定住

米づくり

狩猟採集生活

たて穴住居

高床倉庫

米づくりに使われた道具

くわ　石包丁　田げた

縄文時代

弥生

約2400年前

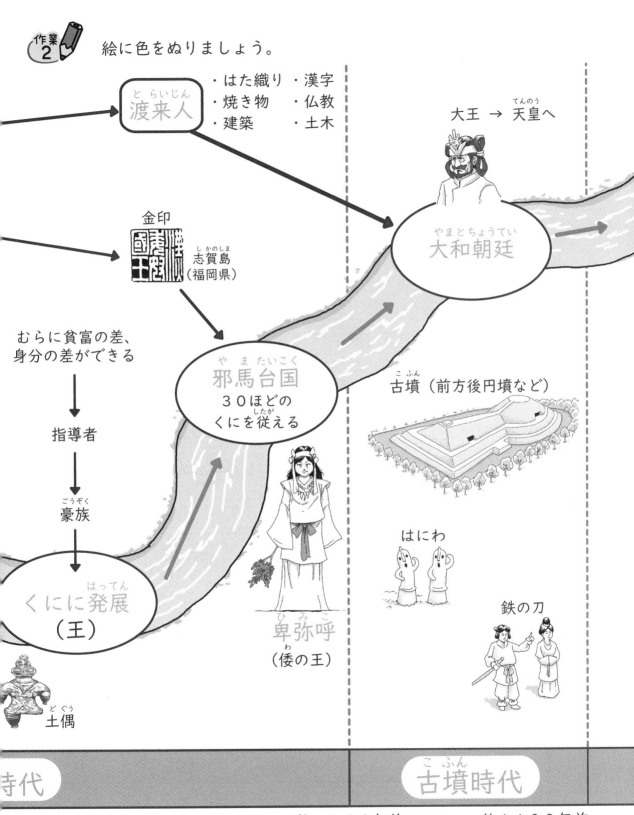

作業 2　絵に色をぬりましょう。

渡来人（とらいじん）
・はた織り　・漢字
・焼き物　　・仏教
・建築　　　・土木

大王 → 天皇（てんのう）へ

金印
漢委奴國王
志賀島（しかのしま）
（福岡県）

大和朝廷（やまとちょうてい）

むらに貧富の差、
身分の差ができる

↓

指導者

↓

豪族（ごうぞく）

↓

くにに発展（はってん）
（王）

邪馬台国（やまたいこく）
３０ほどの
くにを従える（したがえる）

古墳（こふん）（前方後円墳など）

はにわ

鉄の刀

卑弥呼（ひみこ）
（倭の王）（わ）

土偶（どぐう）

時代

古墳（こふん）時代

約１７００年前　　　　約１４００年前

27

縄文時代

[1] 次の図やグラフを見て、あとの問いに答えましょう。

㋐矢じり
㋑つりばり
㋒土器

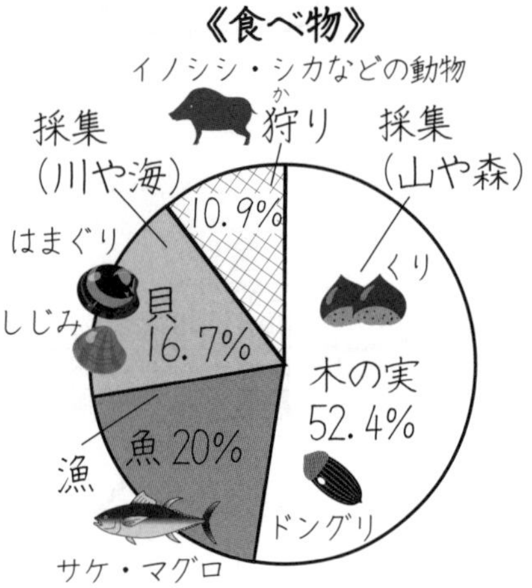

《食べ物》
イノシシ・シカなどの動物
狩り
採集（川や海）
採集（山や森）
10.9%
はまぐり
しじみ
貝 16.7%
くり
木の実 52.4%
漁
魚 20%
ドングリ
サケ・マグロ

(1) 次の（　）にあてはまる言葉を、[　　]から選んで書きましょう。

大昔の人々は、（①　　　）や魚をとったり、（②　　　）などを採集したりして、（③　　　）住居に住んでいました。この時代を（④　　　）時代といいます。

縄文　　動物　　たて穴　　木の実

(2) この時代の暮らしについて、表を完成させましょう。

	食料としたもの	使った道具
狩り	（①　　　）・（②　　　）	弓と、石でつくった ㋐（　　　）
漁	（③　　　）・（④　　　）	骨などでつくった ㋑（　　　）
採集（木の実）	（⑤　　　）・（⑥　　　）	㋒（　　　）

三内丸山遺跡から縄文時代の生活（住居・土器・石器
の道具など）を理解しましょう。

(3)　この時代の人々は、はじめて土器をつくり出しました。次の（　）
にあてはまる言葉を、┆┄┄┆から選んで書きましょう。

① 特ちょう　表面に縄目（なわめ）の模様（もよう）がある。

② 名　　前　（　　　　　）土器

③ 利　　点　㋐　食べ物を煮（に）たきできる。

　　　　　　㋑　食べ物の（　　　　　）。

④ 土器を使うことによるえいきょう

　㋐　木の実が食べ物全体の約（　　　　）
　　になった。

　㋑　木の実がたくさんあるところに
　　（　　　）する。

┌─────────────┐
│ 保存（ほぞん）　定住 │
│ 縄文　　半分 │
└─────────────┘

2　次の Ａ と Ｂ の写真について、あとの問いに答えましょう。

①　Ａ の遺跡（いせき）の名前　　　　　　　　（　　　　　　　　　）遺跡

②　豊かなめぐみを願ってつくられた Ｂ のような人形を何といいま
すか。　　　　　　　　　　　　　　　　　　（　　　　　　　）

Ａ

大型掘立柱建物（ほったてばしら）　大型住居
［三内丸山遺跡（さんないまるやま）　復元建物］

Ｂ

▲ 中空土偶（ちゅうくうどぐう）

ⓒ函館市

弥生(やよい)時代（前期）　米作りの始まり

[1]　次の図は「田植え前」と「稲(いね)かり」を表しています。あとの問いに答えましょう。

(1)　次の（　）にあてはまる言葉を、[　　]から選んで書きましょう。

> 今から、2400年ほど前に、（①　　　　）や朝鮮(ちょうせん)半島から（②　　　　）が伝えられ、それが北九州から（③　　　　）まで広がりました。

[米づくり　　東日本　　中国]

(2)　図中の㋐～㋒に関係する農具の名前を[　　]から、農具の形を下の①～③から選んで番号を書きましょう。

	名前	番号		名前	番号
㋐			㋑		
㋒					

[石ぼうちょう　田げた　くわ]

①
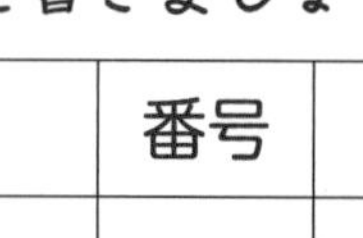

②

③
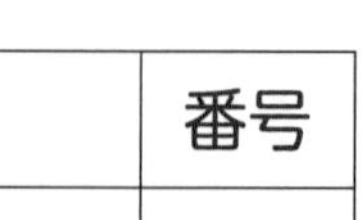

ポイント　米づくりが始まったといわれる弥生時代。縄文時代とのちがいを土器・農具などから理解しましょう。

(3)　左の写真について、（　）にあてはまる言葉を、▭から選んで書きましょう。

① 建物の名前　　　（　　　　　　　　）
② 何のための建物　（　　　　　　）の保存

┄┄┄┄┄┄┄┄┄┄┄┄┄┄┄┄┄┄
たて穴住居　　米　　高床倉庫
┄┄┄┄┄┄┄┄┄┄┄┄┄┄┄┄┄┄

(4)　人々の暮らしはどう変わっていきましたか。

① （　　　　　　　）の便のよい湿地に水田をつくった。
② 保存できるので、食料が（　　　　　　　）して手に入る。
③ 同じ場所に（　　　　　　）できる。
④ （　　　　　）ができる。
⑤ （　　　　　）が現れる。［集団で農業をする］

┄┄┄┄┄┄┄┄┄┄┄┄┄┄┄┄┄┄┄┄
定住　　指導者　　安定　　むら　　水
┄┄┄┄┄┄┄┄┄┄┄┄┄┄┄┄┄┄┄┄

2　この時代の土器について、（　）にあてはまる言葉を、▭から選んで書きましょう。（2回使う言葉もあります。）

東京都の弥生町貝塚から発見された土器は、地名から（①　　　　　　　）土器といわれ、この時代を（②　　　　　　　）時代といいます。

この土器の特ちょうは、縄文土器よりも厚さが（③　　　　　　　）のに、かたいことです。

┄┄┄┄┄┄┄┄┄┄┄┄┄┄┄┄
うすい　弥生　縄文
┄┄┄┄┄┄┄┄┄┄┄┄┄┄┄┄

弥生時代（後期）　むらからくにへ

① 次の図は、弥生時代後半のある遺跡のようすを表したものです。あとの問いに答えましょう。

Ⓐ

[吉野ヶ里遺跡　復元建物]

Ⓑ

木のさく

ほり

見はりのためのやぐら（物見やぐら）

(1) 佐賀県にあるⒶの写真の遺跡の名前を書きましょう。

（　　　　　　　　　）遺跡

(2) Ⓐの建物は、何ですか。　　　　　（　　　　　　　）

(3) Ⓑの図から、村の周りは、何で囲まれていますか。

（　　　　　）（　　　　　）

(4) 次の（　）にあてはまる言葉を、◻◻◻から選んで書きましょう。

　　①は（　　　　　　）や（　　　　　　）で
つくられた剣で、ほかの村との争いのとき
に使われたものです。
　　②は、祭りのときなどに使われた
（　　　　　　）です。

①

©佐賀県教育委員会

②

銅たく　木　青銅　鉄

「むら」から「くに」が誕生します。その過程での
渡来人の役割と、卑弥呼の存在を理解しましょう。

2　なぜ、1のような遺跡ができたのでしょうか。次の（　）や□□に
あてはまる言葉を、┈┈┈から選んで書きましょう。

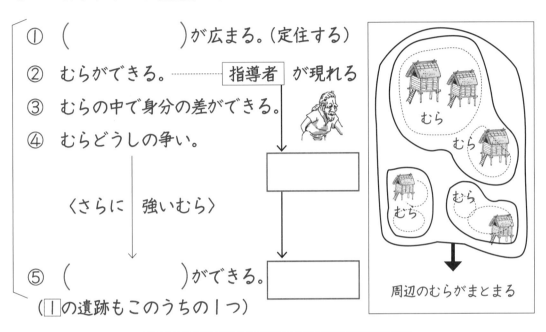

① （　　　　　　　　）が広まる。（定住する）

② むらができる。┄┄┄┄　指導者　が現れる

③ むらの中で身分の差ができる。

④ むらどうしの争い。

〈さらに　強いむら〉

⑤ （　　　　　　　　）ができる。
（1の遺跡もこのうちの1つ）

周辺のむらがまとまる

> 豪族（ごうぞく）　米づくり　王　くに

3　次の写真について、あとの問いに答えましょう。

©大阪村立弥生文化博物館

① この人物は、くにどうしの争いをおさ
め、30ほどのくにを従えた女王です。
人物とくにの名前を書きましょう

人物　（　　　　　　）

くに　（　　　　　　）

② この人物は、何によってくにを治めて
いましたか。

（　　　　　　　　）

> 神のおつげ　邪馬台国（やまたいこく）　卑弥呼（ひみこ）

古墳時代 ［大和朝廷（大和政権）］

① 次の写真は、2019年に世界遺産に登録された遺跡です。あとの問い
に、⌐‐‐¬から選んで答えましょう。

(1) この遺跡の名前を書きましょう。

（　　　　　　　　）古墳（仁徳天皇陵）

(2) 古墳は、だれの墓ですか。

豪族や（　　　　　　）の墓

(3) この古墳の形を何といいますか。

（　　　　　　　　）墳

(4) これらが多数つくられたのは何時代ですか。

（　　　　　　　　）時代

```
王
古墳
前方後円
大仙
```

② 次の地図を参考に、あとの問いに答えましょう。

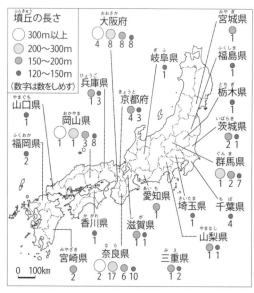

前方後円墳分布図

(1) どの都道府県に多いですか。

（①　　　　　　）（②　　　　　　）

(2) (1)の地域で力の強いくにが集
まってできた政府を、何といい
ますか。

（　　　　　　　　）

(3) (2)の中心の王は、何とよばれ
ていましたか。

（　　　　　　　　）

```
大王　　豪族　　大和朝廷（大和政権）
```

ポイント

大和朝廷が国を統一していく中で、権力の大きさを古墳で表していることを理解しましょう。

(4)　次の写真は、(3)の名前が入った剣です。このことからわかることを、◻️から選んで書きましょう。

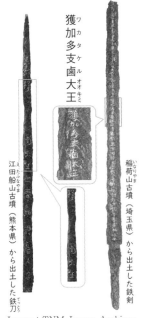

獲加多支鹵大王
ワカタケルオオキミ

江田船山古墳（熊本県）から出土した鉄刀

稲荷山古墳（埼玉県）から出土した鉄剣

所有：文化庁
©埼玉県立さきたま史跡の博物館
Image : TNM Image Archives

同じ名前が入った剣が（①　　　　）県と（②　　　　）県で見つかったことから（③　　　　）地方から、（④　　　　）地方にいたる地域やくにには、(2)の政府によって（⑤　　　　）されていたことがわかります。

九州　　　統一　　　熊本　　　関東　　　埼玉

3　次の写真は、古墳時代の初めごろ、中国や朝鮮半島から日本に渡ってきた人たちが伝えたものを表しています。◻️から選んで答えましょう。

©大阪府立近つ飛鳥博物館

(1)　この人たちのことを何といいますか。

（　　　　　　　）

(2)　(1)の人たちが伝えたものを書きましょう。

①　技術（　　　　　）（　　　　　）
　　　　　（　　　　　）

②　文化（　　　　　）（　　　　　）

織物　　　漢字　　　土木　　　渡来人
仏教　　　焼き物

まとめテスト

縄文(じょうもん)・弥生(やよい)・古墳(こふん)時代(1)

[1] 次の絵を見て、あとの問いに、[ ]から選んで答えましょう。

（2回使う言葉もあります。）（6点×10）

[A]

（　　　　　）時代

[B]

（　　　　　）時代

(1) [A]と[B]の時代の名前を（　）に書きましょう。

(2) [A]と[B]の時代で大きく変わった食べ物は何ですか。（　　　　）

(3) [A]と[B]の建物をくらべて、どちらにもあるものと、[A]にしかないものを書きましょう。

① どちらにもある建物　（　　　　）住居

② [A]にしかない建物　（　　　　）倉庫

(4) (3)・②は、何のために使っていましたか。

（　　　　　　）のために使っていた。

(5) 絵の中の㋐～㋓の名前を書きましょう。

㋐		㋑	土器
㋒		㋓	土器

縄文(じょうもん)　弥生(やよい)　米
石ぼうちょう
高床(たかゆか)　つりばり
たて穴(あな)　米の保存(ほぞん)

2　次の図を見て、あとの問いに[____]から選んで答えましょう。（5点×4）

(1) 米づくりによって、変わったことを（　）に書きましょう。

① 食料を（　　　　　　　　）して手に入れることができた。

② 同じ場所に（　　　　　　　）することができた。

③ 人口が多くなる。食料のため（　　　　　　　）を広くする。

④ 自分たちの住んでいる（　　　　　　）を守る。

```
定住　　水田　　むら　　安定
```

(2) 次の図を見て、（　）にあてはまる言葉を書きましょう。（5点×4）

① ②

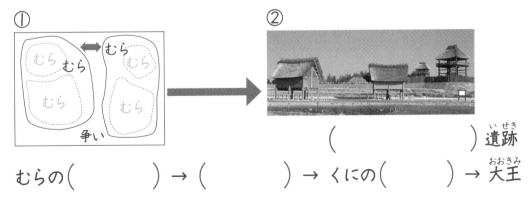

（　　　　　　　　）遺跡（いせき）

むらの（　　　　　）→（　　　　　）→くにの（　　　　　）→大王（おおきみ）

```
指導者　　王　　吉野ヶ里（よしのがり）　　豪族（ごうぞく）
```

まとめテスト

縄文(じょうもん)・弥生(やよい)・古墳(こふん)時代(2)

[1]　次の①〜③の写真を見て、あとの問いに答えましょう。

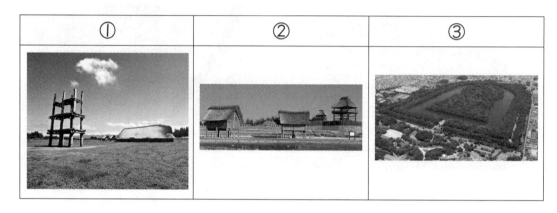

①	②	③
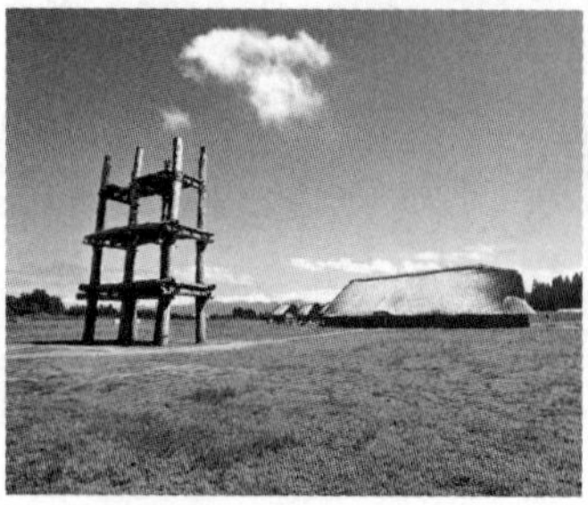	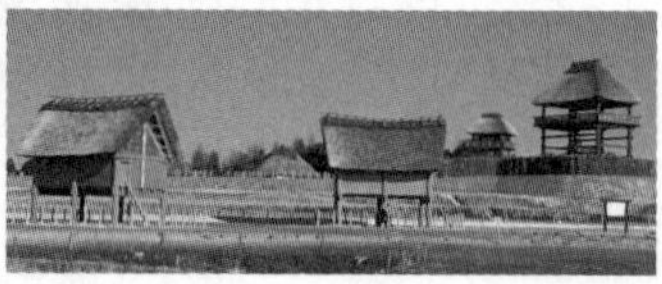	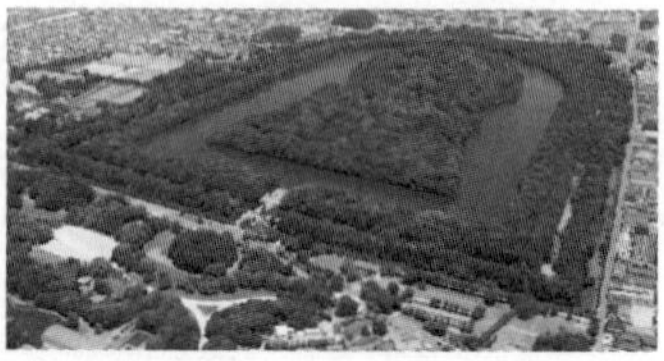

(1)　次の表の、(　　)にあてはまる言葉を、[　　]から選んで書きましょう。
（2回使う言葉もあります。）（4点×12）

	①	②	③
時代	(　　　　)時代	(　　　　)時代	(　　　　)時代
遺跡(いせき)	(　　　　)遺跡	(　　　　)遺跡	(　　　　)古墳(こふん)
くらし	(　　　　)土器 狩(か)り・漁と (　　　　)	(　　　　)土器 (　　　　)が 始まる	(　　　　)が 政権(せいけん)の中心になる ㋐(　　　　)が 文化や技術を伝える

古墳(こふん)　弥生(やよい)　縄文(じょうもん)　三内丸山(さんないまるやま)　吉野ヶ里(よしのがり)
大仙(だいせん)(仁徳陵)　渡来人(とらいじん)　採集　大王(おおきみ)　米づくり

月　　日 [名前]　　　　／100点

⑵　次の地図から、①～③の遺跡のある場所をa～cから、それぞれの時代につくられたものを[あ]～[う]から選んで、記号で書きましょう。

（3点×6）

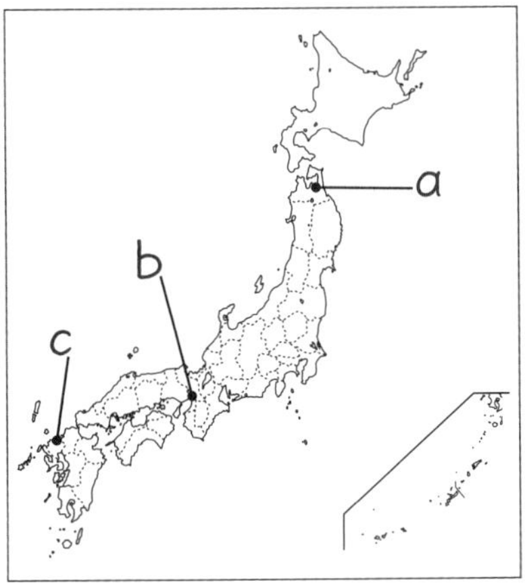

[あ]
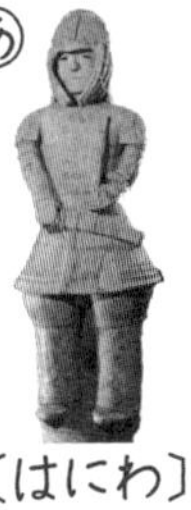
〔はにわ〕

[い]
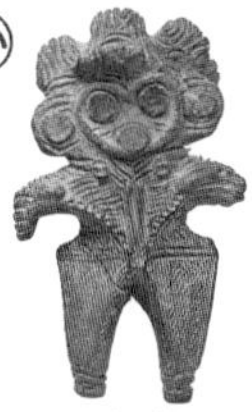
〔土偶（どぐう）〕

[う]
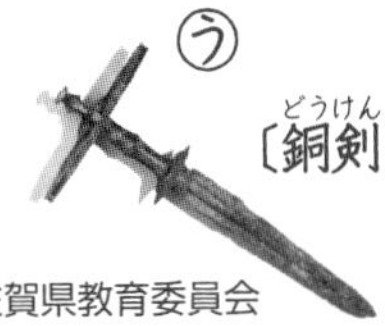
〔銅剣（どうけん）〕

©佐賀県教育委員会

	場所	もの
①		
②		
③		

⑶　左ページの下線㋐が伝えたものに○をつけましょう。　（完答10点）

ア（　　）古墳づくりなどの土木技術　イ（　　）キリスト教

ウ（　　）漢字　エ（　　）ガラスの器　オ（　　）仏教

⑷　次の写真は、①～③のどの時代ですか。（　）に番号を書きましょう。

（4点×6）

ア（　　）

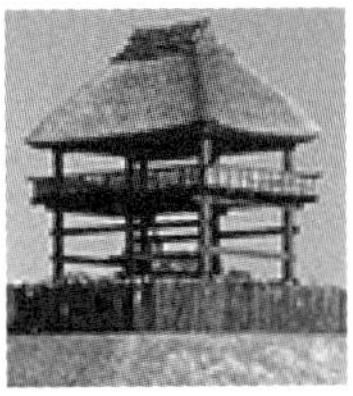
（物見やぐら）

イ（　　）

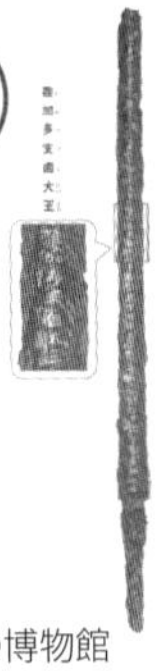
（ワカタケル大王）

©埼玉県立さきたま史跡の博物館

ウ（　　）

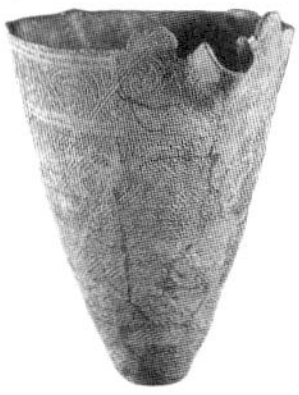

エ（　　）

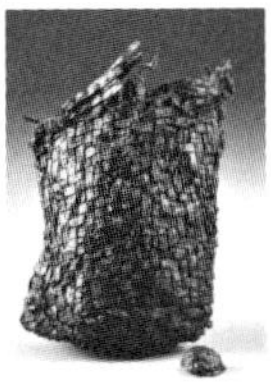
（木の皮をあんでつくった入れ物）

©青森県教育庁文化財保護課所蔵

オ（　　）

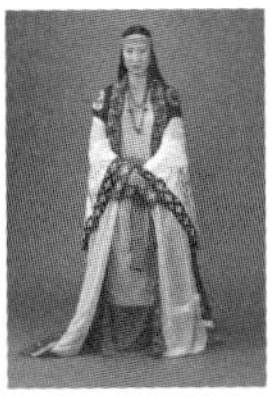
（卑弥呼（ひみこ））

©大阪（おおさか）府立弥生文化博物館

カ（　　）

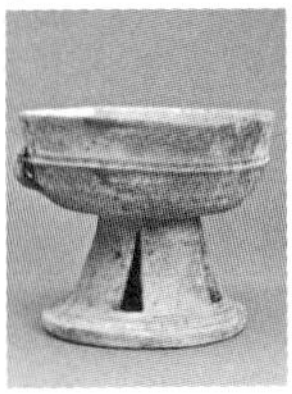
（朝鮮（ちょうせん）半島から伝わった焼き物）

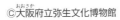

イメージマップ

なぞって書きましょう。

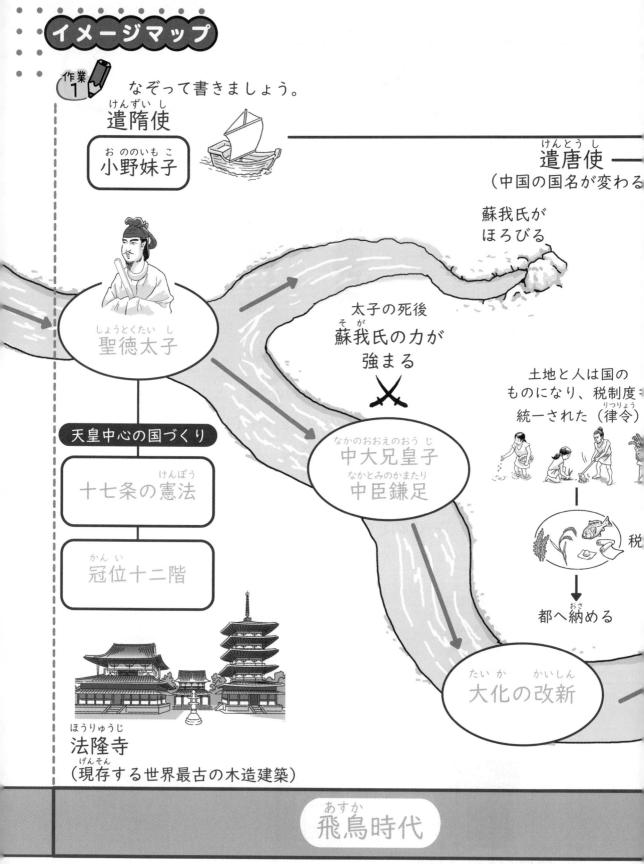

遣隋使 (けんずいし)

小野妹子 (お ののいも こ)

遣唐使 (けんとうし) ——
（中国の国名が変わる

蘇我氏が
ほろびる

聖徳太子 (しょうとくたい し)

太子の死後
蘇我氏の力が (そ が)
強まる

天皇中心の国づくり

十七条の憲法 (けんぽう)

冠位十二階 (かん い)

中大兄皇子 (なかのおおえのおう じ)
中臣鎌足 (なかとみのかまたり)

土地と人は国の
ものになり、税制度
統一された（律令） (りつりょう)

税

都へ納める (おさ)

大化の改新 (たい か かいしん)

法隆寺 (ほうりゅうじ)
（現存する世界最古の木造建築） (げんそん)

飛鳥時代 (あすか)

6世紀ごろ

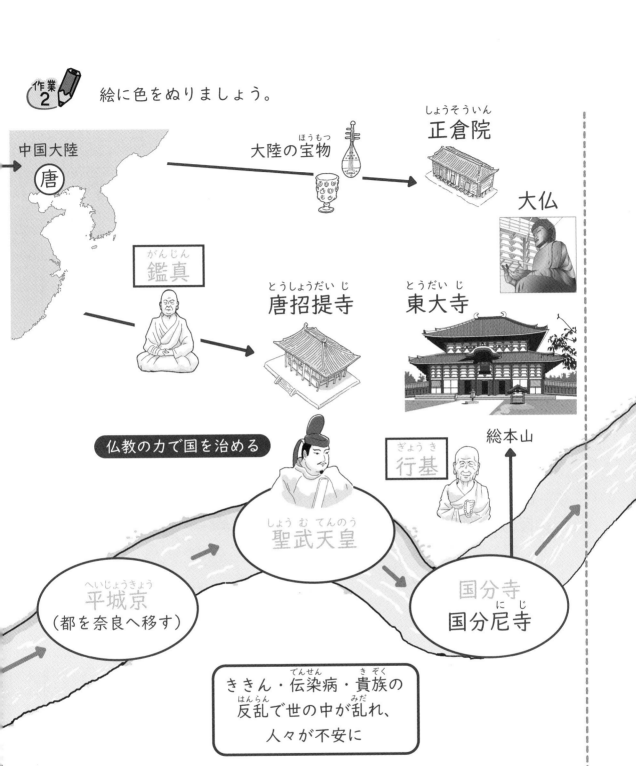

作業2 絵に色をぬりましょう。

中国大陸
唐

大陸の宝物

正倉院（しょうそういん）

大仏

鑑真（がんじん）

唐招提寺（とうしょうだいじ）

東大寺（とうだいじ）

仏教の力で国を治める

聖武天皇（しょうむてんのう）

行基（ぎょうき）

総本山

平城京（へいじょうきょう）
（都を奈良へ移す）

国分寺
国分尼寺（にじ）

ききん・伝染病（でんせん）・貴族の（きぞく）
反乱（はんらん）で世の中が乱れ（みだ）、
人々が不安に

奈良時代（なら）

710年

794年

飛鳥時代　天皇中心の国家をめざして

1　聖徳太子の政治について答えましょう。

(1)　次の（　）にあてはまる言葉を、┈┈┈から選んで書きましょう。

> 一、和を大切にし、争いをやめよ
> 二、仏教をあつくうやまえ
> 三、天皇の命令に従え

聖徳太子は、豪族の（①　　　　　　）と協力して（②　　　　　　）中心の国づくりをめざし、さまざまな改革を行いました。その一つが、上の資料の（③　　　　　　）です。また、仏教の教えを広めるために、（④　　　　　　）を建てました。

┌──────────────────────────────────┐
│　十七条の憲法　　蘇我氏　　天皇　　法隆寺　│
└──────────────────────────────────┘

(2)　改革の二つ目として、役人の位を右の図のように12段階に冠の色で区別し、家がらではなく能力に応じて決めた制度を何といいますか。

（　　　　　　　　）

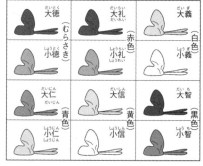

(3)　中国の進んだ政治のしくみや、仏教などの文化を取り入れようと、小野妹子らを中国に派遣しました。その使節の名と、中国王朝の名を地図を参考に答えましょう。

使節（　　　　　　）

王朝（　　　　）

隋

遣隋使の航路

┌──────────────────────────────────┐
│　遣隋使　　冠位十二階　　隋　│
└──────────────────────────────────┘

月　日 [名前]

ポイント　聖徳太子のしたこと（冠位十二階と十七条の憲法）と、大化の改新について理解しましょう。

[2]　次の（　）にあてはまる言葉を、［　　］から選んで書きましょう。

聖徳太子の死後、蘇我氏が力を強め、天皇をしのぐほどになりました。そこで、（①　　　　）と（②　　　　）が、645年に蘇我氏をほろぼし、天皇中心の政治を進めました。この改革を（③　　　　）といいます。③は中国の（④　　　）の国の制度を手本にしました。土地や人々を国のものにする仕組みができあがりました。

大化の改新(たいかのかいしん)　唐(とう)　中大兄皇子(なかのおおえのおうじ)　中臣鎌足(なかとみのかまたり)

[3]　新しい税(ぜい)の制度について、あてはまるものを線で結びましょう。

① 租(そ)

・　　・㋐ 年に10日都で働くか、布を納(おさ)める。

② 庸(よう)

・　　・㋑ 織物や各地の特産物を納める。

③ 調(ちょう)

・　　・㋒ とれた稲(いね)の約3％を納める。

④ 兵役(へいえき)

・　　・㋓ 九州(きゅうしゅう)や都を守る兵士になる。

奈良時代　文化の花開く時代

1　右の写真は奈良時代の都の建物を再建したものです。次の（　）にあてはまる言葉を[____]から選んで書きましょう。（2回使う言葉もあります。）

710年に飛鳥の藤原京から（①　　　　　）に都が移されました。この都を（②　　　　　）といい、中国の（③　　　　　）の都長安をモデルにして造られました。約80年続いたこの時代を（④　　　　　）時代といいます。

> 平城京　　唐　　奈良

2　次の写真を見て、あとの問いに答えましょう。答えは[____]から選んで書きましょう。

(1)　この写真は何という寺の何ですか。
（　　　　　　）の（　　　　　）

(2)　この像を建立（つくる）しようとしたのはだれですか。　（　　　　　　）

(3)　この像の完成に協力した僧はだれですか。
（　　　　　　）

(4)　(2)の人物が全国に建てさせた寺は何ですか。　（　　　　　　）

> 東大寺　　大仏　　行基　　聖武天皇　　国分寺

月　　日 [名前]

ポイント　天皇中心の政治にするために、聖武天皇がしたことを理解しましょう。

[3]　奈良時代には2人の高僧(えらいお坊(ぼう)様)がいました。それぞれの名前を書き、その業績（したこと）を[　　]から選んで記号で書きましょう。

①

②

（唐の高僧）

	名前	業績
①		
②		

名前　行基　鑑真(がんじん)

業績
㋐ 6度目にやっと日本への渡航(とこう)に成功し、正しい仏教を伝えた。
㋑ 国民にしたわれ、聖武天皇の大仏づくりの力となった。

[4]　この時代は遣唐使(けんとうし)などを通じて、東アジアだけでなく、遠くインドやペルシャなどからも文化が伝わりました。次の文で正しいものに○をつけましょう。

(　　) 楽器の琵琶(びわ)やガラスの杯(さかずき)などが伝えられた。

(　　) 漢字や布の織り方の技術が伝えられた。

(　　) 伝えられた品々は東大寺の正倉院(しょうそういん)におさめられている。

(　　) 文化は農民たちにも広がっていった。

(　　) シルクロードを通って、遠くの国の文化が伝えられた。

(　　) 大陸との交流によって、中国風の文化がさかんになった。

飛鳥・奈良時代(1)

1　次の年表を見て、あとの問いに答えましょう。

飛鳥時代	奈良時代

天皇中心の政治

飛鳥時代
- Ⓐ（　）が摂政となる
- （ア）を定める
- （イ）を定める
- Ⓑ 蘇我氏をたおす　と中臣鎌足が協力

奈良時代
- 奈良に都を移す〔平城京〕
- （ウ）をすすめる
- Ⓒ 天皇が位につく
- （エ）寺を建てる

(1)　Ⓐ〜Ⓒに入る人物を書きましょう。　　　　　　　　（6点×3）

Ⓐ		Ⓑ		Ⓒ	

(2)　Ⓐ〜Ⓒの人物は、どのような政治を行いましたか。ア〜エの（　）にあてはまる言葉を書きましょう。　　　　　　　　（6点×4）

Ⓐ…ア　家がらではなくて、能力で位を決める→（　　　　　　　）

　　イ　役人の心構え　　　　　　　　　　　→（　　　　　　　）

Ⓑ…ウ　豪族に代わって天皇中心の政治を行う→（　　　　　　　）

Ⓒ…エ　仏教の力で、世の中をしずめる　　　→（　　　　　　　）寺

(3) Ⓑの政治について、（　）にあてはまる言葉を書きましょう。

（①6点、②〜⑤4点×4）

すべての人民や（①　　　　　）は、国のもの

↓

税を国に納める

租<small>（そ）</small>	田からとれる稲<small>（いね）</small>を納める
庸<small>（よう）</small>	都で働くか、布を納める
調<small>（ちょう）</small>	各地の産物を納める
兵役<small>（へいえき）</small>	都や九州<small>（きゅうしゅう）</small>の警備<small>（けいび）</small>

②（　　　　　）　③（　　　　　）
④（　　　　　）　⑤（　　　　　）

(4) 仏教に関係する建物や人物の名前を書きましょう。　　　（6点×4）

〔大仏づくりに協力〕　〔唐招堤寺<small>（とうしょうだいじ）</small>を建てる〕

（　　　　　）（　　　　　　　）（　　　　　）（　　　　　）

(5) ©は、大陸（中国<small>（ちゅうごく）</small>）から政治の仕組みや進んだ文化を取り入れたことについて答えましょう。　　　（6点×2）

① 中国に派遣<small>（はけん）</small>した使節を、何といいますか。　（　　　　　）

② ①が持ち帰った宝物<small>（ほうもつ）</small>は、どこにおさめられていますか。

（　　　　　）

まとめテスト

飛鳥(あすか)・奈良(なら)時代(2)

[1] 次の建物を見て、あとの問いに答えましょう。

A

B

(1) AとBの建物の時代と名前、建てた人の名前を書きましょう。(5点×6)

	時代	建物	人物
A			
B			

奈良(なら)　飛鳥(あすか)　東大寺(とうだいじ)　法隆寺(ほうりゅうじ)　聖武天皇(しょうむてんのう)　聖徳太子(しょうとくたいし)

(2) AとBの人物は、何の力で、だれを中心の政治にしようとしましたか。(5点×2)

(　　　　)の力で、(　　　　)中心の政治

(3) AとBの人物は、中国(ちゅうごく)の政治や文化を取り入れようとしました。関係するものを線で結びましょう。(完答10点)

A ●　　● ㋐ 遣唐使(けんとうし) ●　　● [あ] 正倉院(しょうそういん)

B ●　　● ㋑ 遣隋使(けんずいし) ●　　● [い] 小野妹子(おののいもこ)

(4) 中国の都をもとにBの時代につくられた都を何といいますか。(5点)

(　　　　)

2　奈良時代は外国との交流が盛んになり、多くの文物が日本に入ってきました。下の写真を参考に、あとの問いに答えましょう。　　（5点×5）

るりはい
瑠璃杯

びわ
琵琶

Image：TNM Image Archives

(1)　左の写真の文物のように、西アジアからのものもありました。これらを伝えた使節を何というか書きましょう。

（　　　　　　　）

(2)　これらのものは何という道を通って平城京にやってきましたか。

（　　　　　　　　）

(3)　これらのものは、何という寺の、何という建物にありますか。

（　　　　　　　）の（　　　　　　　）

(4)　中国からすぐれた高僧も招かれました。日本への渡航を何度も失敗し、目が見えなくなっても渡ってきた僧はだれですか。

（　　　　　　　　）

3　次の文で、飛鳥時代のことはAを、奈良時代のことはBを書きましょう。
　　　　　　　　　　　　　　　　　　　　　　　　　　　　　（4点×5）

（　　）律令（法律）がつくられて、国を治めるしくみが整えられた。

（　　）都に病気が流行し、地方では反乱や災害がおきていた。

（　　）蘇我氏をほろぼし、天皇中心の政治が始まった。

（　　）日本最古の歌集である「万葉集」がつくられた。

（　　）家がらでなく、能力がある豪族は、役人になれた。

イメージマップ

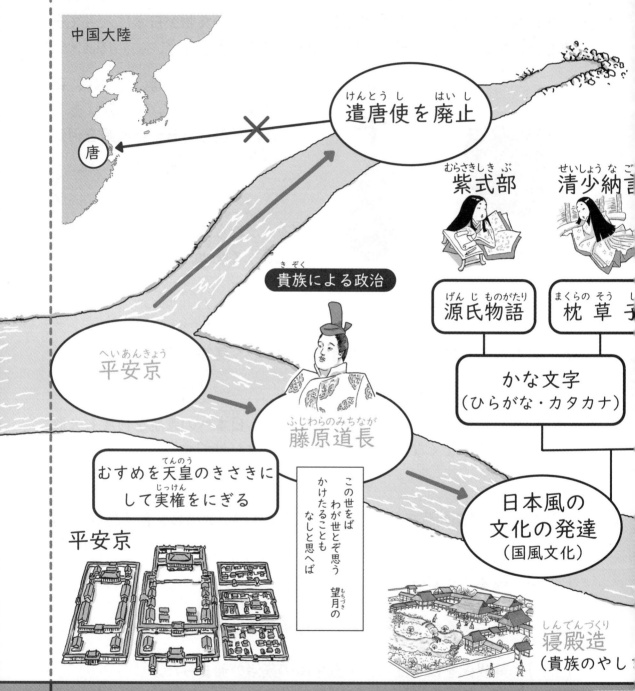

中国大陸

唐

けんとうし はいし
遣唐使を廃止

むらさきしきぶ
紫式部

せいしょうなごん
清少納言

げんじ ものがたり
源氏物語

まくらの そうし
枕草子

きぞく
貴族による政治

へいあんきょう
平安京

ふじわらのみちなが
藤原道長

むすめを天皇のきさきに
して実権をにぎる

この世をば
わが世とぞ思う
望月の
かけたることも
なしと思へば

かな文字
（ひらがな・カタカナ）

日本風の
文化の発達
（国風文化）

平安京

しんでんづくり
寝殿造
（貴族のやしき）

へいあ
平安

794年

作業 2 絵に色をぬりましょう。

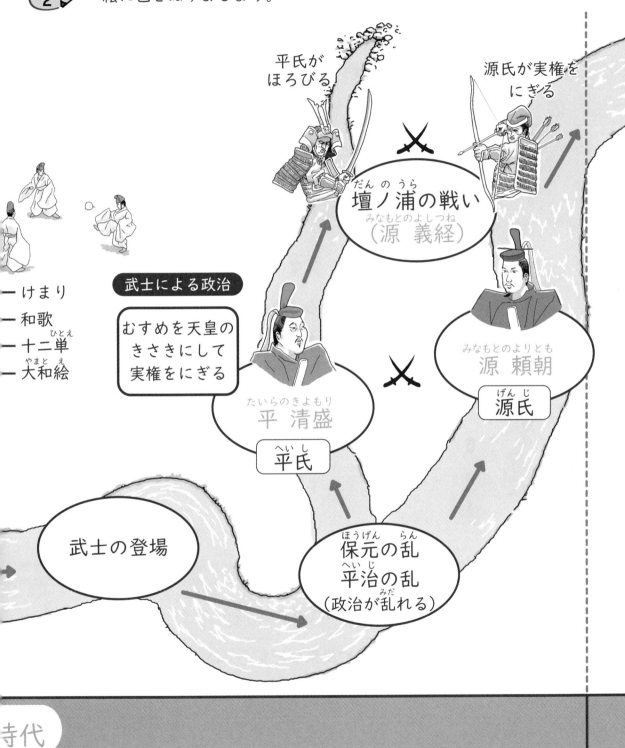

平氏が
ほろびる

源氏が実権を
にぎる

壇ノ浦の戦い
（源 義経）

武士による政治

むすめを天皇の
きさきにして
実権をにぎる

源 頼朝

源氏

平 清盛

平氏

けまり
和歌
十二単
大和絵

武士の登場

保元の乱
平治の乱
（政治が乱れる）

平安時代(1) 貴族の暮らし

1 次の図を見て、あとの問いに答えましょう。

(1) ( ) にあてはまる言葉を ⫶⫶⫶ から選んで書きましょう。

Ⓐ

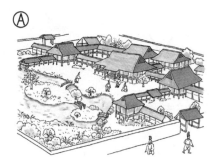

794年、都が奈良の (①) から、京都の (②) に移されました。これからおよそ400年にわたって (③) 時代が続きます。この時代では、天皇に代わって (④) が政治を進めるようになり、中でも (⑤) 氏が大きな力をふるいました。

Ⓑ
宮中での女性の正装

┌─────────────────────┐
藤原　　平安京　　平安
貴族　　平城京
└─────────────────────┘

Ⓒ

(2) Ⓐのような、貴族のやしきのつくりを何といいますか。

( )造

(3) Ⓑの女性の着物は何と呼ばれていますか。 ( )

(4) Ⓒの図は何をしているようすですか。 ( )

(5) 右のような、貴族の生活や風景などをえがいた絵を何といいますか。 ( )

源氏物語絵巻

©国立国会図書館

┌──────────────────────────────┐
十二単　　けまり　　寝殿　　大和絵
└──────────────────────────────┘

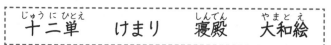

ポイント　藤原 道長を代表とする貴族の暮らし（寝殿造）を理解しましょう。

2　右の絵の人物について、次の問いに答えましょう。

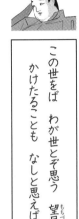

この世をば　わが世とぞ思う　望月の
かけたることも　なしと思えば

(1)　この人物がよんだとされる和歌があります。この歌の意味について、（　）にあてはまる言葉を、_____から選んで書きましょう。

この世（世界）は（①　　　　　　　）のためにあると思う。（②　　　　　　　）がどこも欠けていないように、わたしにできないことは何もない。

> 天皇　　わたし　　満月　　地球

(2)　この人物の時、藤原氏が最も栄えました。この人物はだれでしょう。右の図から選びましょう。

藤原（　　　　　　　）

道長 ―― 頼通
　　　　 彰子 ＝ 一条天皇 ―― 後一条天皇
　　　　 妍子 ＝ 三条天皇

(3)　この人物が力を持った理由で、正しいものに○をつけましょう。

（　）強い軍隊で朝廷を支配したから。

（　）神のおつげを人々に伝えたから。

（　）むすめを次々に天皇のきさき（＝妻）としたから。

(4)　貴族の暮らしについて、正しいものに○をつけましょう。

（　）貴族の主な仕事は、式や年中行事を行うことだった。

（　）貴族の暮らしから、和歌など日本風の文化が発達した。

（　）農民と共に田畑を耕し、食料を生産した。

（　）中国との貿易で、ばく大な利益をあげた。

平安(へいあん)時代(2)　日本風の文化と武士の台頭

[1]　次の（　）にあてはまる言葉を、[　　]から選んで書きましょう。

いろはにほ
以呂波仁保
アイウエオ
阿伊宇江於

(1)　平安(へいあん)時代は朝廷(ちょうてい)や（①　　　　）の生活をもとに美しくはなやかな文化が生まれました。奈良時代の（②　　　　）風の文化ではなく、（③　　　　）風の文化でした。このような文化を（④　　　　）文化といいます。その代表として男性が主に使った漢字に対して、女性には漢字をくずしてつくられた（⑤　　　　）や漢字の一部をとってつくられた（⑥　　　　）が広まり、優(すぐ)れた女流文学作品が誕生(たんじょう)し、多くの和歌も女性によってうたわれました。

日本	中国(ちゅうごく)	貴族(きぞく)	カタカナ	ひらがな	国風

(2)　優れた女流文学の代表作の内容にあてはまる、作品名と作者を[　　]から選んで表の中に書きましょう。

作品名…『枕草子(まくらのそうし)』『源氏物語(げんじものがたり)』
作　者…『紫式部(むらさきしきぶ)』『清少納言(せいしょうなごん)』

内　容…㋐　宮廷(きゅうてい)(貴族)の生活や自然の変化を生き生きとえがいた。
　　　　㋑　貴族の暮(く)らしや心の動きを細かくえがいた。

内容	作品名	作者
㋐	（　　　　）	（　　　　）
㋑	（　　　　）	（　　　　）

月　　日　名前

ポイント　かな文字の発明による文学の誕生と、平氏と源氏という武士による政治が始まったことを理解しましょう。

2　次の図を見て、あとの問いに答えましょう。

(1)　右の図は平安時代後期に勢力をのばしてきた身分の人たちの館です。それはどのような人たちでしょう。正しいものに○をつけましょう。

（　　）　朝廷
（　　）　武士
（　　）　貴族

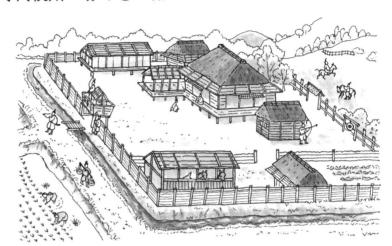

(2)　(1)には２つの大きな勢力がありました。その名前を書きましょう。

（　　　　　　　　）と（　　　　　　　　）

(3)　次の（　）にあてはまる言葉を、   から選んで書きましょう。

平治の乱で（①　　　　　　　　）が源氏を圧倒しました。さらに①の中心であった（②　　　　　　　　）が太政大臣の位につき、貴族をもおさえ政治を行いました。しかし、政治に対する不満を受けて、（③　　　　　　　　）が立ち上がり、東国の武士たちもそれに続きました。やがて、1185年に壇ノ浦の戦いで、（④　　　　　　　　）らの活やくにより平氏がほろぼされました。

©六波羅密寺

┌─────────────────────────────────────┐
│ 源頼朝　　源義経　　平清盛　　平氏 │
└─────────────────────────────────────┘

平安時代(1)

1 次の年表を見て、あとの問いに答えましょう。 (5点×12)

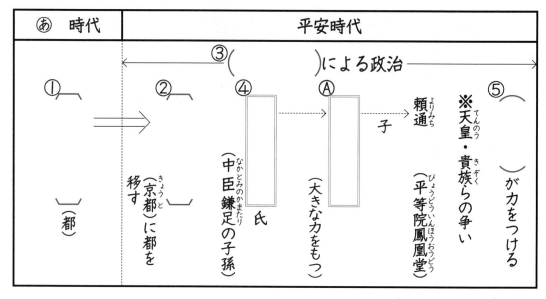

(1) あは、何時代ですか。 (　　　　　　　)時代

(2) 年表中の①～⑤と④に入る言葉を⌐⌐から選んで、年表を完成させましょう。

藤原	道長	平安京	平城京	武士	貴族

(3) ④は、なぜ『この世をば わが世とぞ思う 望月の かけたることも なしと思えば』と歌うことができたのでしょうか。( )にあてはまる言葉を書きましょう。(2回使う言葉もあります。)

④のむすめを(①　　　)のきさきにして、生まれた子が(②　　　)になると、天皇の(③　　　)としてのつながりができたので、大きな力をもてるようになりました。だから、この世は、(④　　　)のもので、「もち月」(⑤　　　)のように何も欠けているところがない、と歌ったのです。

満月	天皇	自分	祖父

月　　日　[名前]　　　　／100点

2　次の2つのやしきを比べましょう。　（4点×10）

㋐

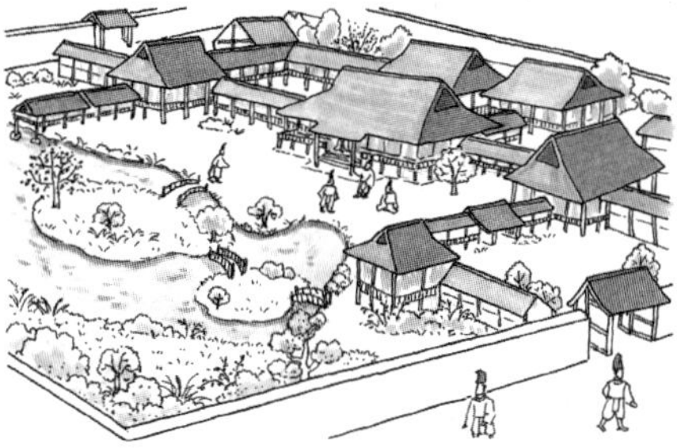

㋑

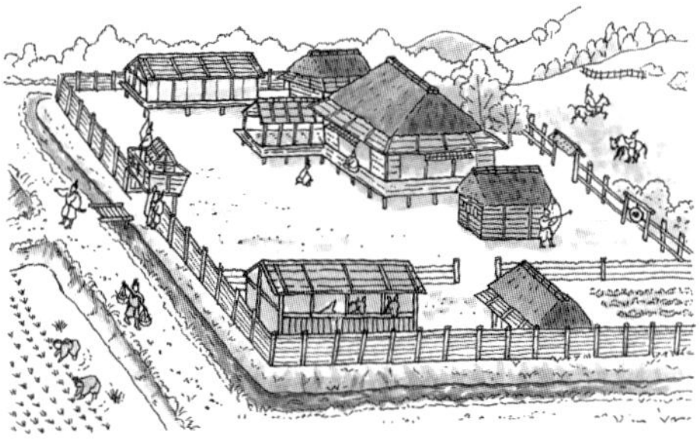

(1)　㋐と㋑のやしきのつくりを［　］から選んで書きましょう。

㋐（　　　　　　）　㋑（　　　　　　）

武士の館　書院造（しょいんづくり）　寝殿造（しんでんづくり）

(2)　次の文は、Ⓐ貴族、Ⓑ武士のどちらに関係するものですか。（　）に記号を書きましょう。

（　）年中行事などの儀式（ぎしき）を行った。

（　）天皇や貴族の争いを治めて、力をつけた。

（　）自分の領地を守るために戦った。

（　）和歌やけまりなどを楽しんだ。

(3)　この時代の終わりごろについて、（　）にあてはまる言葉を、［　］から選んで書きましょう。

むすめを天皇のきさきとして力をつけた（①　　　　）に対して、不満を持つ武士たちを味方につけた（②　　　　）が、立ち上がりました。東国の武士たちも続き、最後は、（③　　　　）らによって「壇ノ浦（だんのうら）の戦い」で（④　　　　）は、ほろびました。

源義経（みなもとのよしつね）　平清盛（たいらのきよもり）　源頼朝（みなもとのよりとも）　平氏（へいし）

まとめテスト

平安(へいあん)時代(2)

[1] 奈良(なら)時代と平安(へいあん)時代の文化を比べて、( )にあてはまる言葉を[ ]から選んで書きましょう。 ([ ]5点×2、( )9点×3)

A 建物

㋐
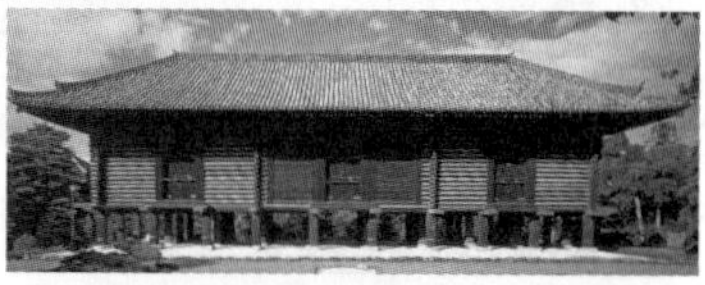

㋑
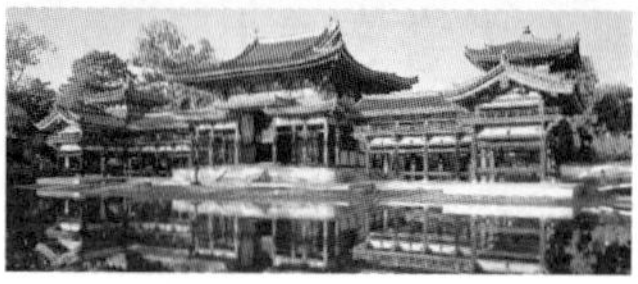

(1) 平安時代に建てられた平等院鳳凰堂(びょうどういんほうおうどう)は、㋐と㋑のどちらですか。

〔　　　〕

B 美術

㋐
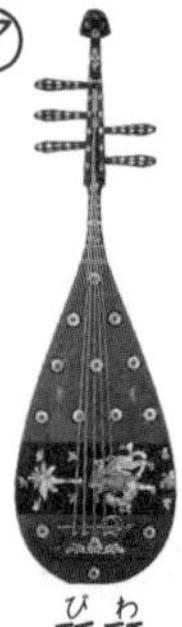
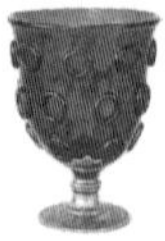

瑠璃杯(るりはい)

琵琶(びわ)

Image：TNM Image Archives

㋑
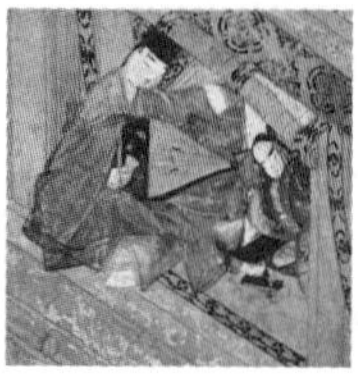

©国立国会図書館

(2) ㋐は、何を通って日本に伝えられましたか。

(　　　　　)

(3) ㋑の絵を何といいますか。

(　　　　　)

C 服装(ふくそう)

㋐
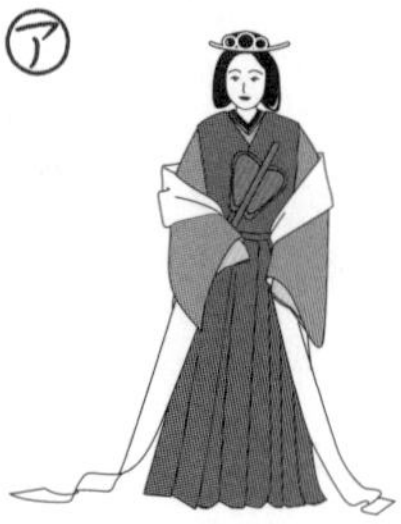

㋑
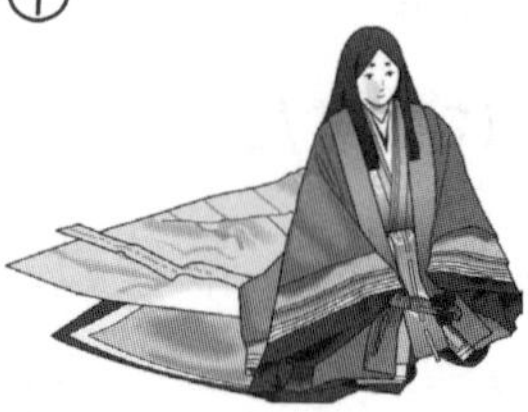

(4) 平安時代の女性の服装は、㋐と㋑のどちらで、それを何といいますか。

〔　　〕(　　　　　)

大和絵(やまとえ)　シルクロード　十二単(じゅうにひとえ)

② 平安時代につくられた文学作品と文字について、░░░から選んで書きましょう。　　　　　　　　　　　（9点×4）

文学作品

㋐「枕草子」　　㋑「源氏物語」

(1) ㋐と㋑の作者を書きましょう。

　　　㋐（　　　　　　　）

　　　㋑（　　　　　　　）

文字　【漢字（真名）⇒　仮名】

㋐
アイウエオ
阿伊宇江於

㋑
いろはにほ
以呂波仁保
ゐそはにほ

(2) ㋐と㋑の文字を何といいますか。

　　　㋐（　　　　　　　）

　　　㋑（　　　　　　　）

┌─────────────────────────┐
│ ひらがな　清少納言　紫式部　カタカナ │
└─────────────────────────┘

③ なぜ、平安時代に独特の文化が生まれたのでしょうか。年表を見て、（　）にあてはまる言葉を░░░から選んで書きましょう。　（9点×3）

時代	できごと
平安	794　平安京に都を移す
	894　遣唐使をやめる
	日本風の文化が育つ

平安時代になると、（①　　　　　　　）をやめることになりました。そこで今までの（②　　　）風な文化をもとに、日本的な文化が生まれました。これを（③　　　）文化といいます。

┌─────────────────┐
│ 国風　　中国　　遣唐使 │
└─────────────────┘

イメージマップ

 なぞって書きましょう。

武士による独自の政治

ご恩と奉公

地方に
守護・地頭を
置く

源 頼朝
征夷大将軍に任命

鎌倉幕府を
開く

幕府のために
はたらくことで
ほうびがもらえた

将軍

ご恩

奉公

御家人
（家来）

武士のやかた

平安時代

1192年

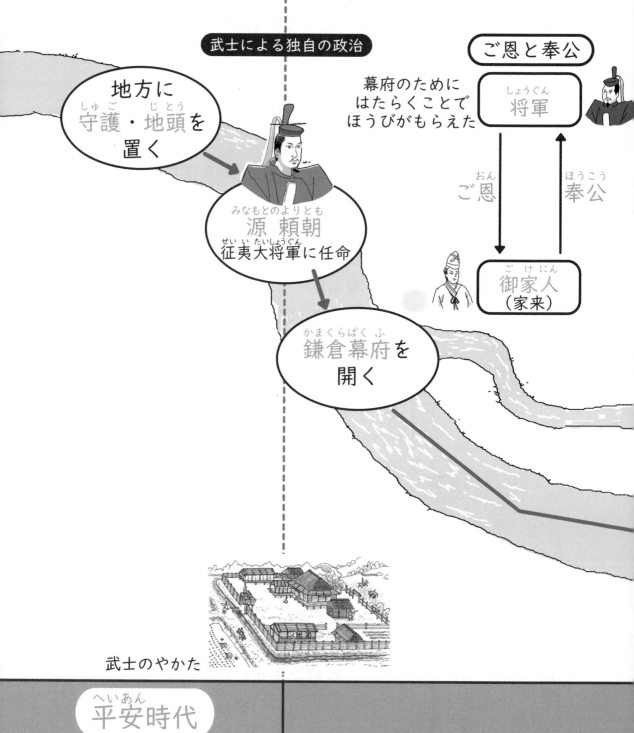

絵に色をぬりましょう。

中国大陸

元

元寇（げんこう）
集団戦術・火薬

鎌倉幕府が
ほろびに向かう

ご恩と奉公の
関係がくずれる
武士の不満

源氏の将軍が
3代で絶える

2度ともあらしの
せいで引き上げる

土地が増えず
幕府は財政が
苦しくなる

執権の北条氏が
実権をにぎる

北条時宗（ほうじょうときむね）

執権政治（しっけんせいじ）

承久の乱（じょうきゅうのらん）
鎌倉幕府と
朝廷（ちょうてい）との争い

御成敗式目（ごせいばいしきもく）を
定める
（武士のための法律（ほうりつ））

北条政子（ほうじょうまさこ）
（頼朝の妻）

鎌倉時代（かまくら）

1338年

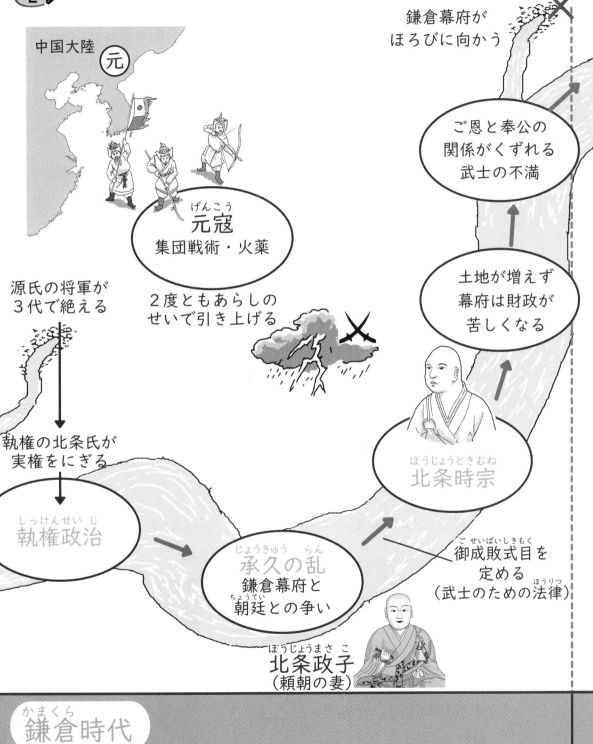

鎌倉時代(1) 武士の政治の始まり

1　次の（　）にあてはまる言葉を、□□□から選んで書きましょう。

（2回使う言葉もあります。）

壇ノ浦の戦いで（①　　　　　　　）をほろぼした（②　　　　　　　）は、

1192年に（③　　　　　　　）になり、武士による政治を行うために、

（④　　　　　　　）に（⑤　　　　　　　）を開きました。以後140年を

（⑥　　　　　　　）時代といいます。

> 鎌倉　平氏　幕府　源頼朝　征夷大将軍

2　1185年に源頼朝は全国を支配するために地方に守護と地頭を設置しました。それぞれの仕事を、□□□から選び記号で書きましょう。

① 守護（　　　）　　② 地頭（　　　）

> ア　裁判を行う仕事　　イ　財政の仕事
> ウ　軍事や警察の仕事　エ　年貢を取り立てる仕事

3　源頼朝が鎌倉に幕府を開いた理由として、正しいものに○をつけましょう。

（　）山と海に囲まれ、敵がせめにくい場所であったから。

（　）広大な平野が広がり、米がたくさんとれたから。

（　）京都から遠く、貴族のえいきょうを受けないから。

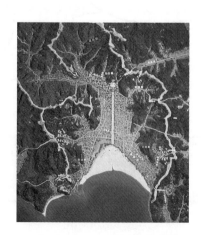

鎌倉幕府を支えた将軍と御家人の関係を理解しましょう。

4　鎌倉幕府では将軍と家来である御家人との間に深い結びつきがあり
ました。次の（　）にあてはまる言葉を、［　］から選んで書きましょ
う。（2回使う言葉もあります。）

（　　　　）を与える

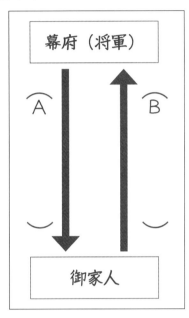

```
幕府（将軍）

A          B

御家人
```

（　　　　　　）のため
戦う

このような結びつきを「（　　　　　　　）と（　　　　　　　）」の
関係といいます。

> 奉公　　幕府　　領地　　ご恩

5　次の（　）にあてはまる言葉を、［　］から選んで書きましょう。

源氏の将軍が3代で途絶えると、朝廷が幕府をたおすため
（①　　　　　　　）を起こしました。その時、頼朝の妻の（②　　　　　　　）
が御家人に呼びかけ反乱をおさえ、幕府はその後（③　　　　　　）の
北条氏が政治を進め、武士を治める法律を整備しました。

> 北条政子　　守護　　執権　　承久の乱

鎌倉時代(2)　元との戦い

① 鎌倉時代の中ごろ、日本は歴史上初めて外国にせめられました。

(1) 次の地図を見て（　）にあてはまる言葉を、[＿＿＿]から選んで書きましょう。

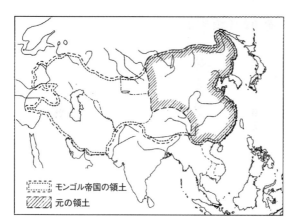

モンゴル帝国の領土
元の領土

世界一の大帝国を築いた（① 　　　　　　　）が中国に（② 　　　　　　　）という国を建国しました。②は日本にも従うように使者を送ってきました。

しかし、執権であった（③ 　　　　　　　）はその要求を断りました。すると、②は2度にわたり、（④ 　　　　　　　）にせめてきました。④を守っていた（⑤ 　　　　　　　）は、②と激しく戦いました。

┌─────────────────────────────────┐
元　　唐　　御家人　　モンゴル人　　北条時宗　　九州北部
└─────────────────────────────────┘

(2) この戦いでは日本は苦戦をしました。その理由として、正しいものに〇をつけましょう。

（　）　元は、船からたいほうをうってきたから。

（　）　元は、日本では見られない集団で戦ってきたから。

（　）　元は、火薬を使った兵器を用いたから。

（　）　元は、騎馬隊が中心でせめてきたから。

ポイント　元との戦い方や、その後の幕府と御家人の関係を理解しましょう。

② 次の図を見て、（　）にあてはまる言葉を┈┈┈┈から選んで書きましょう。

(1) この図は一人の（①　　　　　　　　）の元との戦いぶりをえがいたものです。彼らが勇ましく戦ったこと、あらかじめ石垣（いしがき）を築くなど（②　　　　　　　　）を固めたこと、（③　　　　　　　　）によって、元の船が大きな被害を受けたことなどで、元は大陸に引き上げました。

©九州大学

┈┈┈┈┈┈┈┈┈┈┈┈┈┈┈┈┈┈┈┈
　暴風雨　　　御家人　　　守り
┈┈┈┈┈┈┈┈┈┈┈┈┈┈┈┈┈┈┈┈

(2) 勇ましく戦った御家人たちは「（①　　　　　　　）と（②　　　　　　　）」の関係にもとづき幕府（ばくふ）にほうびとして（③　　　　　　　）を要求しました。しかし、新たな土地を得たわけではないので、幕府はあたえることができませんでした。御家人たちの（④　　　　　　　）が高まり、幕府のために命がけで働くという関係がくずれてしまいました。そして、ついに1333年、有力な武士と朝廷（ちょうてい）（天皇（てんのう））によって鎌倉幕府はほろびました。

┈┈┈┈┈┈┈┈┈┈┈┈┈┈┈┈┈┈┈┈┈┈┈┈
　領地　　ご恩（おん）　　不満　　奉公（ほうこう）
┈┈┈┈┈┈┈┈┈┈┈┈┈┈┈┈┈┈┈┈┈┈┈┈

鎌倉時代

1 次の年表にあてはまる言葉を、 ┌┈┐ から選んで書きましょう。

(5点×7)

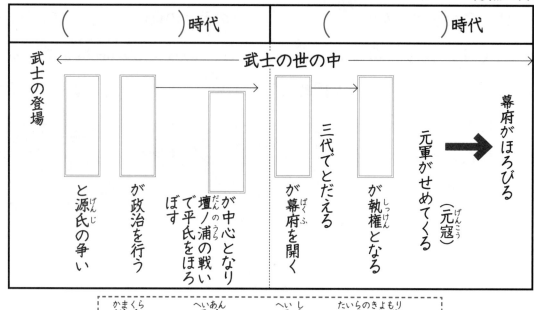

(　　　　　)時代　　　　(　　　　　)時代

武士の登場　←　武士の世の中　→

□ □ □ → □ □ → 元軍がせめてくる（元寇）→ 幕府がほろびる

と源氏の争い

が政治を行う

壇ノ浦の戦いで平氏をほろぼす

が中心となり

が幕府を開く　三代でとだえる

が執権となる

┌┈┈┈┈┈┈┈┈┈┈┈┈┈┈┈┈┈┈┈┈┈┈┈┈┈┈┐
鎌倉　　平安　　平氏　　平清盛
源頼朝　　北条氏　　源義経
└┈┈┈┈┈┈┈┈┈┈┈┈┈┈┈┈┈┈┈┈┈┈┈┈┈┈┘

2 次の図を見て、あとの問いに答えましょう。

(5点×5)

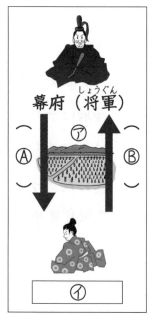

幕府（将軍）

Ⓐ　⑦　Ⓑ

①

① ⑦と①、ⒶとⒷにあてはまる言葉を書きましょう。

Ⓐ		Ⓑ	
⑦		①	

┌┈┈┈┈┈┈┈┈┈┈┈┈┈┈┈┈┈┈┈┈┈┐
御家人　　領地　　ご恩　　奉公
└┈┈┈┈┈┈┈┈┈┈┈┈┈┈┈┈┈┈┈┈┈┘

② Ⓑを表す言葉を書きましょう。

「いざ(　　　　　)」

3　次の図は、ある国との戦いを表しています。

ⓒ九州大学

(1)　どの国と戦っていますか。(5点)
（　　　　　　　　　）

(2)　この時の執権は、だれですか。
（　　　　　　　　　）（5点）

(3)　次の戦い方で、(1)の国の戦い方に○をつけましょう。　　　　　(5点)

（　　）　馬を使った騎馬戦術。

（　　）　刀を使って一対一で戦った。

（　　）　集団戦術で火薬（てつはう）などを使って戦った。

(4)　この戦いの結果はどうなりましたか。次の（　）の言葉を使って書きましょう。（活やく、暴風雨）　　　　　　　　　(10点)

　　　　　　　　　　　　　　　　　　　　　　　　　　　　　　　

4　幕府は、なぜほろびることになったのでしょうか。（　）にあてはまる言葉を、┌┄┄┐から選んで書きましょう。　　　　(5点×3)

　御家人たちは、（①　　　　　　　　　）のために（②　　　　　　　　）戦ったが、ほうびの（③　　　　　　　　）をもらえなかったことから、不満をもつようになり、①と御家人の関係がくずれていったから。

┌┄┄┄┄┄┄┄┄┄┄┄┄┄┄┄┄┄┄┄┄┄┐
　領地　　幕府　　一所けん命
└┄┄┄┄┄┄┄┄┄┄┄┄┄┄┄┄┄┄┄┄┄┘

イメージマップ

作業1 　なぞって書きましょう。

中国大陸

明

足利尊氏が
鎌倉幕府をほろぼす

室町幕府を
足利氏が開く
（京都）

中国（明）との貿易で
大きな利益を得る

室町文化が
花開く

足利義満
（三代将軍）

大名をおさえて
力をつける

はなやかな文化

金閣
（京都　北山）

鎌倉時代

１３３８年

作業2 絵に色をぬりましょう。

水墨画（雪舟）

能・狂言（観阿弥・世阿弥）

盆踊り

茶の湯・生け花

おとぎ草子（浦島太郎・一寸法師）

幕府の力が
弱まる

戦国の世へ

応仁の乱
（１４６７年）

将軍のあとつぎを
めぐっての
幕府内での争い

足利義政
（八代将軍）

おちついた文化

銀閣
（京都 東山）

書院造
枯山水（石庭）

書院造（東求堂など）

しょうじ

ふすま
（水墨画）

たたみ
（茶の湯）

床の間
（生け花）

室町時代

１５７３年

室町時代(1) 今に伝わる文化と暮らし

1 右の写真を見て、( )にあてはまる言葉を、
[ ]から選んで書きましょう。

(1) この建物の名前を書きましょう。

( )

(2) この建物がある都市の名前と、その都市のどの地域に建てられたか
を書きましょう。

都市( )市　　地域( )

(3) この建物を建てたのはだれですか。　　( )

(4) このごうかな建物を建てることができた理由として、正しいものに
○をつけましょう。

( )　全国の土地のほとんどを治めていたから。

( )　明（中国）との貿易で、ばく大な利益をあげたから。

( )　権力があり、家来につくらせることができたから。

(5) これが建てられたのは何時代ですか。　　( )時代

(6) この幕府を開いたのはだれですか。　　( )

| 室町 | 京都 | 北山 | 足利尊氏 | 金閣 | 足利義満 |

2 この時代のことで、正しいものに○をつけましょう。

( )　足利氏は天皇を中心とした政治を行った。

( )　足利義満は京都の室町に御所を置いたので室町時代という。

( )　足利氏は将軍として、引き続き鎌倉で政治を行った。

ポイント

足利義満と義政の時代の建物を比べましょう。

3　右の写真を見て、（　）にあてはまる言葉を、_____から選んで書きましょう。

(1)　この建物の名前を書きましょう。

（　　　　　　　）

(2)　この建物を建てた将軍はだれですか。

（　　　　　　　）

(3)　この建物は京都のどの地域に建てられましたか。（　　　　　　　）

_____
銀閣（ぎんかく）　東山（ひがしやま）　足利義政（あしまさ）
_____

(4)　この建物について、正しいものに○をつけましょう。

（　　）　中国風で3階建てのごうかな建物であった。

（　　）　日本風の書院造（しょいんづくり）の建物で落ち着いたふんいきだった。

4　室町幕府のその後について、（　）にあてはまる言葉を_____から選んで書きましょう。

室町幕府の勢いは長くは続きませんでした。全国に置いた守護（しゅご）が幕府の命令にそむくようになり、独立した（①　　　　　　　　）になっていきました。

そして、京都で（②　　　　　　　　）が起こり、やがて、全国で争いが絶えない（③　　　　　　　　）へと移っていきました。

_____
大名　　戦国時代　　応仁の乱（おうにんのらん）　　王
_____

室町時代⑵　今に伝わる文化と暮らし

1　次の図は、銀閣のとなりにある東求堂の部屋を表しています。あとの問いに答えましょう。

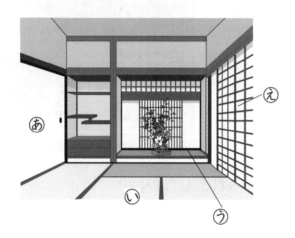

(1) この部屋のつくりは、寝殿造と書院造のどちらですか。

（　　　　　　　　　）

(2) この部屋のつくりは、今でも受けつがれています。あ〜えの名前を書きましょう。

あ（　　　　　　　　　）

い（　　　　　　　　　）

う（　　　　　　　　　）

え（　　　　　　　　　）

> たたみ　　　しょうじ
> 床の間　　　ふすま

(3) 次の文化の名前を[＿＿＿]から選んで書きましょう。

㋐

〔　　　　　　　　　〕

㋑

〔　　　　　　　　　〕

㋒

〔　　　　　　　　　〕

> 茶の湯　　　生け花　　　水墨画(すみ絵)

ポイント 今に伝わる室町時代の文化や農業について理解しましょう。

(4)　次の（　）にあてはまる言葉を、┈┈┈から選んで書きましょう。

水墨画（すみ絵）は、鎌倉時代に（①　　　　　　　）から伝わりました。

それを室町時代に（②　　　　　　　）が、日本風の様式に完成させました。

┌─────────────────────────────┐
│　雪舟（せっしゅう）　中国（明）（みん）　観阿弥（かんあみ）　│
└─────────────────────────────┘

(5)　(1)の庭には、枯山水（かれさんすい）の庭園が数多くつくられました。この庭は川や山を、何を使って表現していますか。

（　　　　　　　）や（　　　　　　　）

2　次の説明にあてはまる室町時代の文化を、┈┈┈から選んで書きましょう。

①　田楽（でんがく）（田植えのときに豊作を祝うおどり）から広まった。

（　　　　　　　）

②　「一寸法師（いっすんぼうし）」「浦島太郎（うらしまたろう）」などのおとぎ話。　（　　　　　　　）

③　京都の町衆（まちしゅう）が復活させたはなやかな祭。　（　　　　　　　）

┌─────────────────────────────┐
│　おとぎ草子（ぞうし）　祇園祭（ぎおんまつり）　能（のう）　│
└─────────────────────────────┘

3　鎌倉（かまくら）から室町（むろまち）時代にかけての様子を、図などを見て答えましょう。

①　田を耕すのに使う動物と道具

動物（　　　　　　　）　　鉄製の（　　　　　　　）

②　肥料　　　　　草木を焼いた（　　　　　　　）

③　1年に米と麦をつくる。　（　　　　　　　）

④　農民の1日の食事の回数。　（　　　　　　　）回

◀当時の民衆の食事

┌─────────────────────────────┐
│　3　二毛作　くわ　牛　はい　│
└─────────────────────────────┘

©ふくやま草戸千軒ミュージアム
（広島県立歴史博物館）

まとめテスト

室町(むろまち)時代(1)

[1] 次の年表を見て、あとの問いに答えましょう。（4点×25）

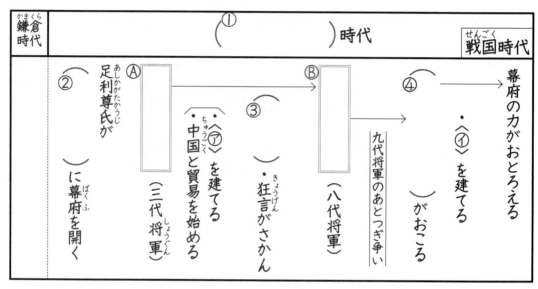

鎌倉(かまくら)時代	（①　　　　）時代	戦国(せんごく)時代

- 足利尊氏(あしかがたかうじ)が（②　　）に幕府(ばくふ)を開く
- Ⓐ［　　　］（三代将軍(しょうぐん)）
  - ・〈㋐〉を建てる
  - ・中国(ちゅうごく)と貿易を始める
- ・（③　　）狂言(きょうげん)がさかん
- Ⓑ［　　　］（八代将軍）
- 九代将軍のあとつぎ争い → （④　　）がおこる
- ・〈㋑〉を建てる
- → 幕府の力がおとろえる

(1) Ⓐ・Ⓑと①〜④にあてはまる言葉を、［　　］から選んで年表に書きましょう。

［ 京都(きょうと)　室町(むろまち)　足利義政(よしまさ)　足利義満(よしみつ)　能(のう)　応仁(おうにん)の乱(らん) ］

(2) Ⓐは、なぜ次のような建物㋐を建てたのでしょうか。

㋐

［ 明(みん)　金ぱく　金閣(きんかく)　大名(だいみょう) ］

Ⓐは、力をつけてきた（①　　　　）をおさえ、中国（②　　　）との貿易を始めて、強い権力(けんりょく)と多くの富を得たので、たくさんの（③　　　　）を使った（㋐　　　　）を建てた。

(3) Ⓐの時代として、正しいものに○をつけましょう。

① （　） 将軍が全国の土地のほとんどをもっていた。

② （　） 政治の中心は、鎌倉である。

③ （　） 貴族(きぞく)のはなやかな文化に、武士の力強く簡素(かんそ)な文化が合わされて生まれてきた。

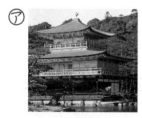

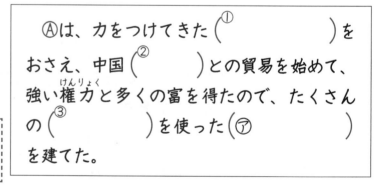

月　　日 [名前]　　　　/100点

⑷　次の図は、[B]が建てた㋑のとなりの東求堂(とうぐどう)の中を表しています。あとの問いに答えましょう。

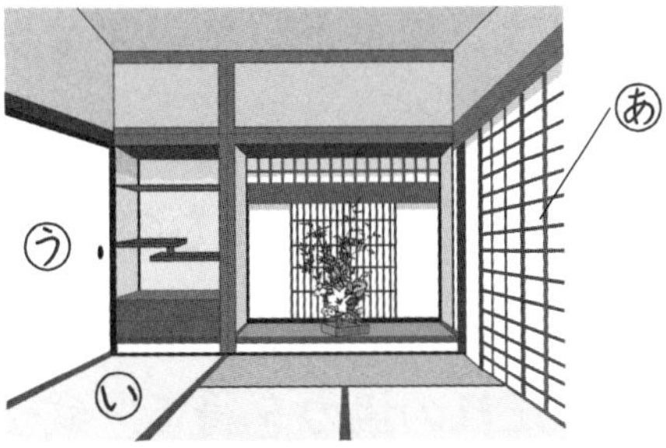

①　㋑の建物の名前を書きましょう。
（　　　　　）

②　このような部屋のつくりを何といいますか。（　　　　　）

③　②の部屋で、今でも続いているものを書きましょう。
[あ]（　　　　　）　[い]（　　　　　）　[う]（　　　　　）

⑸　次の説明は、建物㋐と㋑のどちらですか。(　)に記号を書きましょう。

（　　）京都の北山(きたやま)に建てた。
（　　）京都の東山(ひがしやま)に建てた。
（　　）１階は、寝殿造(しんでんづく)りになっている。
（　　）質素で落ち着いた感じの建物。
（　　）はなやかな感じの建物。

㋑
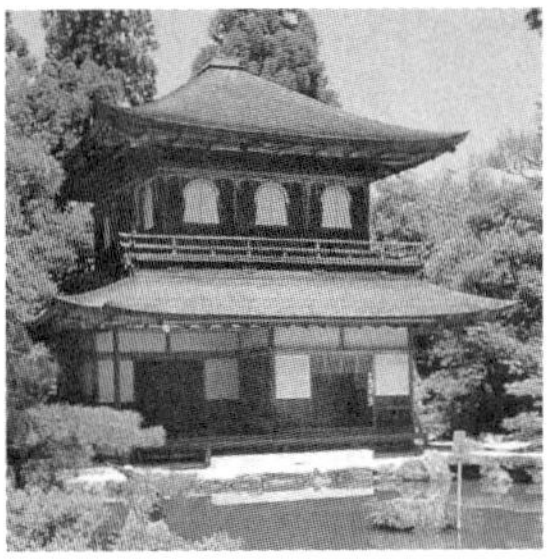

⑹　[B]のあとの将軍をだれにするかで争ったあと、世の中はどうなっていったでしょうか。

（①　　　　　）で（②　　　　　）の力がおとろえていくと、各地では、自分の領地を守るために（③　　　　　）をつくり、勢力を争う（④　　　　　）大名が現れてきました。これから後、この大名たちが戦い続ける戦国時代になっていきます。

城　　幕府　　戦国　　応仁の乱

室町時代(2)

1 次の図は、室町文化を代表するものです。あとの問いに答えましょう。

(5点×10)

A

① Aの図は、何を表していますか。
（　　　　　　）

② ①は、何から発展したものですか。
（　　　　　　）

③ ①は、だれの協力を得て、武士にも広がりましたか。（　　　　　　）

田楽（田植え時のおどり）　足利義満　能

B

① Bの図は、何ですか。（　　　　　　）

② ①をかいた人はだれで、どこで学びましたか。

だれ（　　　　　　）

国（　　　　　　）

③ ①は、おもにどこにえがかれましたか。

（　　　　　　）

雪舟　ふすま　中国（明）　水墨画（すみ絵）

C

① Cのような水のない庭を何といいますか。
（　　　　　　）

② 水の流れと山の風景を何で表現しますか。

水（　　　　　　）

山（　　　　　　）

砂　枯山水　岩

② 室町文化には今に続く文化が生まれました。次の図を見て、何を表しているかを書きましょう。 （5点×3）

（　　　　　　　　）（　　　　　　　　）（　　　　　　　　）

> おとぎ草子　　生け花　　茶の湯

③ 民衆の生活も変わってきました。図を見て、あとの問いに答えましょう。 （5点×7）

(1) 鎌倉時代からの農業について

① 田を耕すために使われている動物と道具

（　　　　　　　　）（　　　　　　　　）

② 肥料に使ったもの　（　　　　　　　　）

③ 稲をかりとった後に、麦などを作る作り方　（　　　　　　　　）

(2) 室町時代の民衆の生活

① 民衆が楽しむおどり　　　　　（　　　　　　　　）

② 農民の一日の食事の回数　　　（　　　　　　　　）

③ 京都の町衆が復活させた祭　　（　　　　　　　　）

> 三回　　草木のはい　　牛　　二毛作　　盆おどり　　くわ　　祇園祭

イメージマップ

 作業1 なぞって書きましょう。

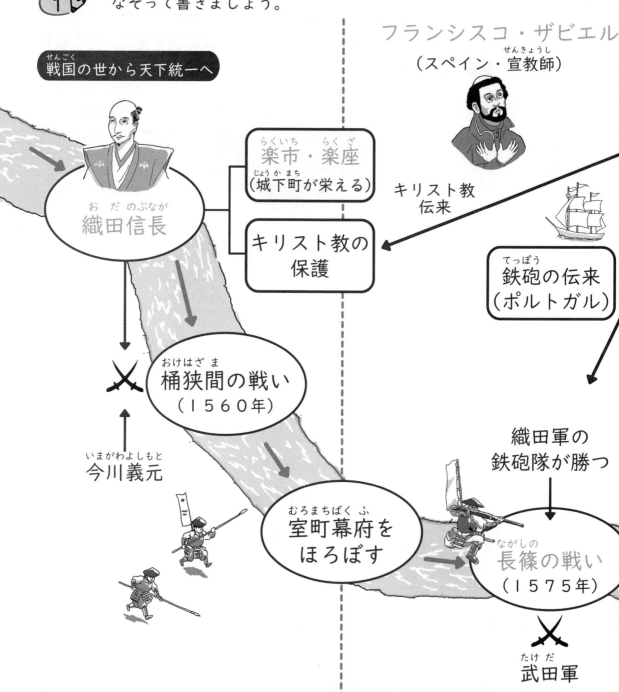

フランシスコ・ザビエル
（スペイン・宣教師）

戦国の世から天下統一へ

織田信長（おだのぶなが）

楽市・楽座（らくいち・らくざ）
（城下町が栄える）（じょうかまち）

キリスト教の
保護

キリスト教
伝来

鉄砲の伝来（てっぽう）
（ポルトガル）

桶狭間の戦い（おけはざま）
（１５６０年）

今川義元（いまがわよしもと）

室町幕府を（むろまちばくふ）
ほろぼす

織田軍の
鉄砲隊が勝つ

長篠の戦い（ながしの）
（１５７５年）

武田軍（たけだ）

室町時代（むろまち）

１５７３年

絵に色をぬりましょう。

中国大陸

明<ruby>明<rt>みん</rt></ruby>

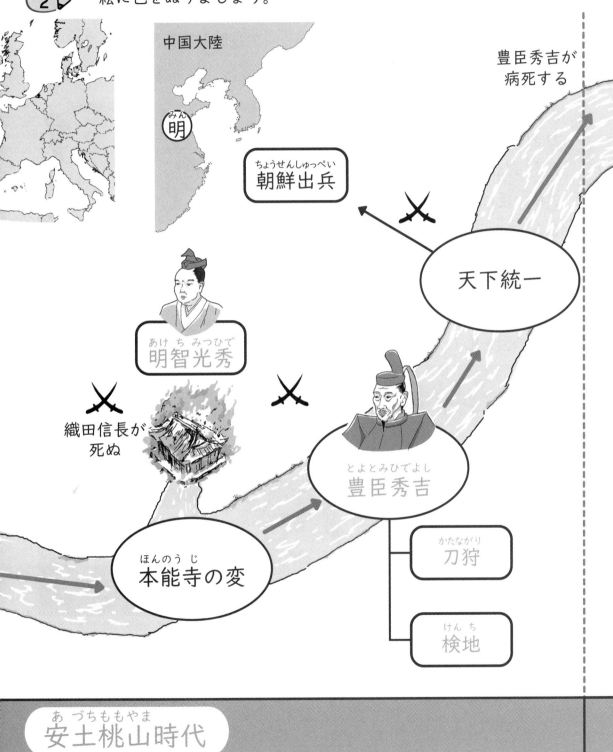

安土桃山時代(1) 戦国から天下統一へ

1 次の（　）にあてはまる言葉を、 から選んで書きましょう。

尾張（愛知県）の大名であった織田信長は、駿河（静岡県）の大名の
（①　　　　　　　　　）を（②　　　　　　　　　）の戦いで破り、

力をつけました。織田信長は、朝廷や（③　　　　　　　　　）

があった京都に上り、天下統一事業を進め、大名たち

が戦い続ける（④　　　　　　　　　）時代を終わらせようとしま

した。

```
幕府    戦国    桶狭間    今川義元
```

2 次の図を見て、（　）にあてはまる言葉を、 から選んで書きましょう。

浦野家旧蔵 写真協力 豊田市郷土資料館

上の図の（①　　　　　　　　　）の戦いでは、（②　　　　　　　　　）を戦いの中

心に使い、徳川家康と協力して、（③　　　　　　　　　）氏の騎馬隊を全滅さ

せ、大勝利をえました。

```
鉄砲隊    長篠    武田
```

③　戦術的に活用した鉄砲について、（　）にあてはまる言葉を┌──┐から選んで書きましょう。

▶ポルトガル初伝来の火縄銃

©種子島時邦

鉄砲は1543年に（①　　　　　　　　）に流れ着いた（②　　　　　　　　）人によって、伝えられました。威力の高さから、たちまち全国に広がり、大阪の（③　　　　　　　　）の町などで大量生産するようになりました。これにもっとも注目したのが、（④　　　　　　　　）です。何千丁もの鉄砲を持つ鉄砲隊を組織し、強敵を打ち破っていきました。

┌─────────────────────────┐
│　ポルトガル　　種子島　　堺　　織田信長　│
└─────────────────────────┘

④　次の問いに答えましょう。

(1)　織田信長は琵琶湖のほとりに大きな城を建設しました。その城の名前を書きましょう。　　　　　　　　　　（　　　　　　　）

(2)　この城下町で信長がとった商業を盛んにする政策を何といいますか。　　　　　　　　　　　　　　　（　　　　　　　）

(3)　この城の城下町には、ある宗教の宣教師たちが建てた教会や学校もありました。この宗教の名前を書きましょう。
　　　　　　　　　　　　　　　　　　　（　　　　　　　）

(4)　1549年に来日し、九州を中心に布教した宣教師はだれですか。
　　　　　　　　　　　　　　　　　　　（　　　　　　　）

┌─────────────────────────────────┐
│　フランシスコ・ザビエル　　楽市・楽座　　キリスト教　　安土城　│
└─────────────────────────────────┘

安土桃山時代(2)　戦国から天下統一へ

1　右の絵を参考に、次の（　）にあてはまる言葉を、_____から選んで書きましょう。

©高台寺所蔵

天下統一を目前にして ①（　　　　　　　　）は家臣の ②（　　　　　　　　）の反乱によって、京都の本能寺で亡くなりました。

その後をついだのが ③（　　　　　　　　）です。すぐに②を打ち破り、ライバルをおさえて、天下人の座につきました。

そして ④（　　　　　　　　）を築き、政治を行いました。また、京都(桃山)にもごうかな城を建て、文化の花をさかせました。この時代を信長と秀吉にちなんだ場所から ⑤（　　　　　　　　）時代といいます。

おおさかじょう 大阪城	おだのぶなが 織田信長	とよとみひでよし 豊臣秀吉	あけちみつひで 明智光秀	あづちももやま 安土桃山

2　2つの図は豊臣秀吉が行った政策です。あとの問いの答えを、_____から選んで書きましょう。

(1)　右の絵は、何を表していますか。

（　　　　　　　　）

(2)　(1)のねらいについて、正しいものに○をつけましょう。

（　　）　全国から米（税）を確実にとれるようにする。

（　　）　武士を農村にしばりつけて、農業を盛んにする。

月　　日 [名前]

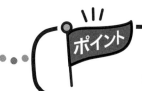

ポイント　豊臣秀吉が天下統一に向けて、検地と刀狩をすすめたねらいを理解しましょう。

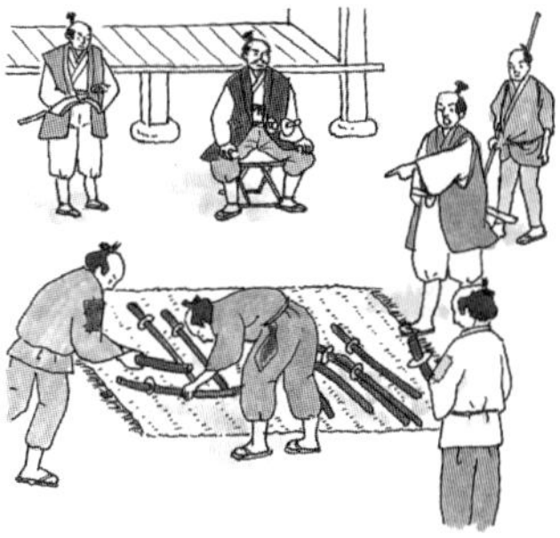

⑶　右の絵のように武器を農民から取り上げました。これを何というでしょう。

（　　　　　）

⑷　⑶のねらいとして、正しいものに○をつけましょう。

（　　）武士と農民という身分をはっきりさせる。

（　　）土地を農民に公平に分け、働く意欲(いよく)を持たせる。

（　　）農民が武器をもって反抗(はんこう)できないようにさせる。

刀狩(かたながり)　　楽市(らくいち)・楽座(らくざ)　　検地(けんち)

[3]　次の問いに答えましょう。

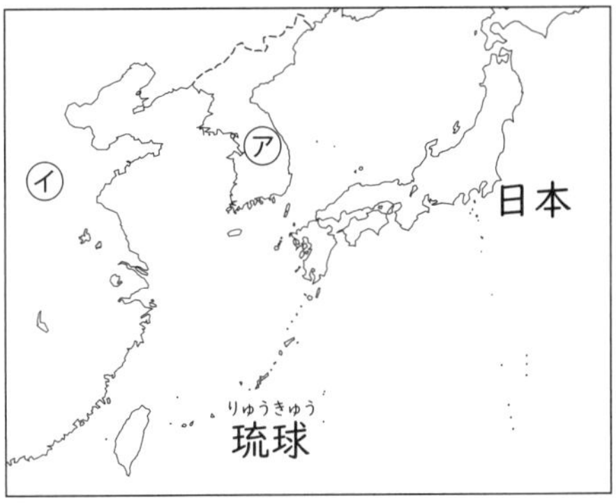

⑴　豊臣秀吉の野望はふくらみ、中国(ちゅうごく)（明(みん)）を征服(せいふく)しようと、２度にわたって朝鮮(ちょうせん)に大軍を送りました。朝鮮は右の地図の㋐と㋑のどちらでしょう。

（　　　　）

⑵　戦いの結果はどうでしたか。正しい方を◯で囲みましょう。

日本が朝鮮を征服した　　　朝鮮の人々の抵抗(ていこう)があって引き上げた

⑶　この戦いで、どんなえいきょうがありましたか。正しいものに○をつけましょう。

（　　）朝鮮や中国（明）が日本にせめてきた。

（　　）優(すぐ)れた焼き物の技術が伝わり、有田焼(ありたやき)などが生まれた。

（　　）日本が明の支配下におかれた。

安土桃山時代
（あづちももやま）

1 次の年表を見て、あとの問いに答えましょう。

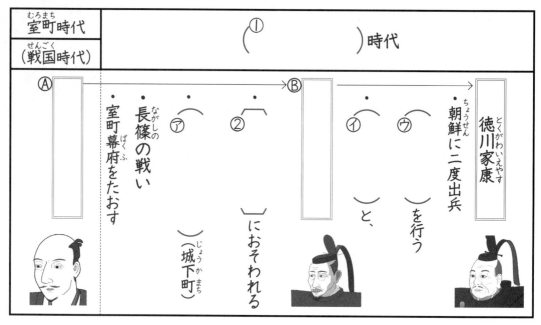

室町時代（むろまち） （戦国時代）（せんごく）	（ ① ）時代

Ⓐ · 室町幕府（ばくふ）をたおす · 長篠（ながしの）の戦い · ⑦（ ）（城下町）（じょうかまち） · ②（ ）におそれられる Ⓑ · ⑦（ ）と、 · ⑦（ ）を行う · 朝鮮（ちょうせん）に二度出兵 徳川家康（とくがわいえやす）

(1) 空らんにあてはまる言葉を 〔 〕 から選んで、年表を完成させましょう。 (5点×7)

> 豊臣秀吉（とよとみひでよし）　織田信長（おだのぶなが）　安土桃山（あづちももやま）　刀狩（かたながり）
> 楽市・楽座（らくいち・らくざ）　検地（けんち）　明智光秀（あけちみつひで）

(2) 「長篠（ながしの）の戦い」について、Ⓐ軍の戦い方について答えましょう。
(①5点、②③④各6点)

浦野家旧蔵　写真協力　豊田市郷土資料館

① Ⓐ軍はあといどちらですか。

〔　　　〕

② なぜ、①だとわかるのですか。

（　　　　　）を使っているから。

③ ②は、ヨーロッパからどの島に伝えられましたか。（　　　　　）

④ この戦いで、Ⓐといっしょに戦った人は、Ⓑとだれですか。

（　　　　　）

2　Ⓐ織田信長とⒷ豊臣秀吉について、あとの問いに答えましょう。

(1)　次の城(しろ)は、ⒶとⒷが建てたものです。それぞれの名前を書きましょう。

　Ⓐ　　　　　　　　　　　　　　Ⓑ　　　　　　　　　　（5点×2）

©伊勢忍者キングダム

（　　　　　　）城〔復元された
模擬天守(もぎてんしゅ)〕　　（　　　　　　）城

(2)　ⒶとⒷの政策と関係するものを線で結びましょう。　（4点×3）

楽市・楽座　●　　　　　● ⓐ　百姓(ひゃくしょう)から武器をとりあげるため。

検地　●　　　　● ⓘ　商人たちが、自由に商売できるため。

刀狩　●　　　　● ⓤ　田畑の広さや米の生産量を記録するため。

(3)　Ⓐが保護した宗教は、仏教とキリスト教のどちらですか。　（5点）

（　　　　　　　　　　）

(4)　なぜ(3)を保護したのですか。（　）にあてはまる言葉を書きましょう。

（5点）

比叡山延暦寺(ひえいざんえんりゃくじ)などの強い（　　　　　　　　）勢力をおさえこむため。

(5)　検地や刀狩をしたことによって百姓はどうなりましたか。（　　）の
言葉を使って書きましょう。　　　（身分・米づくり・戦い）　（10点）

なぞって書きましょう。

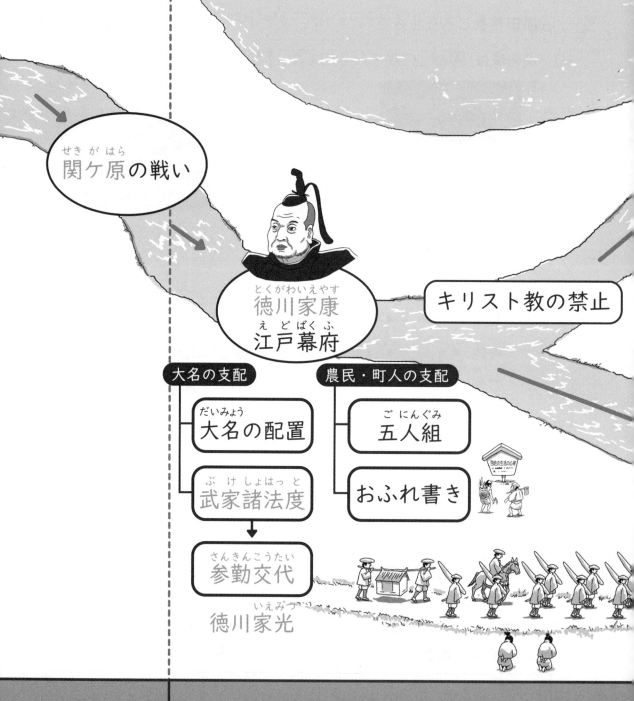

関ケ原の戦い
せきがはら

徳川家康
とくがわいえやす
江戸幕府
えどばくふ

キリスト教の禁止

大名の支配

大名の配置
だいみょう

武家諸法度
ぶけしょはっと

参勤交代
さんきんこうたい

徳川家光
いえみつ

農民・町人の支配

五人組
ごにんぐみ

おふれ書き

1603年

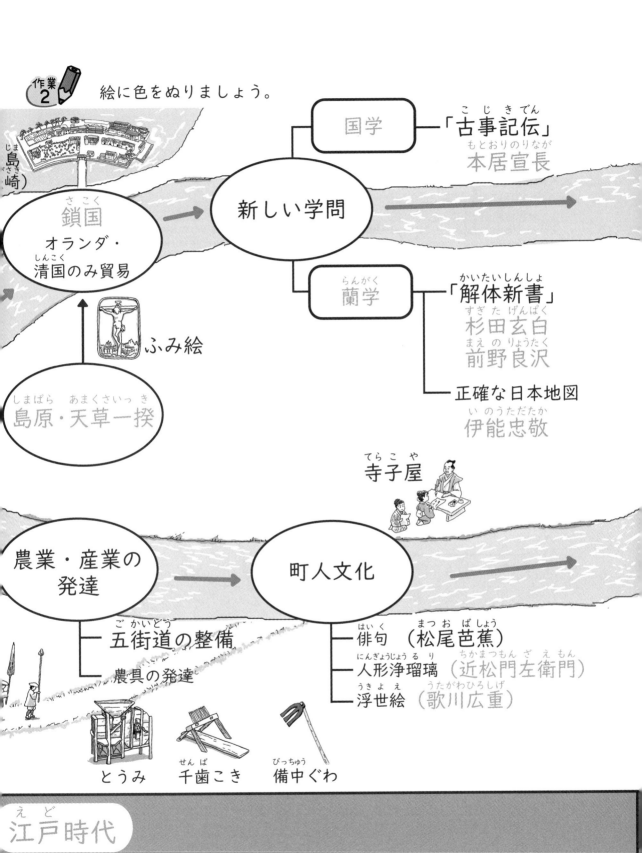

作業2 絵に色をぬりましょう。

国学 ──「古事記伝」
本居宣長

新しい学問

鎖国
オランダ・
清国のみ貿易

（出島（長崎））

ふみ絵

島原・天草一揆

蘭学 ──「解体新書」
杉田玄白
前野良沢
── 正確な日本地図
伊能忠敬

寺子屋

農業・産業の
発達

町人文化

五街道の整備
農具の発達

俳句 （松尾芭蕉）
人形浄瑠璃（近松門左衛門）
浮世絵 （歌川広重）

とうみ　　千歯こき　　備中ぐわ

江戸時代

イメージマップ

作業1 なぞって書きましょう。

さ こく
鎖国がおわる

ペリー
（アメリカ）

黒船来航
（１８５３年）

にちべい わ しんじょうやく
→日米和親条約
（１８５４年）

にちべいしゅうこうつうしょうじょうやく
→日米修好通商条約
（１８５８年）
ち がいほうけん　みと
・治外法権を認める
かんぜい じ しゅけん
・関税自主権がない

え どばく ふ
江戸幕府の
支配がゆらぐ

ねだん
物の値段が上がる

ききん

打ちこわし

ひゃくしょういっ
百姓一揆

おおしおへいはちろう　らん
大塩平八郎の乱

え ど
江戸時代

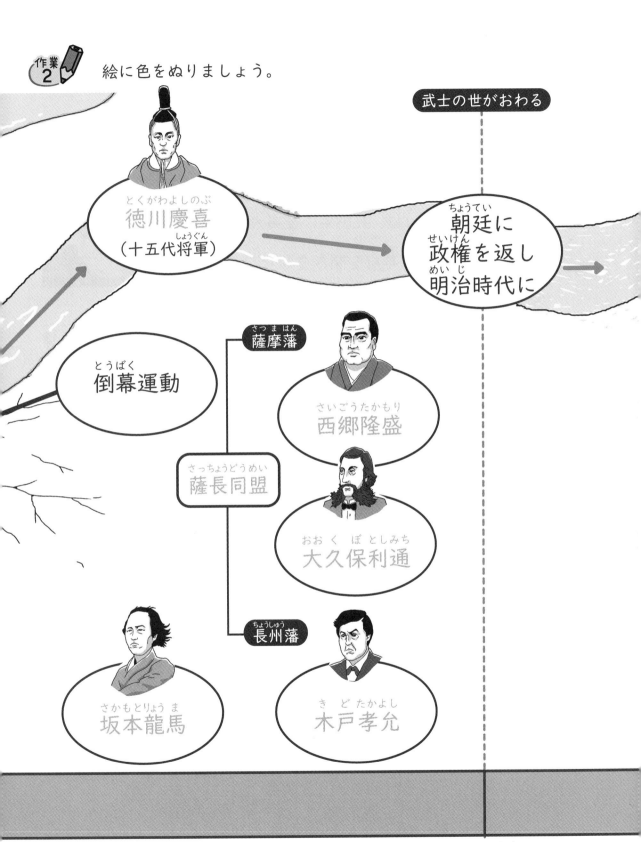

作業2 絵に色をぬりましょう。

武士の世がおわる

徳川慶喜
（十五代将軍）

朝廷に
政権を返し
明治時代に

倒幕運動

薩摩藩

西郷隆盛

薩長同盟

大久保利通

長州藩

坂本龍馬

木戸孝允

１８６８年

江戸時代(1) 264年続いた秘密

1 次の問いに答えましょう。

(1) 次の（ ）にあてはまる言葉を、 ____ から選んで書きましょう。

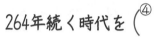

1600年の（① 　　　　　　）の戦いに勝った、

（② 　　　　　　）は、1603年に征夷大 将軍にな

り、（③ 　　　　　　）に幕府を開きました。ここから

264年続く時代を（④ 　　　　　　）といいます。

　幕府は政治の安定を図るために、大名を取りしまるための法律

（⑤ 　　　　　　）を考えました。

```
徳川家康　　　江戸　　　関ヶ原　　　武家諸法度　　　江戸時代
```

(2) 大名は3つのグループに分かれていました。名前と説明であうもの
を線で結びましょう。

外様 ●　　　　　● 徳川家の親せき

親藩 ●　　　　　● 古くから徳川家につかえた家臣

譜代 ●　　　　　● 関ヶ原の戦い
　　　　　　　　　以後に従った
　　　　　　　　　大名

(3) 右の地図のAとBのうち外様
大名はどちらになりますか。

（ 　　　　 ）

大名の配置

ポイント　徳川家康・家光が安定して政治をするための政策を理解しましょう。

② 次の絵を見て、あとの問いに答えましょう。

(1) 上の絵は何を表していますか。　　　　　（　　　　　　　）

(2) 絵の説明として、正しいものに○をつけましょう。

（　　）　幕府の命令により大名は1年おきに領地と江戸を往復する。

（　　）　外国との戦いのために戦場へ行く。

（　　）　多くの費用がかかり、大名の財政は苦しかった。

（　　）　大名の妻と子どもは人質として江戸に住まわせた。

(3) また、(1)をきまりとして定めた将軍はだれですか。

（　　　　　　　）

(4) (1)のほかにも、幕府は大名を取りしまる政策を行いました。次の中であてはまるものに○をつけましょう。

（　　）　特産物を作るよう命じた。

（　　）　城や河川の改修をさせた。

（　　）　きまりを守らないと領地を取り上げた。

江戸時代(2)　人々の暮らしと身分

1　次の問いに答えましょう。

(1)　幕府は大きく分けて３つの身分をつくりました。次の説明にあう身分の名前を、右のグラフを参考にして書きましょう。

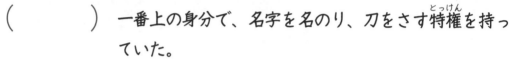

町人（職人・商人）5％
武士 7％
その他3％
百姓（農民など）85％

（　　　　　）　おもに町に住み、生活に必要なものをつくったり、売ったりしていた。

（　　　　　）　一番上の身分で、名字を名のり、刀をさす特権を持っていた。

（　　　　　）　世の中を支える食料（米を中心する農産物）を生産していた。

(2)　次の（　）にあてはまる言葉を、◻◻◻から選んで書きましょう。

・「おふれ書き（法令）」…農作業の内容や
（①　　　　　　　）や服装など、日常生活について取りしまるためのきまり

・「（②　　　　　　　）」…年貢を納めることや、力仕事、犯罪などを共同で責任を負わせる制度

一　朝早く起きて草をかり、昼は田畑を耕し、夜はなわをない、俵を編み、油断なく仕事にはげむこと。

五人組のしくみ
庄屋（名主）
五人組　　五人組

（③　　　　　　　）の生活を支えていたのは、百姓が納める
（④　　　　　　　）でした。④を確実に納めさせるため、幕府や藩は百姓を日常生活まで厳しく取りしまりました。

年貢　　五人組　　食べ物　　武士

ポイント　江戸の世の中を支える百姓身分の果たす役割（やくわり）と、くらしを理解しましょう。

② 　右の絵を見て、（　）にあてはまる言葉を ⬚ から選んで書きましょう。

　百姓は、さまざまなきまりに苦しみながらも生活を向上させました。そのひとつは（　　　　　）の発達です。絵にあるような（⑦　　　　　）や（⑦　　　　　）などを発明し、生産力を高めました。また、荒（あ）れ地を切り開く（　　　　　）を盛（さか）んに行い、右のグラフのように江戸（えど）時代の中ごろには耕地面積が、初めごろに比べておよそ（　　）倍にもなりました。

⑦
⑦

耕地面積の増加

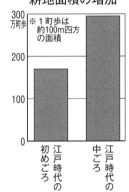

※１町歩は約100m四方の面積

```
2 農具　新田開発　備中（びっちゅう）ぐわ　3 千歯（せんば）こき
```

③ 　江戸時代は町や商業の発展（はってん）で、陸上交通が発展しました。

(1) 街道（かいどう）はどの町を起点にして広がっていますか。

（　　　　　　　　　）

(2) 京都と江戸を結ぶ2本の街道の名前を書きましょう。　（　　　　　）（　　　　　）

京都
大坂
日光
江戸

═══ 五街道
① 東海道（とうかいどう）　② 中山道（なかせんどう）
③ 奥州街道（おうしゅう）　④ 甲州街道（こうしゅう）
⑤ 日光街道（にっこう）

0　100　200km

江戸時代(3) 鎖国

1 次の文章を読んで、あとの問いに答えましょう。

幕府は最初、大名や商人に(① ）という許可状をあたえ、外国との貿易を保護しました。これにより東南アジアとの交流が盛んになり、東南アジアの各地に(② ）がつくられるほどになりました。貿易が盛んになるにつれ、宣教師の活動も活発になりました。幕府は(③ ）の信者が増えて、幕府に従わないことをおそれ③を禁止しました。第3代将軍(④ ）は、③の取りしまりをさらに強めました。

(1) （ ）にあてはまる言葉を、 から選んで書きましょう。

> キリスト教　　朱印状　　徳川家光　　日本町

(2) 右の図は、③を禁止するために使われました。この名前を書きましょう。

（　　　　　　　　　）

(3) ③を信じる人たちを中心に、九州の長崎県や熊本県で大規模な一揆がありました。それは何といいますか。

（　　　　　　　　　）一揆

(4) この一揆の結果、ポルトガルやスペイン人の来航禁止や日本人が海外に行くことや帰ってくることを禁止しました。これを何というでしょう。

（　　　　　　　　　）

> 鎖国　　ふみ絵　　島原・天草

ポイント　幕府が鎖国を行うようになった理由と、その後も交流をしていた国や地域を知りましょう。

2　次の図を見て、あとの問いに答えましょう。

(1) 右の図は、出島です。これはどこにありましたか。（　）に〇をつけましょう。

（　）京都　　（　）大阪
（　）江戸　　（　）長崎

©長崎歴史文化博物館

(2) 貿易が許されたのは、キリスト教を広めるおそれのない2つの国だけでした。どちらの組み合わせが正しいですか。

（　）中国・オランダ　　（　）スペイン・オランダ

3　貿易が制限されていた時代でも藩を通して、交流があった地域や国があります。次の問いに▭▭▭から選んで答えましょう。

(1) 朝鮮は対馬藩（長崎県）を通して貿易が行われ、右の図のように将軍がかわると、朝鮮から使節がきました。これを何といいますか。　（　　　　　　　）

©長崎県立対馬歴史民俗資料館

(2) 右の表の①にあてはまる、沖縄県にあった国の名前を書きましょう。

国・地域	交流を行っていた藩
朝鮮	対馬藩（長崎県）
（①　　　　　）	薩摩藩（鹿児島県）
②蝦夷地	松前藩（北海道）

(3) 右の表の②に古くから住んでいる人たちを何といいますか。

（　　　　　　）の人たち

(4) 松前藩側が不正を行ったため、(3)の人たちを率いて松前藩と戦った人はだれですか。　（　　　　　　　　）

アイヌ　　シャクシャイン　　朝鮮通信使　　琉球王国

江戸時代(4) 芸術

1 右の写真を見て、あとの問いに答えましょう。

(1) （ ）にあてはまる言葉を、[ ]から選んで書きましょう。

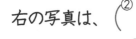

　江戸時代も半ばになると、（① 　　　　　）
の力が武士をしのぐようになりました。江戸
と大阪はその中心で町人の文化が発展しました。

　右の写真は、（② 　　　　　）で、町人の生活や気持ちをえが
いています。特に（③ 　　　　　）の作品は人気を呼びました。

　一方江戸では、（④ 　　　　　）が人気を呼びました。そして、こ
の役者をえがいた（⑤ 　　　　　）が大量につくられました。⑤には
「東海道五十三次」のような（⑥ 　　　　　）もありました。

[町人　浮世絵　人形浄瑠璃　風景画　歌舞伎　近松門左衛門]

(2) 風景画をえがいた作者と作品を線で結びましょう。

©山口県立萩美術館・浦上記念館所蔵

葛飾北斎　●

歌川広重　●

©山口県立萩美術館・浦上記念館所蔵

ポイント　町人が生んだ文化について理解しましょう。

2　次の図は、大阪の町のようすです。あとの問いに答えましょう。

(1)　次の（　）にあてはまる言葉を、□□□から選んで書きましょう。

　　政治の中心である（①　　　　　　　）は、人口が（②　　　　　　　）万

人をこえる世界一の都市で、

（「③　　　　　　　」）

といわれていました。一方、全国

から米やその他の物資が集まる、

経済の中心地（④　　　　　　　）は、

（「⑤　　　　　　　」）と

いわれていました。

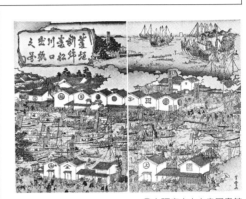

©大阪府立中之島図書館

> 大阪　　江戸　　天下の台所　　将軍のおひざもと　　100

(2)　二大都市が発展した理由を、地図を見て（　）にあてはまる言葉を
書きましょう。

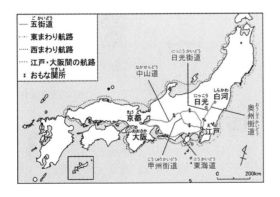

　　すべてが江戸につながる東

海道などの（①　　　　　　　）

は、将軍徳川家光が行った

（②　　　　　　　）によって整

備されていき、全国各地の米

や農産物は（③　　　　　　　）

を使って大阪に集まってくる

ようになったからです。

江戸時代(5)　新しい学問と不安定な世の中

1　江戸時代後半、新しい学問が広がりを見せました。次の文は、国学と蘭学のどちらですか。

①　外国のえいきょうのなかった大昔のころの日本人の心の考え方を学ぼうとしたもの。本居宣長は『古事記伝』を著した。

（　　　　　　　）

②　西洋の優れた科学や技術をとりいれるため、オランダ語を通じて学ぼうとする学問。※オランダ＝和蘭陀

（　　　　　　　）

2　右の図を参考に、次の（　）にあてはまる言葉を、____から選んで書きましょう。

西洋の進んだ医学を学ぶために、（①　　　　　　）は重要でした。日本で初めて、オランダ語の医学書をほん訳したのが（②　　　　　　）や前野良沢らが苦労して作り上げた（③　　　　　　）です。

また、地図の作成では（④　　　　　　）が蘭学の天文学を学び、全国をまわって精密な日本地図を作り上げました。

©国立国会図書館

©伊能忠敬記念館

杉田玄白　　解体新書　　伊能忠敬　　蘭学

ポイント 新しい学問の広がりの中で、不安定な世の中をなおそうとする動きを理解しましょう。

③　次の絵を見てあとの問いに、□□□から選んで答えましょう。

(1)　百姓や町人の子どもを教える学校を何といいますか。　（　　　　　　　　）

(2)　どのような勉強をしましたか。

「読み・書き・（　　　　　　　　）」

(3)　江戸時代後半、多くの藩で学校が設立されました。（　）にあてはまる言葉を書きましょう。

藩が（①　　　　　　　　）の子どもたちを教育するために建てたのが
（②　　　　　　　　）です。そこでは、（③　　　　　　　　）を中心に教えられました。

> 儒学　　藩校　　そろばん　　武士　　寺子屋

④　江戸時代後半、大きなききんが何度もおこり、物価も大きく上がりました。新しい学問を学ぶ人や、武士の中からも幕府や藩を批判する人たちが現れました。

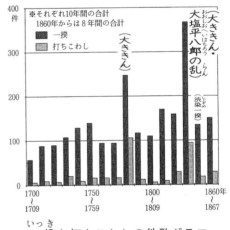

一揆と打ちこわしの件数グラフ

(1)　右のグラフを参考にして、都市や農村で起こった、幕府への反対運動を何というか書きましょう。

都市（　　　　　　　　）

農村（　　　　　　　　）

(2)　右の人物は、大阪の貧しい人たちを救おうと立ち上がりました。その人物名を書きましょう。

（　　　　　　　　）

江戸時代(6)　ペリー来航

1　次の（　）にあてはまる言葉を、｜ ｜から選んで書きましょう。

1853年、神奈川県浦賀沖に（①　　　　　　　　）に率いられた４せきの

（②　　　　　　　　）艦隊が現れました。①はあわてふためく幕府に対し

て、自国の船に食料や水、

（③　　　　　　　）などをあた

え、（④　　　　　　　）を行うこ

となどが書かれたアメリカ

大統領の手紙をわたして

去りました。

> アメリカ　　石炭　　貿易　　ペリー

2　次の問いに、｜ ｜から選んで答えましょう。

(1)　1854年、アメリカの強い要求で結んだ条約は何といいますか。

（　　　　　　　）条約

(2)　この時に開港したのは函館とどこですか。　　（　　　　　　　）

(3)　４年後、貿易を進める条約を結びました。その条約を何といいます

か。　　　　　　　　　　　　　　　　　（　　　　　　　）条約

(4)　(3)の条約は、日本にとって不平等な条約でした。次の（　）にあて

はまる言葉を書きましょう。

①　日本で罪をおかした外国人を、日本

の（　　　　　）で裁けないこと。

②　輸入品に自由に（　　　　　）をかけ

ることができないこと。

> ①を治外法権（領事裁判権）をみとめる、②を関税自主権がない
> ともいうのよ。

> 下田　　税　　日米修好通商　　日米和親　　新潟　　法律

月　　日　[名前]

ポイント　ペリー来航による開国によって武士の時代が終わり、倒幕運動につながっていくことを理解しましょう。

[3]　次の問いに答えましょう。

(1)　(　)にあてはまる言葉を、[　　]から選んで書きましょう。

開国して貿易がはじまると国内の品物が不足したり、(①　　　)などの生活必じゅ品の値段(ねだん)が激(はげ)しく上がり、生活に苦しむ人たちは、都市では(②　　　　　)を、農村では(③　　　　)を各地でおこし、世直しを求めました。

一揆(いっき)　生糸(きいと)　打ちこわし　米

(2)　幕府への不満が高まる中、幕府をたおそうという運動もおこりました。倒幕(とうばく)に向けて活やくした人たちについて、[　　]から選んで書きましょう。

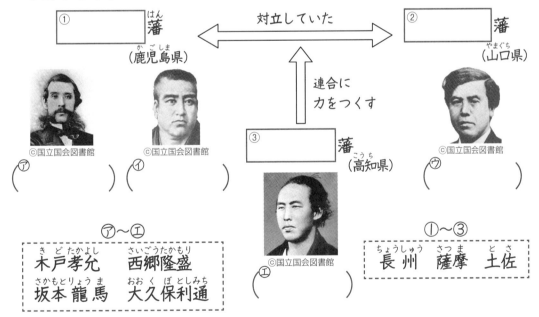

[①　　　　]藩(はん)(鹿児島(かごしま)県)　⟺ 対立していた ⟺　[②　　　　]藩(山口(やまぐち)県)

↑ 連合に力をつくす

[③　　　　]藩(高知(こうち)県)

©国立国会図書館

(㋐　　　　)

©国立国会図書館

(㋑　　　　)

©国立国会図書館

(㋒　　　　)

©国立国会図書館

(㋓　　　　)

㋐〜㋓

木戸孝允(きどたかよし)　西郷隆盛(さいごうたかもり)
坂本龍馬(さかもとりょうま)　大久保利通(おおくぼとしみち)

①〜③

長州(ちょうしゅう)　薩摩(さつま)　土佐(とさ)

①と②の武士を中心に幕府をたおす計画が進められ、幕府はこれ以上政治を続けることができないと、政権(せいけん)を天皇(てんのう)に返しました。Ⓐ

(3)　下線部Ⓐについて、このときの将軍(しょうぐん)はだれですか。◯をつけましょう。

(　徳川吉宗(とくがわよしむね)　　徳川慶喜(よしのぶ)　)

江戸時代(1)　全国支配

1 次の年表を見て、あとの問いに答えましょう。

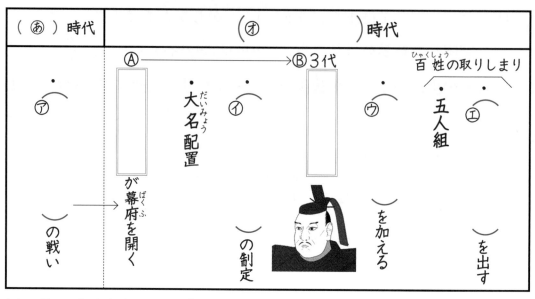

（　あ　）時代　｜　（オ　　　　　　　　）時代

Ⓐ ――――――――→ Ⓑ3代

・大名配置

・五人組　百姓の取りしまり

ⓐ　の戦い

Ⓐ　が幕府を開く

ⓘ　の制定

ⓦ　を加える

ⓔ　を出す

(1) あの時代を次の中から選んで、番号を書きましょう。　　（4点）

　　あ（　　）

　　①室町　　②安土桃山　　③鎌倉

(2) 空らんにあてはまる言葉を ⌐ ̄ ̄ ̄¬ から選んで、年表を完成させま
しょう。　　　　　　　　　　　　　　　　　　　　　　　（5点×7）

徳川家光　　江戸　　徳川家康　　関ケ原
武家諸法度　　おふれ書き　　参勤交代

(3) 右の図を見て、大名の配置について答えましょう。

① 外様は、どこに配置されていますか。（7点）

　　（　　　　　　　　　　　　　　　　　　）

② なぜ①のように配置をしたのですか。（10点）
　　（関ヶ原の戦い、敵、反乱）

大名の配置

・親藩
・譜代
・外様
□ 御三家（尾張・紀伊・水戸の徳川氏）
□ 幕府が直接治めた主な場所

👤100万石以上　👤50〜99万石　👤20〜49万石

月　　日 [名前]　　　　／100点

[2] 次の資料は武家諸法度の一部です。あとの問いに答えましょう。

(1) 参勤交代に関するものを右の[あ]～[う]から選んで記号を書きましょう。（4点）

（　　　）

(2) なぜ(1)を加えたのですか。（　）の言葉を使って書きましょう。（10点）

（費用　人質　大名の力）

[あ] 城を修理するときは、届(とど)け出ること。

[い] 大名は、勝手に結婚(けっこん)してはならない。

[う] 大名は領地と江戸に交代で住み、毎年4月に江戸に参勤すること。（妻子は江戸）

[3] 次の資料は百姓(ひゃくしょう)を支配したり、生活を制限させたりするものです。

(1) 五人組の役目を（　）の言葉を使って書きましょう。（見張り、年貢(ねんぐ)米、共同、責任）（10点）

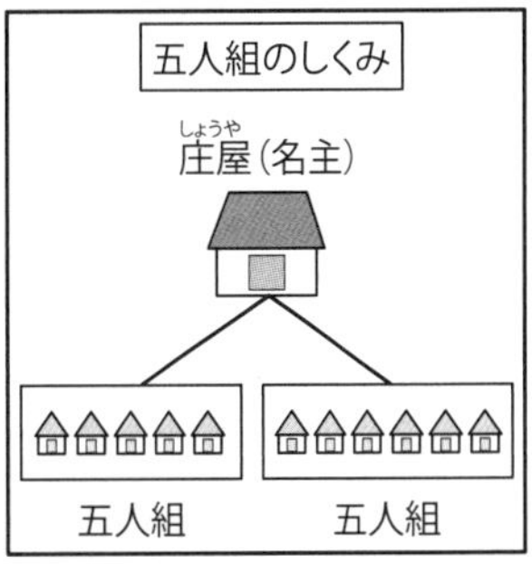

(2) 右の資料の[あ]～[え]にあてはまる言葉を書きましょう。（5点×4）

[あ]		[い]	
[う]		[え]	

茶　田畑　なわ　草

一、朝早く起きて（[あ]）をかり、昼は（[い]）を耕し、夜は（[う]）をない……

一、酒や（[え]）を買って飲んではいけない。

おふれ書き

まとめテスト

江戸時代(2)　鎖国への道

[1]　次の年表を見て、あとの問いに答えましょう。

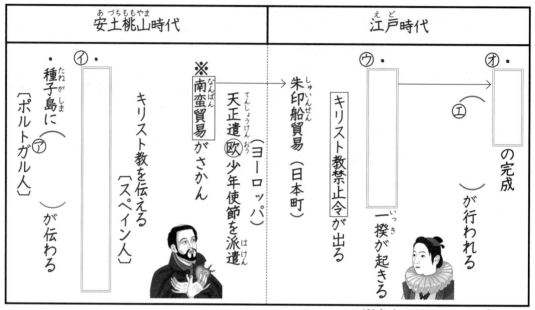

安土桃山時代	江戸時代
・種子島に（㋐　　）が伝わる〔ポルトガル人〕 ㋑・［　　］キリスト教を伝える〔スペイン人〕 ※南蛮貿易がさかん → 朱印船貿易（日本町） 天正遣欧少年使節を派遣（ヨーロッパ）	キリスト教禁止令が出る ㋒・［　　］一揆が起きる ㋓（　　）が行われる ㋔・［　　］の完成

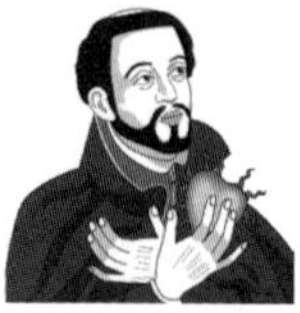
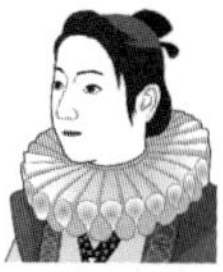

※南蛮とはヨーロッパのこと

(1)　空らんにあてはまる言葉を［　　］から選んで、年表を完成させましょう。
（5点×5）

鎖国　フランシスコ・ザビエル　絵ふみ　鉄砲　島原・天草

(2)　キリスト教と江戸幕府の関係の変化について、（　）にあてはまる言葉を書きましょう。
（5点×6）

[前]　南蛮貿易で、たくさんの（①　　　　）と武器に使う（②　　　　）を手に入れることができる。そのために（③　　　　）を広めることを認めた。

→

[後]　キリスト教信者が増えてきて、信者たちが（㋐　　　　）すると、（㋑　　　　）もいっしょになって、（㋒　　　　）の命令に従わなくなる。

キリスト教　利益　鉄砲

団結　幕府　大名

2 島原・天草一揆について正しいものに〇をつけましょう。　（4点×2）

（　　）　江戸幕府をたおすために立ち上がった。

（　　）　わずか16才の天草四郎が一揆を率いた。

（　　）　重い年貢の取り立てとキリスト教に対する厳しい取りしまりに反対して立ち上がった。

3 右の図の絵ふみは、何のために行われたのですか。

（7点）

4 次の図は、鎖国が完成した後に貿易が行われているところです。

(1) Ⓐがあるのは、どこですか。またこの島を何といいますか。（5点×2）

（　　　　　　）（　　　　　　）

(2) (1)ではどの国と貿易が行われていましたか。（5点）（　　　　　　）

©長崎歴史文化博物館

(3) (2)以外に貿易を認められていた国は、どこですか。　（5点）

（　　　　　　）

(4) なぜこの2国だけ貿易が認められたのですか。　（10点）

まとめテスト

江戸時代(3)　新田開発・農具改良

□1 次の図やグラフを見て、あとの問いに答えましょう。　（5点×10）

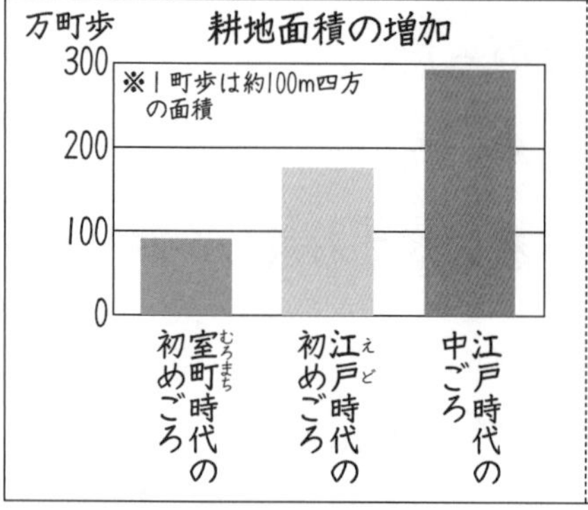

万町歩
耕地面積の増加
300
200
100
0
※1町歩は約100m四方の面積
室町時代の初めごろ
江戸時代の初めごろ
江戸時代の中ごろ

（備中ぐわ）

（千歯こき）

（とうみ）

(1) 次の（　）にあてはまる言葉を、[　　]から選んで書きましょう。

藩は、（①　　　　）にかなりの（②　　　　）がかかりました。そこで（③　　　　）を増やすために、荒れ地などを切り開く（④　　　　）に取り組みました。

[年貢　　参勤交代　　新田開発　　費用]

(2) グラフから、江戸時代の初めと中ごろでは、どれくらい面積が増えましたか。　約（　　　）倍

(3) 農村で米の生産量を上げるためにどんなことをしましたか。

① 農具の改良　㋐ 脱穀が楽になる（　　　　）
㋑ 土を深くまで耕す（　　　　）
㋒ もみともみ殻に分ける（　　　　）

② 肥料　㋐ イワシを干した（　　　　）
㋑ 菜種油をとった後の（　　　　）

[ほしか　　とうみ　　千歯こき　　油かす　　備中ぐわ]

月　　日 [名前]		／100点

[2] 農村では、米以外の農産物も盛(さか)んにつくられるようになりました。

(1) 次の中で正しいものに○をつけましょう。（3点×3）

（　　）菜種(なたね)　（　　）メロン　（　　）トマト

（　　）綿　（　　）マンゴー　（　　）茶

(2) 農産物から製品もつくる手工業が行われるようになりました。①～③の製品を線で結びましょう。（7点×3）

① 米と水、こうじを使ってつくる。　●　　●㋐ しょうゆ

② 大阪(おおさか)周辺でつくられた綿を使ってつくる。●　　●㋑ 綿織物

③ 大豆とこうじ、塩を使ってつくる調味料。●　　●㋒ 酒

[3] 次の五街道や航路の地図を見て、あとの問いに答えましょう。

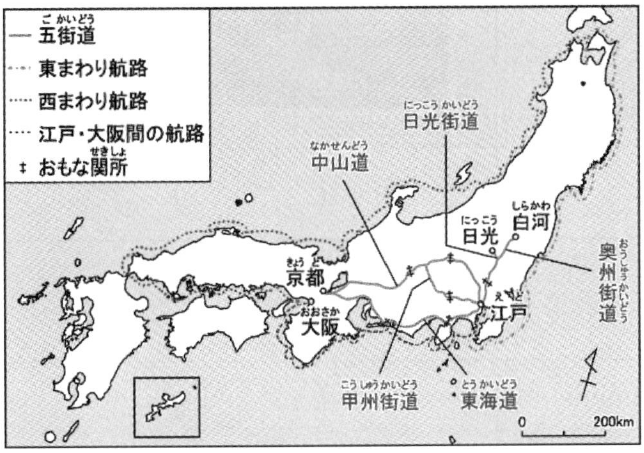

(1) 次の都市名を書きましょう。（5点×2）

① 五街道の出発地で「将軍(しょうぐん)のおひざもと」といわれる都市。

（　　　　）

② 各地の農産物が集まる「天下の台所」の都市。

（　　　　）

(2) 五街道や航路によってどうなりましたか。（　）の言葉を使って書きましょう。（全国、参勤交代(さんきんこうたい)、農産物）（10点）

まとめテスト

江戸時代(4)　文化・学問

[1]　五街道が整備されると、上方と江戸で文化が盛んになりました。答えを［　　］から選んで、次の表を完成させましょう。（　）には記号で書きましょう。

（名前・代表作6点×4、他4点×4）

	上方（京都・大阪）の町人中心の文化	江戸の町人中心の文化
人物像		
名前		
文化	（人形浄瑠璃）	©山口県立萩美術館・浦上記念館（浮世絵）
内容	（　　）	（　　）
代表作		
特徴	（　　）	（　　）

名前	歌川広重　　近松門左衛門
内容	㋐　役者や宿場町などの風景をえがいた絵 ㋑　町人の生活や心情を人形と語りで表したもの
代表作	東海道五十三次　　曽根崎心中
特徴	㋐　明るくて、商売の町なので活気に満ちている。 ㋑　落ち着いていて、すっきりしている。

月　　日　[名前]　　　　　　　　　　　　　　／100点

[2] 次の人物や絵について、あとの問いに答えましょう。

A	B	C

私は、古くからの日本人の考え方をあきらかにしようと①「古事記（こじき）」を研究した本を書きました。	私は、オランダ語で書かれた医学書が実際の人体と同じであったことにおどろき、それを②日本語に訳（やく）した本を出版しました。	私は50才を過ぎてから、天文学や測量学を学び、全国を17年間、約4万km歩いて、それを③正確に表しました。

(1) A～Cの人物の名前を書きましょう。（7点×3）

A		B		C	

杉田玄白（すぎたげんぱく）　伊能忠敬（いのうただたか）　本居宣長（もとおりのりなが）

(2) 文中の下線の言葉を書きましょう。（7点×3）

①(　　　　　)　②(　　　　　)　③(　　　　　)

日本地図　古事記伝（こじきでん）　解体新書（かいたいしんしょ）

(3) 江戸時代の新しい学問　㋐国学（こくがく）と㋑蘭学（らんがく）について、説明にあう番号を書きましょう。（5点×2）　㋐(　　)　㋑(　　)

① 西洋の文化や技術を学ぶ学問
② 中国（ちゅうごく）から伝わった思想で、道徳を学ぶ学問
③ 日本人古来の考え方について学ぶ学問

(4) 右の絵は、百姓（ひゃくしょう）や町人の子どもたちが学ぶところです。何といいますか。（8点）

(　　　　　)

江戸時代(5)　開国・倒幕運動

1　次の年表を見て、あとの問いに答えましょう。

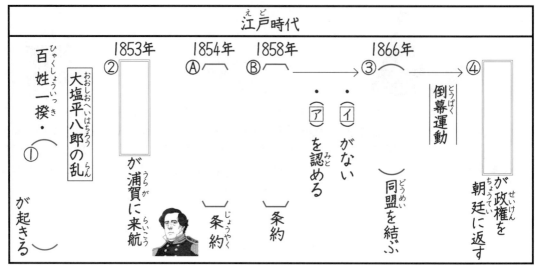

江戸時代

百姓一揆・①が起きる

大塩平八郎の乱

1853年
②　が浦賀に来航

1854年
Ⓐ　条約

1858年
Ⓑ　条約

・アを認める
・イがない

1866年
③　同盟を結ぶ

倒幕運動

④　が政権を朝廷に返す

(1)　空らんにあてはまる言葉を、┌┄┐から選んで書きましょう。(5点×6)

徳川慶喜　　ペリー　　　日米修好通商
日米和親　　薩長　　　　打ちこわし

(2)　年表中のⒶとⒷで開港したところを次の地図から選んで記号を書き、年表中のアとイにあてはまる言葉を、┌┄┐から選んで書きましょう。(2回使うのもあります。)　　(Ⓐ・Ⓑ3点×7、ア・イ5点×2)

ア　ハコダテ　函館
イ　ニイガタ　新潟
ウ　兵庫（神戸）
エ　長崎
オ　神奈川（横浜）
カ　下田

Ⓐ〔　　〕〔　　〕

Ⓑ〔　　〕〔　　〕〔　　〕〔　　〕〔　　〕

ア（　　　　　　　　　）を認める

外国人が日本で起こした事件を日本の法律で裁けない。

イ（　　　　　　　　　）がない

輸入品に自由に税金をかける権利がない。

関税自主権　　治外法権（領事裁判権）

月　　日 [名前]　　　　／100点

[2] 1830年代に大ききんが起き、大阪の貧しい人々を助けようと兵をあげた、もと幕府の役人はだれですか。（6点）　（　　　　）

[3] 開国後の人々の暮らしについて、あとの問いに答えましょう。

幕末の米の値段の移り変わり

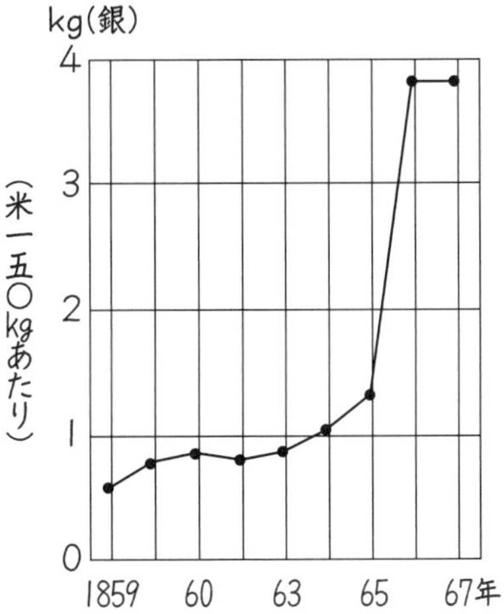

kg(銀)
（米一五〇kgあたり）
4
3
2
1
0
1859
60
63
65
67年

(1) 次の文で、正しいものに○をつけましょう。（3点）

① （　　） 輸入品が多くなって、生活が豊かになった。

② （　　） 幕府は、輸入品で大きな利益を上げ、支配力が強くなった。

③ （　　） 品物の値段が1866年に急げきに上がった。

[4] 次の図を見て、□にあてはまる人物の記号を書きましょう。（5点×6）

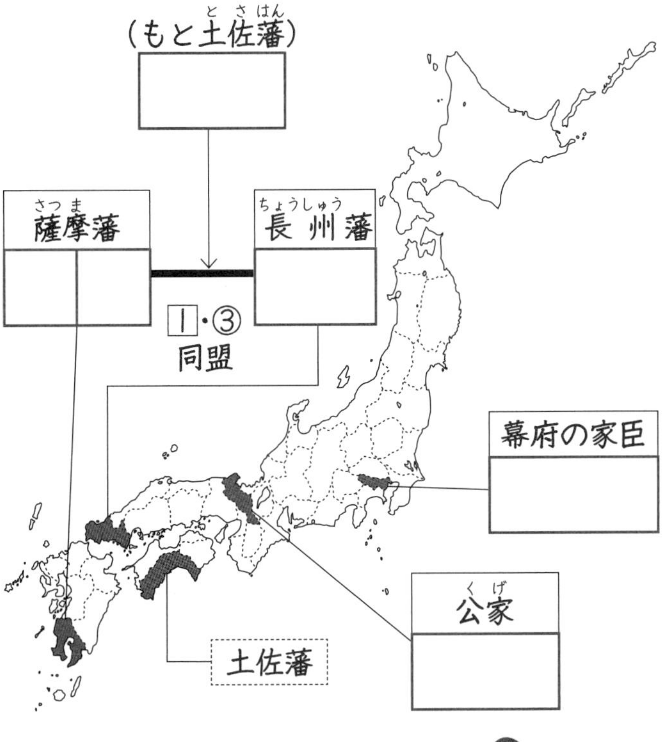

（もと土佐藩）
薩摩藩
長州藩
[1]・③
同盟
幕府の家臣
公家
土佐藩

㋐ 大久保利通
㋑ 木戸孝允
㋒ 岩倉具視
㋓ 坂本龍馬
㋔ 勝海舟
㋕ 西郷隆盛

社会ゲーム

月　　日 [名前]

勝ったのはどっちかな

[1] 次の戦いなどで勝った方に○でかこみ、引き分けのときは、引きのところに△をつけましょう。

	年代	戦いなど		引き	
①	645	大化の改新（たいかのかいしん）	中大兄皇子（なかのおおえのおうじ）		蘇我入鹿（そがのいるか）
②	1185	壇ノ浦の戦い（だんのうら）	平氏（へいし）		源氏（げんじ）
③	1274 1281	元寇（げんこう）	幕府（ばくふ） （北条時宗）（ほうじょうときむね）		元軍（げんぐん）
④	1467	応仁の乱（おうにんのらん）	細川勝元（ほそかわかつもと）		山名持豊（やまなもちとよ）
⑤	1560	桶狭間の戦い（おけはざま）	織田信長（おだのぶなが）		今川義元（いまがわよしもと）
⑥	1575	長篠の戦い（ながしの）	武田勝頼（たけだかつより）		織田信長 徳川家康（とくがわいえやす）
⑦	1582	山崎の戦い（やまざき）	明智光秀（あけちみつひで）		豊臣秀吉（とよとみひでよし）
⑧	1600	関ケ原の戦い（せきがはら）	徳川家康		石田三成（いしだみつなり）
⑨	1614 1615	大阪の陣（おおさかのじん）	徳川家康		豊臣家
⑩	1877	西南戦争（せいなんせんそう）	西郷隆盛、士族（さいごうたかもり、しぞく）		明治政府軍（めいじせいふ）

月　　日　[名前]

[2]　次のできごとなどで正しいものを選んで〔　〕に記号を書きましょう。

① 縄文遺跡(じょうもんいせき)があるところはどこかな。　〔　　〕

㋐ 登呂(とろ)遺跡　㋑ 三内丸山(さんないまるやま)遺跡　㋒ 吉野ケ里(よしのがり)遺跡

② 米をたくわえておくところは何というかな。　〔　　〕

㋐ たて穴住居(あなじゅうきょ)　㋑ 正倉院(しょうそういん)　㋒ 高床倉庫(たかゆかそうこ)

③ 聖徳太子(しょうとくたいし)が建てた寺。　〔　　〕

㋐ 法隆寺(ほうりゅうじ)　㋑ 唐招提寺(とうしょうだいじ)　㋒ 東大寺(とうだいじ)

④ 聖武天皇(しょうむてんのう)は、何の力で社会の不安をしずめようとしたかな。〔　　〕

㋐ キリスト教　㋑ 仏教　㋒ イスラム教

⑤ 奈良(なら)につくられた都。　〔　　〕

㋐ 難波宮(なにわのみや)　㋑ 平安京(へいあんきょう)　㋒ 平城京(へいじょうきょう)

⑥ 織田信長、豊臣秀吉、徳川家康が城を建てた正しい順番。〔　　〕

㋐ 安土(あづち)城⇒江戸(えど)城⇒大阪城　㋑ 江戸城⇒安土城⇒大阪城

㋒ 安土城⇒大阪城⇒江戸城

⑦ 日本にキリスト教を伝えた人。　〔　　〕

㋐ フランシスコ・ザビエル　㋑ ペリー　㋒ 鑑真(がんじん)

⑧ 歌川広重(うたがわひろしげ)の有名な浮世絵(うきよえ)　〔　　〕

㋐ 富嶽三十六景(ふがくさんじゅうろくけい)　㋑ 見返り美人　㋒ 東海道五十三次(とうかいどうごじゅうさんつぎ)

⑨ 杉田玄白(すぎたげんぱく)がほん訳した本。　〔　　〕

㋐ 古事記伝(こじきでん)　㋑ 大日本沿海輿地全図(だいにほんえんかいよちぜんず)　㋒ 解体新書(かいたいしんしょ)

⑩ 「天は人の上に人を造らず人の下に人を造らず」の本を書いた人。

㋐ 板垣退助(いたがきたいすけ)　㋑ 福沢諭吉(ふくざわゆきち)　㋒ 伊藤博文(いとうひろぶみ)　〔　　〕

**イメージマップ**

 なぞって書きましょう。

天皇中心の強い国づくり

 明治天皇

明治維新

薩摩藩（さつ ま はん）　西郷隆盛（さいごうたかもり）
大久保利通（おお く ぼ としみち）
長州藩（ちょうしゅう）　木戸孝允（き ど たかよし）

五か条の御誓文（ご　ごせいもん）

版籍奉還（はんせきほうかん）

廃藩置県（はいはん ち けん）

東京を首都
（江戸を東京と
改めた）

西洋化

洋服
鉄道
レンガ造り
太陽暦（たいようれき）
郵便制度（ゆうびん）

１８６８年

作業2 絵に色をぬりましょう。

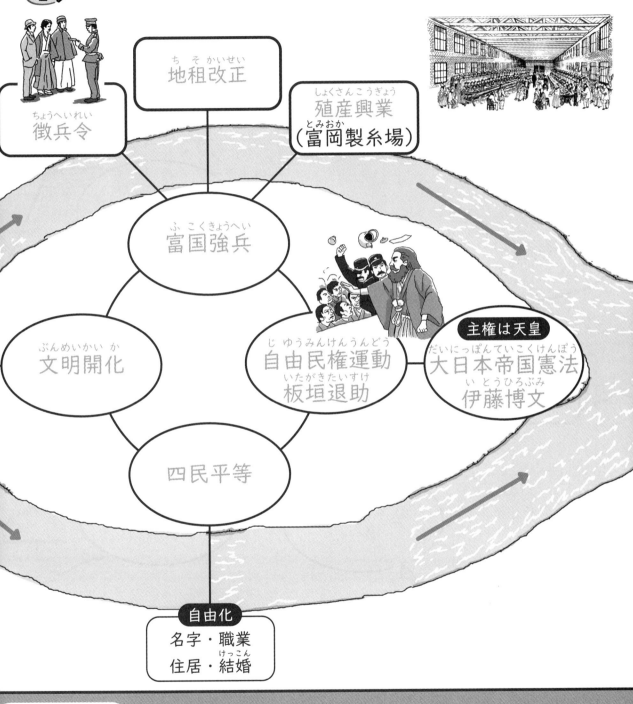

徴兵令
ちょうへいれい

地租改正
ちそかいせい

殖産興業
しょくさんこうぎょう
（富岡製糸場）
とみおか

富国強兵
ふこくきょうへい

文明開化
ぶんめいかいか

自由民権運動
じゆうみんけんうんどう
板垣退助
いたがきたいすけ

主権は天皇
大日本帝国憲法
だいにっぽんていこくけんぽう
伊藤博文
いとうひろぶみ

四民平等

自由化
名字・職業
住居・結婚
けっこん

明治時代

 なぞって書きましょう。

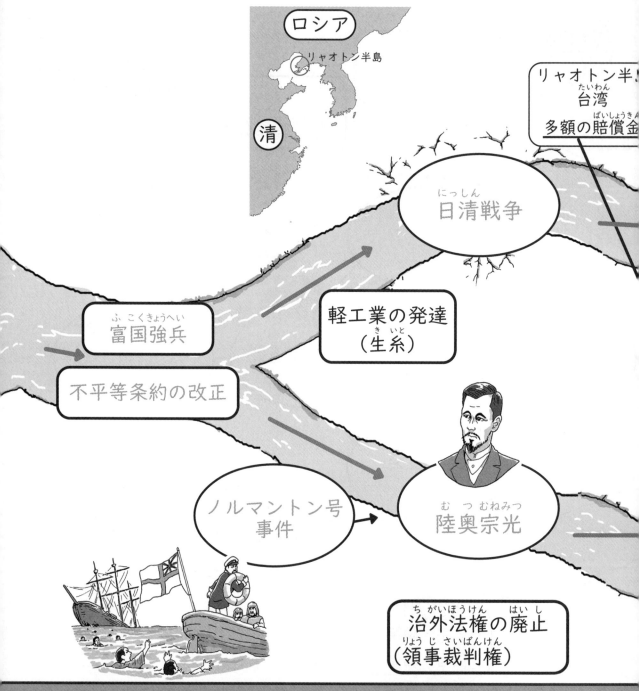

ロシア

リャオトン半島

清

リャオトン半島
台湾
多額の賠償金

日清戦争

軽工業の発達
（生糸）

富国強兵

不平等条約の改正

ノルマントン号
事件

陸奥宗光

治外法権の廃止
（領事裁判権）

明治時代

116

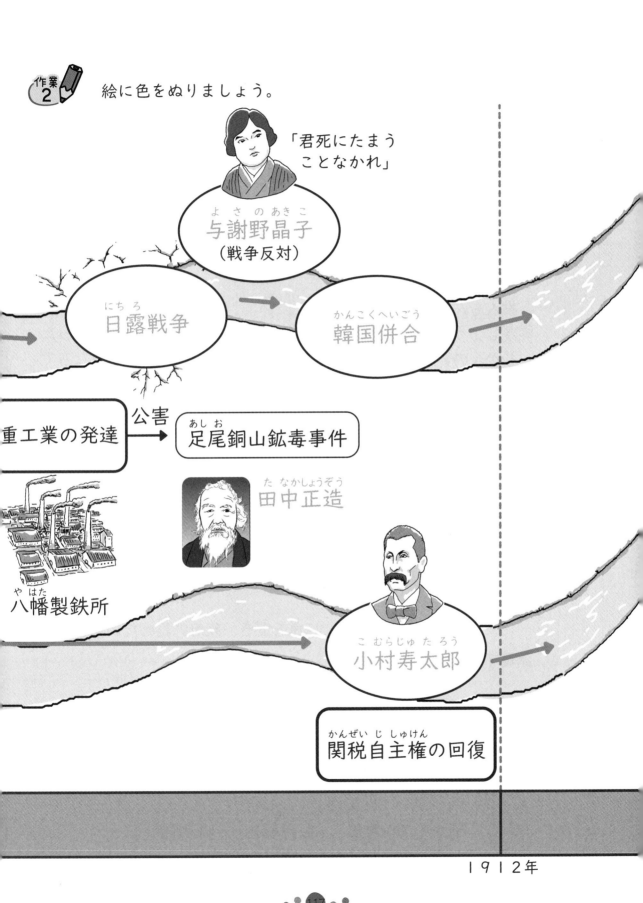

作業2 絵に色をぬりましょう。

「君死にたまう
　ことなかれ」

与謝野晶子
（戦争反対）

日露戦争

韓国併合

重工業の発達 → 公害 → 足尾銅山鉱毒事件

田中正造

八幡製鉄所

小村寿太郎

関税自主権の回復

1912年

明治時代(1)　新しい国づくり

Ⅰ　次の問いに、□□□の中から選んで答えましょう。

一、政治は広く会議を開いて、多くの人々が意見を出し合って決めよう。

一、国民が心を一つにして、新政策を盛んにおこなおう。

一、役人も人々も、自分の願いを実現しよう。

一、昔からの習わしをやめて、道理に合うやり方をしよう。

一、新しい知識を世界から学び、天皇中心の国をさかんにしよう。

---

(1)　左の文は、1868年に明治天皇が出したものです。これを何といいますか。

（　　　　　　　　）

(2)　新しい政府の中心となったのはどこの藩の出身者たちですか。

（　　　　　　　　）藩
（　　　　　　　　）藩

(3)　天皇中心の政治をするためにどのようなことをしましたか。

①　1869年、大名が今まで治めていた領地と領民を天皇に返すこと。

（　　　　　　　　　　　　）

②　1871年、藩を廃止して新たに県を置き、政府が認めた知事を県に派遣すること。

（　　　　　　　　　　　　）

(4)　このように新しい世の中の基そを固めていくために進められた政治や社会の改革を何といいますか。

（　　　　　　　　　　　　）

五か条の御誓文	版籍奉還	明治維新
廃藩置県	薩摩	長州

月　　日 [名前]

ポイント 明治になって、天皇中心の政治を進めるために行った政策について理解しましょう。

[2] 明治時代になって、世の中がどう変わったのか、[　　]から選んで答えましょう。（2回使う言葉もあります。）

	江戸(えど)時代	明治時代
国のトップ	(①　　　)	(②　　　)
仕事	(③　　　)で決まった	(④　　　)に選べるようになった
住む場所	(⑤　　　)で決まった	(⑥　　　)に選べるようになった
名前	(⑦　　　)だけが名字を持てた	(⑧　　　)が名字を許された
刀	(⑨　　　)だけが持てた	(⑩　　　)

将軍(しょうぐん)　自由　全ての人　持てなくなった
天皇　武士　身分

[3] 明治政府の政策(せいさく)で、人々の身分や地域(ちいき)について答えましょう。

① 江戸時代、町人や農民からも差別されてきた人々が、「解放令」によってなった身分。（　　　）

② 士族を送って開発を進め、住んでいたアイヌの人たちの土地をうばったり、日本名にさせた地域。（　　　）

③ 琉球(りゅうきゅう)（王国）を廃止(はいし)し、薩摩藩から廃藩置県で日本に組み込み、日本化を進めた地域。（　　　）

沖縄県(おきなわ)　北海道(ほっかいどう)　平民

明治時代(2)　新政府の方針

[1]　新政府は欧米諸国に習い、アジア諸国に勢力をのばすために強い国をつくろうとしました。①～④には［　　］から、㋐～㋓には［　　］からあてはまる言葉を選んで書きましょう。

④（　　　　）

①（　　　　）

産業を盛んにするために、製糸や兵器などの（㋐　　　　）を各地につくりました。

富岡製糸場

②（　　　　）　(1873年)

強力な軍隊をつくるために、（㋑　　　　）才以上の男子に入隊を義務づけました。しかし高額な税金をはらった人などは軍隊に入らなくてもよかったのです。

③（　　　　）　(1873年)

米で納める年貢方式をやめて、土地にかける税（地租）を（㋒　　　　）で納めさせました。税金は、全国どこでも土地の値段の（㋓　　　　）%としました。

①～④

地租改正　殖産興業
富国強兵　徴兵令

㋐～㋓

3　官営工場　20　現金

ポイント　外国に負けない「富国強兵」策を進めていったことを理解しましょう。

2　右のグラフを参考にして、（　）にあてはまる言葉を□□から選んで書きましょう。

明治政府は、国を近代化するには、国民の教育が大切だと考え、1872年（①　　　　）を定め、全国の市町村には（②　　　　）をつくりました。初めのころは、学校へ行く子どもの数は多くありませんでした。それは、学校の建設費や（③　　　　）が高かったことと、子どもは大切な（④　　　　）だったからです。

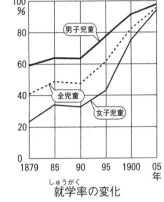

就学率の変化

授業料　学校　労働力　学制

3　次の説明文と関係することと人を□□から選んで書きましょう。

A　日本で最初の官営工場。この工場を出発点として、日本の製糸業は変わり、明治時代の終わりには生産量・輸出量ともに世界一になった。

B　幕末に結ばれた不平等条約の改正を欧米諸国と交渉したが、日本の近代化のおくれを理由に成功しなかった。

C　最初の女子留学生。6オでアメリカにわたり、帰国後、女子教育の発展に力をそそぎ、女子英学塾（現在の津田塾大学）を創立した。

A		B		C	

岩倉使節団　津田梅子　富岡製糸場　樋口一葉

121

明治時代(3)　暮らしや文化の変化

[1]　次の問いに、[　]からあてはまる言葉を選んで書きましょう。

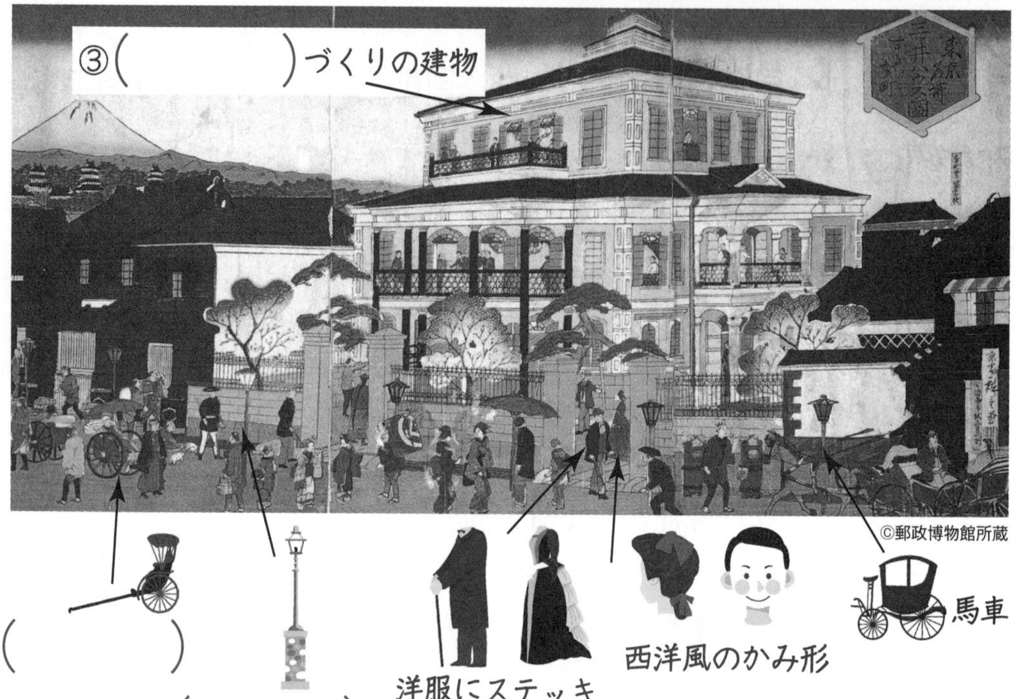
③(　　　　　)づくりの建物
©郵政博物館所蔵
馬車
西洋風のかみ形
洋服にステッキ
ぼうし
ドレス

①(　　　　　)

②(　　　　　)

(1)　上の図の①～③の(　)にあてはまる言葉を書きましょう。

(2)　上の図のように西洋の制度や生活の仕方などを取り入れ、人々の生活が大きく変化したことを何といいますか。　(　　　　　　　)

(3)　食生活や暦にも変化がありました。(　)にあてはまる言葉を書きましょう。

(④　　　　　)や(⑤　　　　　)などが食べられるようになり、暦も(⑥　　　　　)暦が採用され、1週間が7日、(⑦　　　　　)が休日という習慣が始まりました。

牛肉	ガス灯	太陽	パン	レンガ	日曜日
文明開化	人力車				

月　　日 [名前]

ポイント 文明開化による暮(く)らしや文化の変化を理解しましょう。

[2] 明治(めいじ)時代は情報手段(しゅだん)も発展(はってん)しました。(　)にあてはまる言葉を、[　　]から選んで書きましょう。

　国を一つにまとめるために行ったのが通信手段の整備です。電報や(①　　　　)制度が整えられ、右の写真㋐のような(②　　　　)が全国に置かれました。

　また、瓦版(かわらばん)から発展した(③　　　　)も広く読まれるようになりました。

　右の写真㋑の人物(④　　　　)が著(あらわ)した『学問のすゝめ』は、人間の平等や学問の大切さを紹介(しょうかい)し、ベストセラーになりました。

新聞	福沢諭吉(ふくざわゆきち)	ポスト	郵便(ゆうびん)

㋐
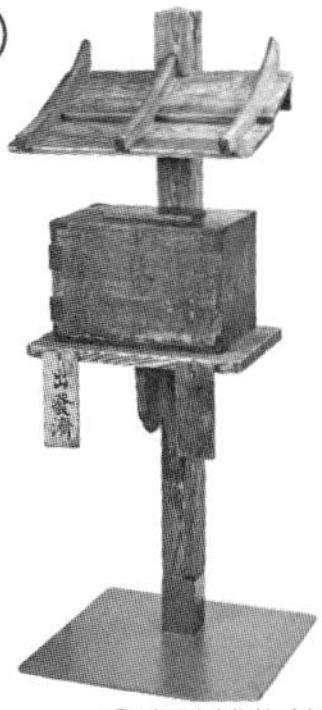
©郵政博物館

㋑
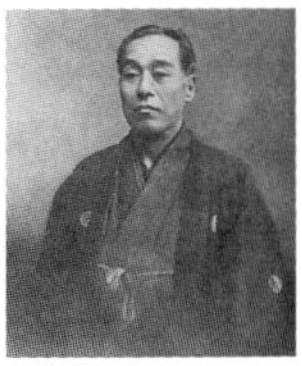
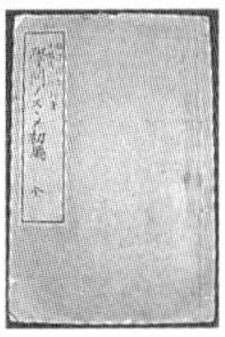
©公益財団法人
福澤旧邸保存会

[3] 次の図を見て、(　)にあてはまる言葉を書きましょう。

　交通の近代化を進めるために行ったのが、(①　　　　)の整備でした。右の図は、1872年に、①が日本で初めて新橋(しんばし)と(②　　　　)間で開通したときの開業式をあらわしています。これにより(③　　　　)の人や物が運べるようになりました。

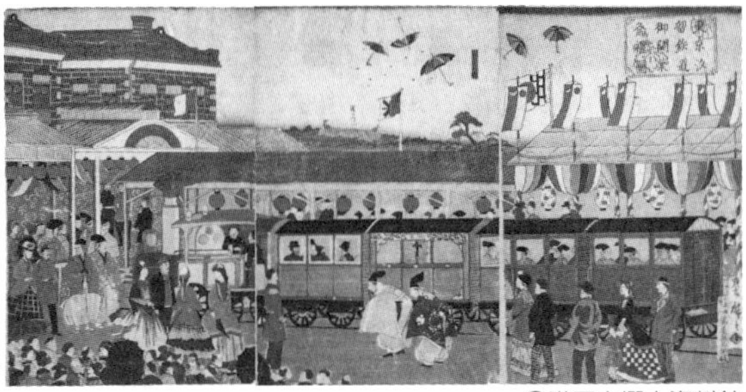
©港区立郷土資料館

自動車	横浜(よこはま)	大量	鉄道

1　次の（　）にあてはまる言葉を、[____]から選んで書きましょう。

西郷隆盛を中心とする最後の士族の反乱である（①　　　　　　　）が

終わった後、政治が一部の人々だけで進める

のではなく（②　　　　　　　）で話し合って決め

るべきだと主張する（③　　　　　　　）が

盛んになりました。それに対して政府は、右

の図のように（④　　　　　　　）や新聞など

を厳しく取りしまりました。

> 演説会　　自由民権運動　　議会　　西南戦争

2　次の問いに、[____]から選んで書きましょう。

(1)　世論におされ、1881年政府は、1890年に（①　　　　　　　）

を開くことを約束しました。そこで、右の人物の

（②　　　　　　　）は、天皇中心の国づくりのため、

（③　　　　　　　）をモデルにした憲法づくりを進めました。

©国立国会図書館

> 伊藤博文　　国会　　ドイツ

(2)　国会開設に備えて、次のAとBの人物は政党をつくりました。それ
ぞれの人物名と政党名を書きましょう。

A
©国立国会図書館

B
©国立国会図書館

	人物名	政党名
A		
B		

> 板垣退助　　大隈重信　　立憲改進党　　自由党

ポイント　自由民権運動と、大日本帝国憲法を制定していった過程を理解しましょう。

3　次の資料や図を見て、あとの問いに答えましょう。

(1) 右の資料は、1889年に政府が発布した憲法です。この憲法を何といいますか。

（　　　　　　　　　　）

大日本帝国憲法

第1条　日本は永久に続く同じ家系の天皇が治める。
第3条　天皇は神のように尊いものである。
第5条　天皇は議会の協力で法律をつくる。
第11条　天皇は陸海軍を統率する。
第29条　国民は法律の範囲内で言論・集会・結社の自由を持つ。

(2) 右の資料を参考にして、正しいものに〇をつけましょう。

（　　）主権（政治を行う権利）は国民にあった。

（　　）軍隊は持たず、また、戦争はしない。

（　　）天皇は軍隊を率い、法律をつくることができた。

（　　）国民は法律の範囲内で言論・集会などの自由が保障された。

(3) 下線部の議会は、貴族院と衆議院によって構成されていました。選挙で選ばれていたのはどちらですか。

（　　　　　　　　　　）

(4) (3)の選挙で投票できるのは、どのような人たちでしたか。

（①　　　　　）才以上の（②　　　　　）で、一定額以上の（③　　　　　）を納めている人に限られ、（④　　　　　）には選挙権がありませんでした。

┌─────────────────────────┐
│　25　　20　　税金　　女子　　男子　│
└─────────────────────────┘

1 次の（　）にあてはまる言葉を、◌◌◌◌から選んで書きましょう。

1886年、和歌山県沖でイギリスの商船

（① 　　　　　　　　　　　）が沈没しました。

その際、船長や船員はボートで避難しまし

たが、（② 　　　　　　　）人乗客は全員亡くな

りました。

しかし、裁判では船長は無罪になりまし

た。外国人は日本で裁判できない（③ 　　　　　　　　　）があったからです。

この事件をきっかけに（④ 　　　　　　　）の世論が高まりました。

> 治外法権(領事裁判権)　　ノルマントン号　　日本　　条約改正

2 右の絵は明治時代に起きた戦争の原いん
を表しています。この絵を見て、あとの問
いに答えましょう。

(1) A、B、Cの人物はそれぞれ国を表し
ています。国の名前を書きましょう。

A（　　　　　　） B（　　　　　　） C（　　　　　　）

(2) AとBがつろうとしている魚はどこの国でしょう。

（　　　　　　）

(3) このあと起きた戦争は何戦争でしょう。 （　　　　　　）

> 中国(清)　　朝鮮　　日本　　日清戦争　　ロシア

月　　日 [名前]

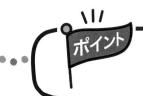

ポイント 日清・日露戦争へとつながった経過と条約改正への動きを理解しましょう。

[3]　(　)にあてはまる言葉を、[　　]から選んで書きましょう。

Ⓐ　日清戦争（1894年）

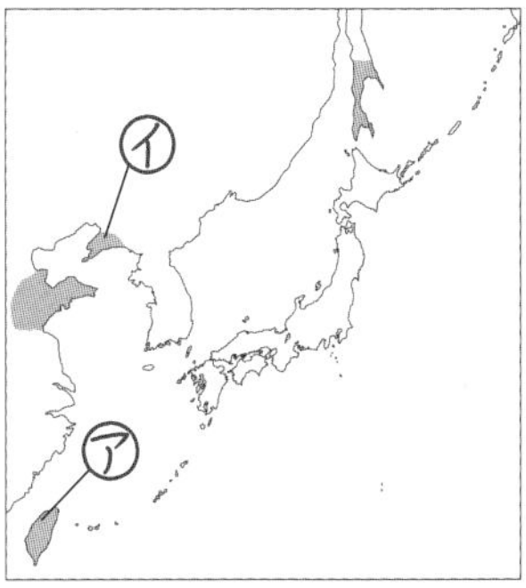

㋑
㋐

・(①　　　　)で政治改革を目指した反乱が起こり、①は清に援軍を求めた。
・清は軍隊を送り、同時に日本も軍隊を送った。
・1894年7月、(②　　　　　)が起こる。
・②は、日本が勝利し、右の地図の㋐の(③　　　　)や㋑のリャオトン半島の領土、多額の(④　　　　)を得た。

日清戦争　　台湾　　賠償金　　朝鮮

Ⓑ　日露戦争（1904年）

朝鮮や(①　　　　)に勢力をのばそうとしていた(②　　　　)は、(③　　　　)やドイツとともに、日本が得た中国の領土を中国へ返すように日本へ要求しました。これ以後、日本とロシアの対立が強まり、ロシアと戦えという国民の意見が高まり、(④　　　　)の応援のもと、日露戦争が始まりました。(⑤　　　　　)の指揮する艦隊はロシアの艦隊を破りました。

中国(清)　　ロシア　　イギリス　　フランス　　東郷平八郎

Ⓒ　この戦争が終わった後の国民の反応はどうでしたか。右のグラフを参考にして(　)に○をつけましょう。

(　　)　戦争に勝ったのに、南樺太(サハリン)は得たが、賠償金は取れなかったので国民には不満が残った。

(　　)　日清戦争に比べて、戦費の額や戦死者の数も少なかったので国民は喜んだ。

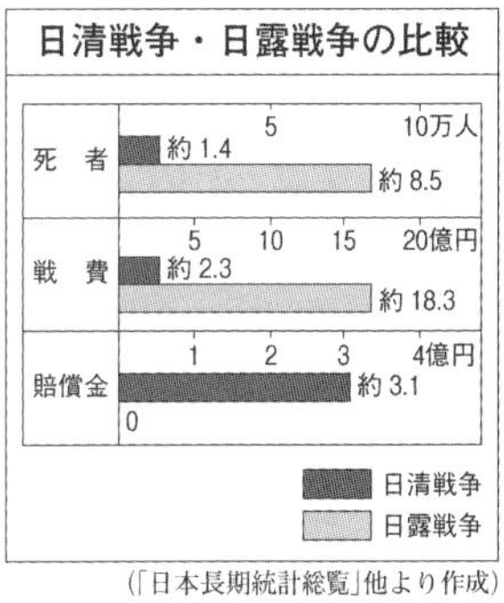

日清戦争・日露戦争の比較
死者
5
10万人
約 1.4
約 8.5
戦費
5
10
15
20億円
約 2.3
約 18.3
賠償金
1
2
3
4億円
約 3.1
0
日清戦争
日露戦争

(「日本長期統計総覧」他より作成)

1　次の詩は日露戦争に関して書かれたものです。あとの問いに答えましょう。

(1)　この詩を書いた人はだれですか。

（　　　　　　　　　　）

(2)　この詩にこめた思いについて、正しいものに○をつけましょう。

（　　）　弟よ、君の両親は戦争で人を殺せ、自分も死ねと育ててきたのではないよ。

（　　）　弟よ、お国のために、敵を倒して手がらを立てておくれ。

> **君死にたまうことなかれ**
>
> ああおとうとよ　君を泣く
> 君　死にたまうことなかれ
> 末に生まれし君なれば
> 親の情けはまさりしも
> 親は刃をにぎらせて
> 人を殺せと教えしや
> 人を殺して死ねよとて
> 二十四までを育てしや
>
> 与謝野晶子　作

2　次の年表を見て、あとの問いに答えましょう。

1858年	日米修好通商条約（Ⓐ外国の治外法権（領事裁判権）を認める。Ⓑ日本に関税自主権がない不平等な条約）を結ぶ。
1886年	Ⓒノルマントン号事件（船が沈没した際、日本人乗客をイギリス人船長が助けなかった事件）が発生。
1894年	陸奥宗光によって（①）が廃止された。
1911年	小村寿太郎によって（②）が回復された。

(1)　年表中の①と②にあてはまる言葉は、下線部Ⓐと⑧のどちらにあたりますか。それぞれ言葉で書きましょう。

①		②	

(2)　年表中のⓒの事件について、関係する権利はⒶと⑧のどちらですか。

（　　　　　　　　　　）

3　次の資料を見て、（　）にあてはまる言葉を┌┈┈┐から選んで書きましょう。

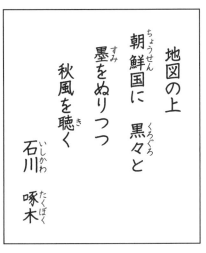

地図の上
朝鮮国に　黒々と
墨をぬりつつ
秋風を聴く
石川
啄木

(1)　日本は、（①　　　　　　）・（②　　　　　　）戦争後、政治や外交の実権をにぎるなどえいきょうを強めていた（③　　　　　　）を併合し、日本の（④　　　　　　）としました。③では日本人が安い値段で土地を買い上げるなどしたため、人々は仕事を失い、（⑤　　　　　　）に移り住み、厳しい環境のもとで暮らした人もいました。

┌┈┈┈┈┈┈┈┈┈┈┈┈┈┈┈┈┈┈┈┈┈┈┈┈┈┈┈┐
朝鮮(韓国)　　日本　　植民地　　日清　　日露
└┈┈┈┈┈┈┈┈┈┈┈┈┈┈┈┈┈┈┈┈┈┈┈┈┈┈┈┘

(2)　日本は朝鮮の人々の暮らしにも制限を加えました。学校では（①　　　　　　）で教育したり、日本の天皇を尊敬するように日本の（②　　　　　　）を教えたり、（③　　　　　　）を建てたりしました。それに対して全土で激しい抵抗運動がおこりました。

┌┈┈┈┈┈┈┈┈┈┈┈┈┈┈┈┈┈┈┈┐
日本語　　神社　　歴史
└┈┈┈┈┈┈┈┈┈┈┈┈┈┈┈┈┈┈┈┘

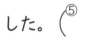

明治時代(7)　産業と文化の発展

① 右の写真を見て、（　）の中にあう言葉を ┌┄┐ から選んで書きましょう。

(1) 日清戦争が始まるころ、日本の産業の

中でも（①　　　　　　）の生産が増え、輸

出世界一になりました。日清戦争後の条

約で日本は多額の（②　　　　　　）を

（③　　　　　　）から得て、金属や造船、

機械など（④　　　　　　）が盛んになりま

した。（⑤　　　　　　）や大砲などの武器も国内で生産できるようにな

りました。重工業をささえたのが（⑥　　　　　　　　）です。

┌┄┄┄┄┄┄┄┄┄┄┄┄┄┄┄┄┄┄┄┄┄┄┄┄┄┄┄┄┄┄┄┐
　重工業　　賠償金　　八幡製鉄所　　生糸　　中国(清)　　軍艦
└┄┄┄┄┄┄┄┄┄┄┄┄┄┄┄┄┄┄┄┄┄┄┄┄┄┄┄┄┄┄┄┘

(2) 工業化が進むと、働く人や自然環境に対する問題

が表面化しました。日本で初めての（①　　　　　　）

といってよい（②　　　　　　）銅山鉱毒事件が発生した

のです。鉱石から銅を取り出すときに出る有害な物質

が川を汚染し、稲を枯らし、（③　　　　　　）にも害をあたえたのです。

それに対して立ち上がったのが、写真の（④　　　　　　）です。銅

山の中止と人々の救済を国会でうったえましたが、政府は有効な対

策をとることはありませんでした。

©国立国会図書館

┌┄┄┄┄┄┄┄┄┄┄┄┄┄┄┄┄┄┄┄┄┄┄┄┐
　田中正造　　足尾　　公害　　人体
└┄┄┄┄┄┄┄┄┄┄┄┄┄┄┄┄┄┄┄┄┄┄┄┘

ポイント　日清・日露戦争後の産業の発展と公害を学ぶと共に、医学・文学のすばらしさを理解しましょう。

② 次の（　）にあてはまる言葉を、〔　〕から選んで書きましょう。

(1) 明治時代の後半には、日本の科学技術がめざましく発展しました。

©国立国会図書館　　©国立国会図書館

　特に（① 　　　　　）の面では世界的な学者が次々と出ました。ペスト菌や破傷風の治療法の発見で有名な（② 　　　　　）、アフリカの黄熱病研究で業績を残した（③ 　　　　　）、そして、赤痢菌の発見者である志賀潔などが感染症研究で世界に貢献しました。

┌─────────────────────┐
│ 北里柴三郎　　医学　　野口英世 │
└─────────────────────┘

(2) 次の（　）にあてはまる言葉を、〔　〕から選んで書きましょう。

　文学では、なやみ苦しむ人々のありのままのすがたが小説に表現されるようになりました。

©国立国会図書館

　（① 　　　　　）は「坊ちゃん」を著し、「たけくらべ」を書いた（② 　　　　　）など、多くの小説家が活やくしました。

　短歌や俳句に革新をもたらした右の写真の（③ 　　　　　）が優れた作品を発表しました。

┌─────────────────────┐
│ 樋口一葉　　正岡子規　　夏目漱石 │
└─────────────────────┘

作業1 なぞって書きましょう。

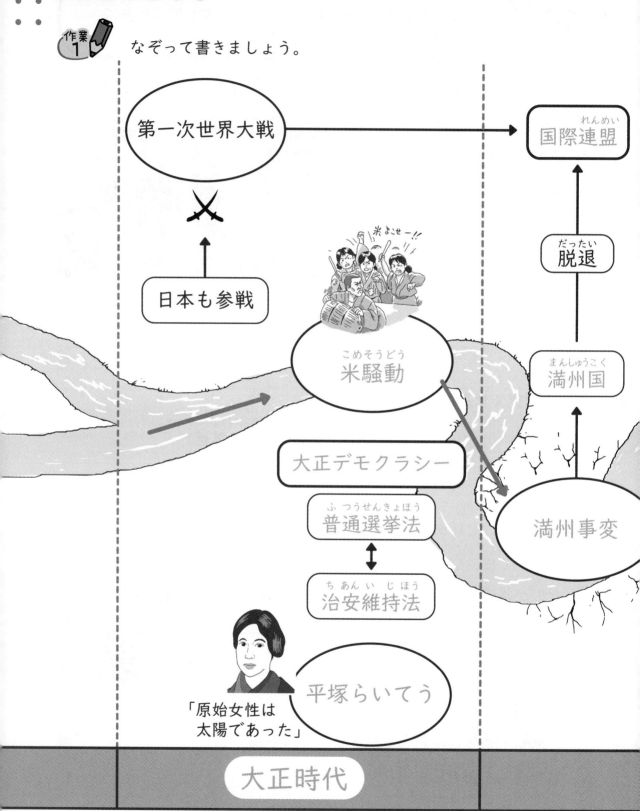

第一次世界大戦 ⟶ 国際連盟（れんめい）

日本も参戦

米騒動（こめそうどう）

脱退（だったい）

満州国（まんしゅうこく）

大正デモクラシー

普通選挙法（ふつうせんきょほう）

治安維持法（ちあんいじほう）

満州事変

米よこせー!!

平塚らいてう

「原始女性は太陽であった」

大正時代

1912年　　　1926年

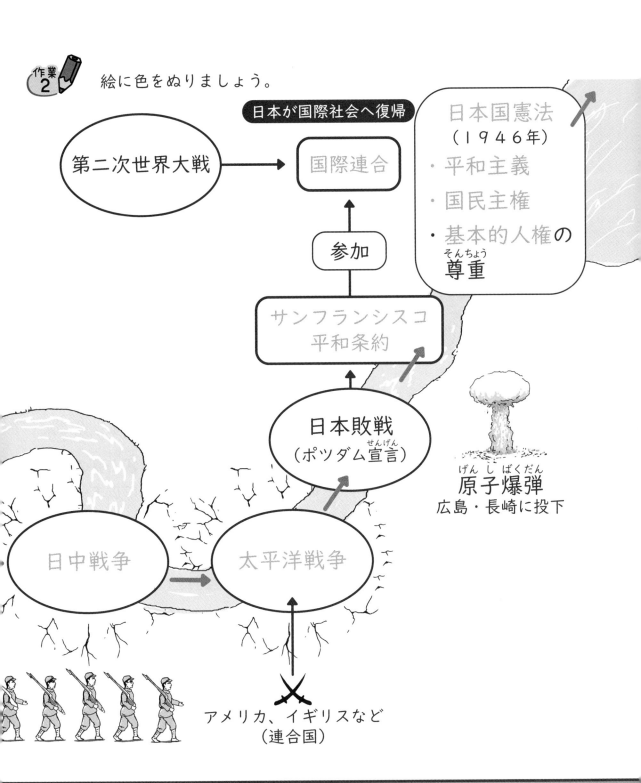

作業2 絵に色をぬりましょう。

日本が国際社会へ復帰

第二次世界大戦 → 国際連合

日本国憲法
（1946年）
・平和主義
・国民主権
・基本的人権の
そんちょう
尊重

参加

サンフランシスコ
平和条約

日本敗戦
（ポツダム宣言）
せんげん

げんしばくだん
原子爆弾
広島・長崎に投下

日中戦争 → 太平洋戦争

アメリカ、イギリスなど
（連合国）

昭和時代

大正時代　自由・権利の時代

① 次の写真を見て、（　）にあてはまる言葉を　　から選んで書きましょう。

▲米騒動

©国立国会図書館
▲平塚らいてう

の考え方の広まり

① （　　　　　　　）…第一次世界大戦後の1918年米の値上がりで生活が苦しくなった富山県の女性の運動から始まり、全国に広まった。

② （　　　　　　　）…（　　　　　　　）が出されたにもかかわらず、差別され続けてきた人々が自分たちの力で差別をはねのけようと結成した団体。

③ （　　　　　　　）…女性の地位向上の運動を行った人物。

④ （　　　　　　　）…1925年、（　　　　　）オ以上のすべての男子に認められた。

⑤ （　　　　　　　）…1925年、政治運動を取りしまるためにつくられた法律。

```
25    治安維持法    解放令    米騒動    全国水平社
普通選挙    平塚らいてう    民主主義
```

ポイント　大正時代の民主主義運動を理解しましょう。

② 右の写真を参考にして、（　）にあてはまる言葉を［＿＿］から選んで書きましょう。

日本は（①　　　　　　　　　）後、不景気に見まわれました。さらに、1923年には東京、横浜（よこはま）を中心とした地域（ちいき）で（②　　　　　　　）が発生し、死者10万人以上という大きなひ害も出て、さらに苦しい時代となりました。このような時期に、（③　　　　　　　）時代から（④　　　　　　　）時代へと進んだのです。

©防災科学技術研究所

┌─────────────────────────────────────┐
明治（めいじ）　大正（たいしょう）　昭和（しょうわ）　関東大震災（かんとうだいしんさい）　第一次世界大戦
└─────────────────────────────────────┘

③ 大正時代の終わりから、昭和時代の初めのことがらについて、右のグラフを参考にして正しいものに〇をつけましょう。

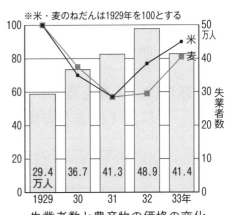

※米・麦のねだんは1929年を100とする

失業者数と農産物の価格の変化

（　　）　農村では、農作物の値段（ねだん）が下がり、人々の生活の苦しさがいっそう増しました。

（　　）　都市部では景気が良く、働く人たちの賃金（ちんぎん）も上がりました。

（　　）　1932年まで失業者数が増え続けました。

（　　）　第一次世界大戦の戦場にならず、工業がますます発展（はってん）し、国力がのびて、欧米諸国（おうべいしょこく）をこえるようになりました。

明治時代(1)　明治維新・自由民権運動

1　次の資料を見て、あとの問いに答えましょう。　　　　（5点×4）

『基本方針』
一、政治は広く会議を開いて、多くの人々が意見を出し合って決めよう。
一、国民が心を一つにして、新政策を盛んにおこなおう。
一、役人も人々も、自分の願いを実現しよう。
一、昔からの習わしをやめて、道理に合うやり方をしよう。
一、新しい知識を世界から学び、天皇中心の国をさかんにしよう。
　　　　　　　　　　　　　　あ

(1)　左の資料は、明治天皇が出したものです。何といいますか。
　　（　　　　　　　　　）

(2)　下線部あの政治をするために行われたことを書きましょう。

①　領地・領民を天皇に返すこと。
　　（　　　　　　　　　）

②　藩を廃止して、県を置くこと。
　　（　　　　　　　　　）

(3)　江戸時代とはちがう、新しい世の中にするために進められた政治や社会の改革を何といいますか。
　　　　　　　　　　　　　（　　　　　　　　　）

明治維新　　廃藩置県　　五か条の御誓文　　版籍奉還

2　政府は、工業を盛んにして強い軍隊を持つ国にしようとしました。図の□□にあてはまる言葉を書きましょう。　　　　（5点×5）

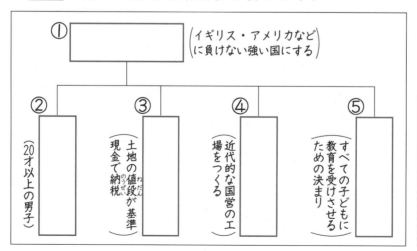

① □□□□□□（イギリス・アメリカなどに負けない強い国にする）

② □□（20才以上の男子）

③ □□（土地の値段が基準　現金で納税）

④ □□（近代的な国営の工場をつくる）

⑤ □□（すべての子どもに教育を受けさせるための決まり）

殖産興業
地租改正
徴兵令
学制
富国強兵

月　　日 [名前]　　　　/100点

3　政府に対する不満がどのように変わっていったのか考えましょう。

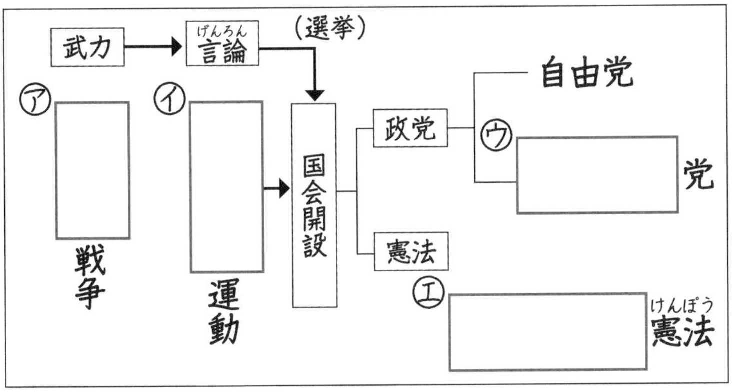

(1)　図にあてはまる言葉の番号を書きましょう。（5点×4）

①自由民権
②西南
③大日本帝国
④立憲改進

(2)　㋐～㋓の中心になった人物を［　　］から選んで書きましょう。（5点×4）

㋐		㋑	
㋒		㋓	

伊藤博文　西郷隆盛　板垣退助　大隈重信

(3)　次の図は、㋓にもとづく国の仕組みを表しています。

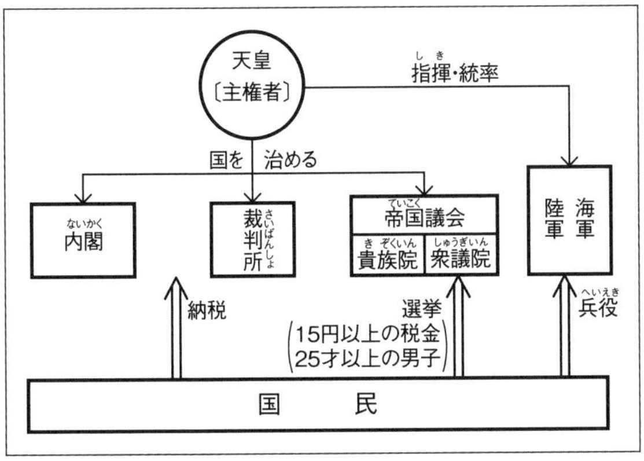

①　主権者はだれですか。（5点）

（　　　　　）

②　選挙で選ばれるのは、衆議院と貴族院のどちらですか。（5点）

（　　　　　）

③　選挙権は、だれにありましたか。（国民の約1％）（完答5点）

（　　　　）才以上で、一定の税金を納めている（　　　　）

明治時代(2)　条約改正、日清・日露戦争

[1]　次の年表を見て、あとの問いに答えましょう。

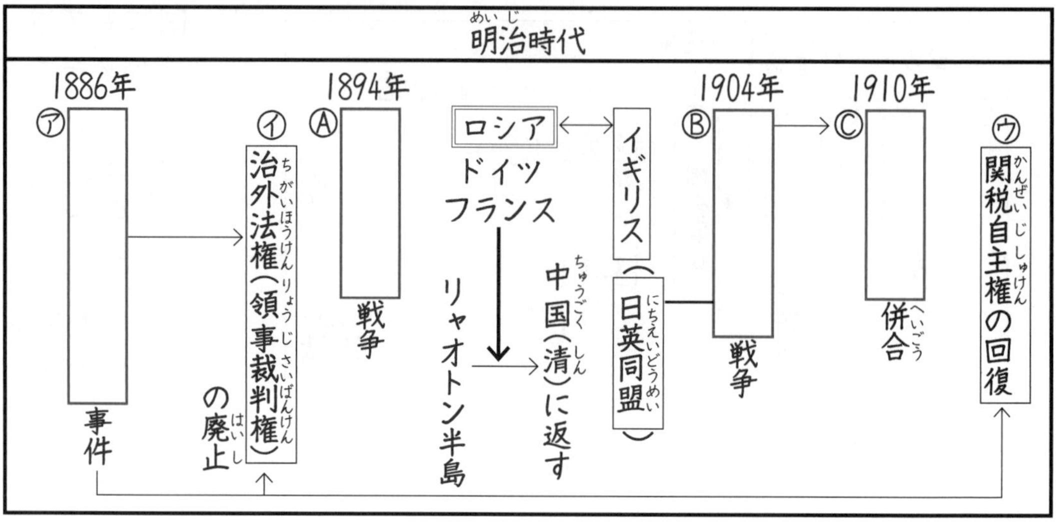

明治時代
1886年
㋐
事件
㋑
治外法権（領事裁判権）
の廃止
1894年
Ⓐ
戦争
ロシア
ドイツ
フランス
リャオトン半島
中国（清）に返す
イギリス
（日英同盟）
1904年
Ⓑ
戦争
1910年
Ⓒ
併合
㋒
関税自主権の回復

(1)　□にあてはまる言葉を、┆┆から選んで書きましょう。（8点×4）

韓国　　日露　　日清　　ノルマントン号

(2)　㋐の事件のあと、船長はイギリスの裁判で軽い罪にされただけでした。

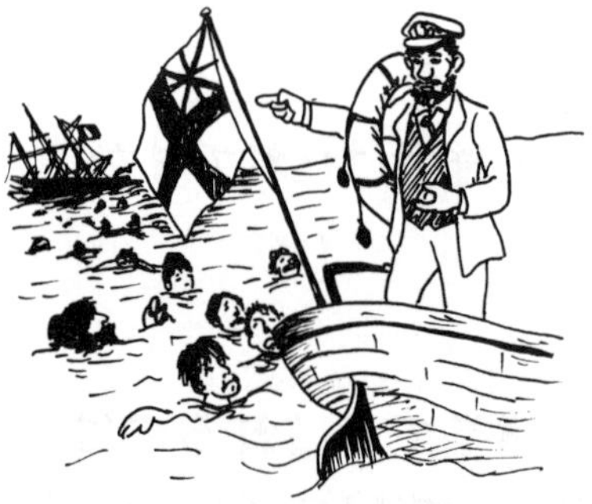

①　なぜでしょうか。次の（　）の言葉を使って書きましょう。（日本の法律）（10点）

②　この不平等条約㋑を改正させた外務大臣はだれですか。　（8点）

（　　　　　　　　）

③　残る不平等条約㋒を改正させた外務大臣はだれですか。　（8点）

（　　　　　　　　）

小村寿太郎　　東郷平八郎　　陸奥宗光

月　　日　[名前]　　　　／100点

[2] 不平等条約の改正に大きなえいきょうをあたえた、日清・日露戦争について答えましょう。

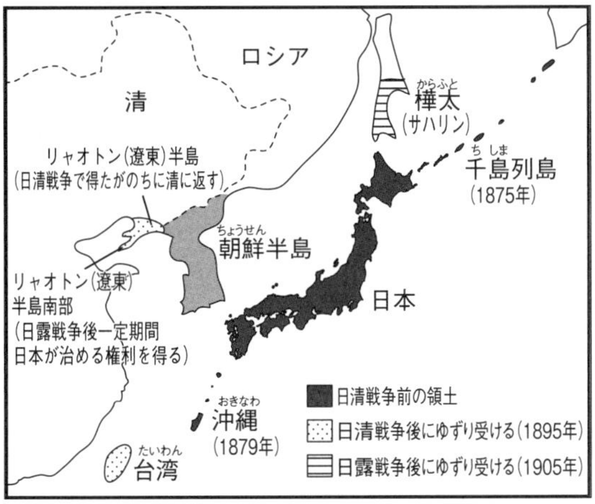

(朝鮮は、1897年に韓国に改名)

(1) 日清戦争と日露戦争について記号で書きましょう。(2回使う言葉もあります。)　(6点×4)

	日清戦争	日露戦争
戦争国	と	と
結　果	と	と

㋐ロシア　㋑日本　㋒中国(清)　㋓満州の鉄道・南樺太
㋔リャオトン半島・台湾　㋕多額の賠償金を手に入れた
㋖賠償金を手に入れられなかった

(2) 日露戦争で、相手の艦隊を破った人はだれですか。　(8点)

(　　　　　　)

(3) 日露戦争後、日本は朝鮮(韓国)を併合しました。そのことで朝鮮はどうなりましたか。正しいものに○をつけましょう。　(5点×2)

(　　) 朝鮮の学校では、今までと同じ歴史を教えた。

(　　) 朝鮮の国の歴史は教えずに、日本の歴史を教えた。

(　　) 朝鮮の国の人々から土地を取り上げた。

(　　) 朝鮮の国の人たちのやりたい仕事を認めた。

明治・大正時代　産業・文化と民主主義運動

1　明治時代の産業について答えましょう。

〔　　　　　　　　〕 ➡ 〔　　　　　　　　　〕の発展	
㋐　日清戦争前（1885年） 〔　　　　　　　　　　〕 （生糸）	㋑　日清戦争後（1899年） 〔　　　　　　　　〕 （日清戦争の賠償金の一部） ㋒　日露戦争後（1913年） （　　　　　）・機械・兵器工業

(1)　図の空らんにあてはまる言葉を、□□□から選んで書きましょう。

（4点×5）

> 重工業　軽工業　八幡製鉄所　富岡製糸場　造船

(2)　次のグラフを見て、あとの問いに答えましょう。

		（輸入品）									（輸出品）						
㋐	1885年 （2,936万円）	綿糸 17.7	砂とう 15.9	錦織物 9.8	毛織物 9.1	機械類 6.6	石油 5.7	鉄類 3.6	その他 31.6		生糸 35.1	緑茶 18.0	水産物 6.9	石炭 5.3	銅 5.0	その他 29.7	（3,715万円）
㋑	1899年 （22,040万円）	綿花 28.2	砂とう 8.0	機械類 6.2	鉄類 5.4	綿織物 4.2	毛織物 4.1	石油 3.7	その他 40.2		生糸 29.1	綿糸 13.3	絹織物 8.1	石炭 7.1	銅 5.4	その他 37.0	（21,493万円）
㋒	1913年 （72,943万円）	綿花 32.0	鉄類 7.8	機械類 7.0	米 6.7	砂とう 5.0			その他 41.5		生糸 29.8	綿糸 11.3	絹織物 6.2	綿織物 5.3	銅 4.5	その他 42.9	（63,246万円）

①　上のグラフを参考にして、原料から製品になる順に書きましょう。

（5点×2）

原料（綿花）⇒原料（　　　　　　　）⇒製品（　　　　　　　）織物

②　㋐～㋒の輸出品の第1位と、それからできる製品も書きましょう。

原料（　　　　　　　）⇒製品（　　　　　　　）織物　（5点×2）

③　輸出品の銅をつくり出す過程で、発生した事件とひ害者の救済に取り組んだ人物を書きましょう。

（6点×2）

（　　　　　　　）鉱毒事件　　人名〔　　　　　　　　〕

月　日 [名前]　／100点

[2] 産業の発達にともなって、民主主義もおこってきます。（5点×6）

① 社会運動…㋐（　　）の地位向上運動…〔　　〕
（もとは、㋐は太陽だった。）
㋑（　　）をなくす運動…〔　　〕
（四民平等のもとで苦しめられてきた人々の解放）

② 選挙法の改正…25才以上のすべての（　　）に選挙権（せんきょけん）があたえられる。
↑
（　　）の成立〔政治や社会を大きく変えようという運動を厳（きび）しく取りしまる。〕

治安維持法（ちあんいじほう）	全国水平社（ぜんこくすいへいしゃ）	女性
男子	差別	平塚（ひらつか）らいてう

[3] この時代、世界や日本で活やくする人たちがいました。関係することを線で結びましょう。（3点×6）

① 医学

㋐ 北里柴三郎（きたさとしばさぶろう） ●　　● ㋐ 赤痢菌（せきりきん）の発見
㋑ 志賀　潔（しが　きよし） ●　　● ㋑ 黄熱病（おうねつびょう）の研究
㋒ 野口英世（のぐちひでよ） ●　　● ㋒ 破傷風（はしょうふう）の治りょう法の発見

② 文学、教育

㋐ 津田梅子（つだうめこ） ●　　● ㋐ 「坊（ぼっ）ちゃん」の作者
㋑ 与謝野晶子（よさのあきこ） ●　　● ㋑ 「君死にたまうことなかれ」
㋒ 夏目漱石（なつめそうせき） ●　　● ㋒ 女子の教育の育成

昭和時代(1)　戦争への道

1　右の地図を見て、（　）にあてはまる言葉を、□□□□から選んで書きましょう。

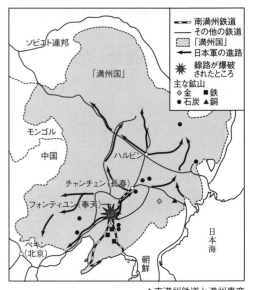

▲南満州鉄道と満州事変

昭和の初めの不景気で人々の生活はゆきづまりました。そして、政治家や（①　　　　　）は中国の東北部である（②　　　　　）に注目しました。

1931年、日本軍は鉄道を爆破し、中国軍のしわざであるとして攻撃を始めました。　この事件を（③　　　　　）といい、満州全土を占領して、（④　　　　　）という国をたてました。しかし、（⑤　　　　　）には認められませんでした。そこで政府は⑤を脱退し、世界から孤立してしまいました。

国際連盟　　満州　　満州国　　軍　　満州事変

2　政府や軍はどうして満州に注目したのでしょうか。その理由で正しいものに○をつけましょう。

（　）満州の人口は多く、日本の工場で働かせることができるから。

（　）日本の農家の田や畑の面積がせまいので、満州の広い土地に移住させて食料を作らせるため。

（　）満州人は貧しいくらしをしているので援助するため。

（　）満州は石炭などの資源にめぐまれているため。

（　）満州の鉄道を使って観光資源の開発をするため。

ポイント　世界的な不景気の中、満州国を建国して中国と戦争に
なっていった過程を理解しましょう。

③　右の地図を見て、（　）にあ
てはまる言葉を⌐¬から選ん
で書きましょう。

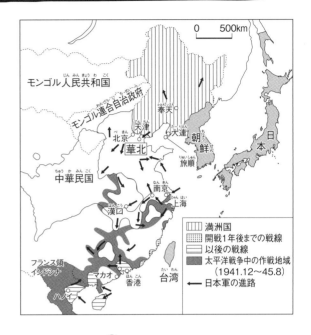

　　日本は満州国を守るために
（①　　　　　　　）に攻撃をしかけ
ました。1937年、北京郊外で日
中両軍がしょうとつしました。
この事件をきっかけに
（②　　　　　　　）が始まりま
した。

　　日本軍は大陸中部の（③　　　　　　　）や（④　　　　　　　）からじょ
じょに占領地域を広げていきました。しかし、大陸はあまりにも広く、
戦いは長期化していきました。

⌐------------------------------------¬
| シャンハイ　　ナンキン　　中国　　日中戦争 |
L------------------------------------⌐

④　日本は1939年には東南アジアへ勢力を広げました。その理由について
あとの問いに答えましょう。

(1)　日本は東南アジアにある資源をもとめました。その資源とは何です
か。⌐¬から１つ選びましょう。　　　　　　　　（　　　　　　）

⌐----------------------------¬
| 石油　　石炭　　鉄鉱石 |
L----------------------------⌐

(2)　２つの国が東南アジアを通じて中国
を援助していました。その国の名前を
書きましょう。

（　　　　　　）（　　　　　　）

⌐------------------------¬
| アメリカ　　　日本 |
| イギリス　✕　ドイツ |
| 　　　　　　イタリア |
L------------------------⌐

昭和時代(2)　アジア・太平洋戦争①

1　次の地図を見て、（　）にあてはまる言葉を［　　］から選んで書きましょう。

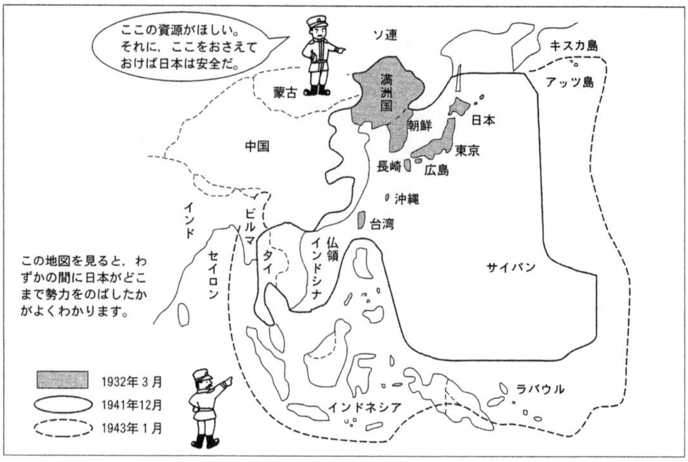

1941年、ついに日本は（①　　　　）、イギリスなどの国との戦争に入りました。（②　　　　）です。

最初は勝ち進み、太平洋の島々や（③　　　　）全域まで占領地域を広げました。しかし、国力の差ははっきりしており、①におされ続けるようになりました。1944年後半になると、①軍の（④　　　　）が毎日のようになり、翌年には（⑤　　　　）で地上戦が行われ、８月には（⑥　　　　）、（⑦　　　　）に原子爆弾を落とされ、ついにポツダム宣言を受け入れ、８月15日に終戦となりました。

沖縄	太平洋戦争	広島	アメリカ	長崎
イギリス	東南アジア	空しゅう		

2　日本が広大な地域を占領したことについて、正しいものに○をつけましょう。

（　）　人々の自治や独立を認めた。

（　）　学校やライフラインの整備など、生活向上をめざした。

（　）　資源や食料、労働力などを奪い取った。

③　次の（　）にあてはまる言葉を、_____から選んで書きましょう。

戦争が激しくなると、（①　　　　　　　）の多く（500万人以上）が兵士として戦場に送られました。国内の生活も軍が優先となり、労働力や物が不足しました。中学生たちまで（②　　　　　　　）で働いたり、『ぜいたくは敵だ』と食料や日用品が（③　　　　　　　）となったり、と全ての面でがまんを強いられました。（④　　　　　　　）や出版の自由もなくなりました。

立看板

```
報道　　男子　　工場　　配給制
```

④　戦争中の人々の生活について、正しいものに〇をつけましょう。

（　）　食料不足を補うために、運動場や空き地を畑にした。

（　）　外国からの輸入で食料は豊富であった。

（　）　若い男子はほとんどが戦争に行ったので、国内に残っていたのは女性や老人、子どもが多かった。

（　）　防火訓練など、隣組の組織などを活用して行った。

（　）　この戦争が「おかしい」と思っている人は、いつでもどこでも「戦争反対」と言うことができた。

昭和時代(3)　アジア・太平洋戦争②

1　次の絵を見て、（　）にあてはまる言葉を◻️から選んで書きましょう。

(1)　小学生の子どもたちにも戦争のえいきょうが広がってきました。校庭で（①　　　　　）仕事や戦争のための（②　　　　　）が中心になっていきました。学習内容は国語も算数も戦争一色になりました。

（③　　　　　）が激しくなると、都市部の子どもたちは、（④　　　　　）で、いなかの寺などで合宿をしました。そこでは（⑤　　　　　）不足などで苦しい思いをしました。

分列行進
戦いにそなえて

父母と別れる。

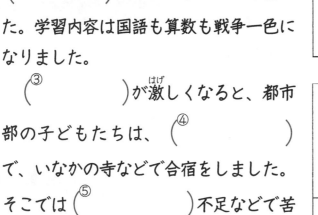

```
訓練　　食料　　集団そかい　　畑　　空しゅう
```

(2)　太平洋の島々を占領したアメリカ軍は、1944年末から日本の各都市に（①　　　　　）を行いました。1945年3月には（②　　　　）や（③　　　　）など大都市を攻撃し、多くの人が亡くなりました。

```
東京　　大阪　　空しゅう
```

ポイント　　戦争による日々のえいきょうや、敗戦までの過程をおさえましょう。

2　次の写真を見て、（　）にあてはまる言葉を└┈┈┘から選んで書きましょう。

(1)　1945年4月アメリカ軍は（①　　　　　）に上陸し、激しい地上戦が行われました。日本軍だけでなく県民も、いっしょになって戦いました。

しかし、兵力の差は圧倒的（あっとうてき）で、3か月ほどで占領（せんりょう）されてしまいました。軍と県民とで（②　　　　　）万人以上の人々が亡（な）くなりました。人口60万人から考えると大きな犠牲（ぎせい）でした。

(2)　戦争はますます厳（きび）しくなっていき、8月6日に（③　　　　）、8月9日には（④　　　　　）に原子爆弾（げんしばくだん）が投下されました。いっしゅんにして、20万人以上の人々が犠牲になり、とうとう政府は（⑤　　　　　）宣言（せんげん）を受け入れ、降伏（こうふく）しました。

┌─────────────────────────────┐
│　ポツダム　　長崎（ながさき）　　沖縄　　広島（ひろしま）　　20　│
└─────────────────────────────┘

3　次の資料を見て、答えましょう。

(1)　日本人の犠牲者は、兵士、市民を合わせて約何万人ですか。

約（　　　　　）万人

国・地域	兵士の死者・ゆくえ不明者	一般（いっぱん）市民の死者
中　　国	約1000万人	
朝　　鮮	約　20万人	
南アジア（ベトナム、フィリピンなど）	約890万人	
日　　本	約230万人	約　80万人

(2)　アジアで一番犠牲者が多い国はどこで、約何万人ですか。

国（　　　　　）　約〔　　　　　〕万人

1　日本は連合軍の指導により改革を行いました。改革とそのえいきょうについて、あとの問いに答えましょう。

(1)　次の（　）にあてはまる言葉を、＿＿＿から選んで書きましょう。

1945年9月	軍隊の解散 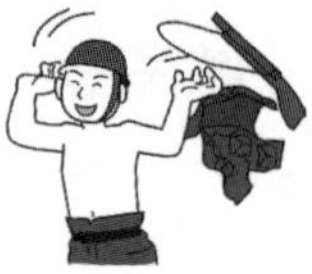
11月	政党の復活　　　　　　言論・思想の自由を認める
12月	・（①　　　　）才以上の（②　　　　）全てに選挙権が与えられ、女性議員も誕生。 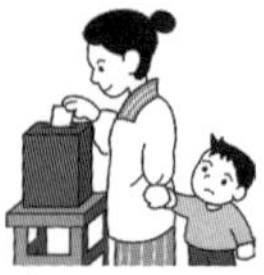 ・男女が（③　　　　）になる。 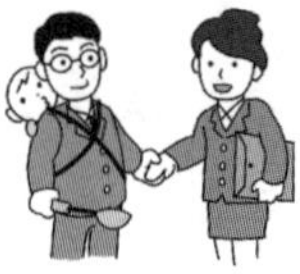 ・（④　　　　）…政府が土地を買い上げて、小作人に安く売りわたしたことにより、多くの農民が自分の土地をもてるようになる。 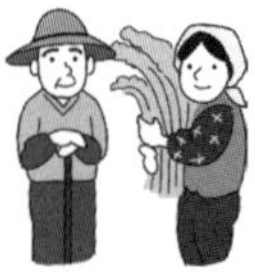 ・労働者の権利が保障され、（⑤　　　　）の結成をすすめる。 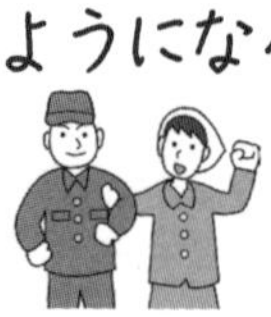
1946年11月	Ⓐ新しい憲法が出される。
1947年3月	Ⓑ教育の制度が変わる。 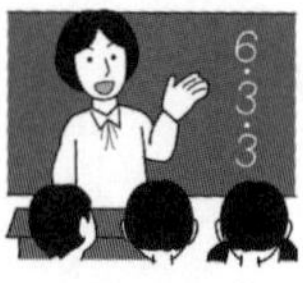

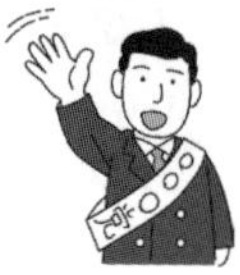

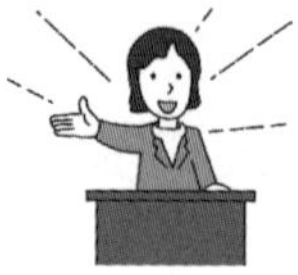

＿＿＿＿＿＿＿＿＿＿＿＿＿＿＿＿＿＿＿＿
　男女　　農地改革　　20　　労働組合　　平等
＿＿＿＿＿＿＿＿＿＿＿＿＿＿＿＿＿＿＿＿

(2)　下線部Ⓐの名前を書きましょう。　　　　　（　　　　　　　　）

ポイント　　戦後の日本がどのような改革をしていったのか理解しましょう。

(3)　この憲法は重要な3原則を基本にしています。答えましょう。

①（　　　　　　）主義…戦争で国どうしの問題を解決しない。

②（　　　　　　）の尊重（そんちょう）…自由、平等など、人として守られるべき権利を尊重する。

③（　　　　　　）主権…国民の一人ひとりが政治の主人公

憲法

国民主権　　基本的人権の尊重　　平和主義

(4)　次の（　）にあてはまる言葉を、［］から選んで書きましょう。

憲法では、政治は国民の（①　　　　　　）が行い、政治によって得られた幸福や利益は、（②　　　　　　）が受けると定めています。このように、多くの人が参加して話し合い、ものごとを決めていく政治のやり方を（③　　　　　　）といいます。

> 国民　　代表者　　民主主義

(5)　下線部⑧について、（　）にあてはまる言葉を［］から選んで書きましょう。

学校では校舎が焼けてしまったので、運動場などの（①　　　　　　）で学んだり、ノートやえん筆などの学習用具も満足にない状態でした。そんな中でも1947年には（②　　　　　　）が始まり、子どもの（③　　　　　　）不足を補（おぎな）う取り組みが始まりました。教育制度が改められ、義務教育が小学校（④　　　）年、中学校（⑤　　　）年となりました。

©アマナイメージズ
▲青空教室

> 3　　6　　学校給食　　青空教室　　栄養

昭和(しょうわ)時代(5)　国際社会への復帰と経済(けいざい)の発展(はってん)

[1]　次の年表を見て、①と②にあてはまる言葉と、Ⓐ～Ⓒの国名を[　　]から選んで書きましょう。

年	できごと
1945	（　①　）設立 〔ⒶとⒷの対立深まる〕 ⇓
1950	朝鮮戦争
1951	（　②　）平和条約 Ⓐと安全保障条約(あんぜんほしょうじょうやく)
1956	Ⓑと国交回復 ⇓ ①に加盟(かめい)
1965	韓国(かんこく)と国交回復
1972	Ⓒと国交正常化

①	
②	
Ⓐ	
Ⓑ	
Ⓒ	

サンフランシスコ	国際連合(こくさいれんごう)
ソ連（現在のロシア）	中国
アメリカ	

[2]　次の問いに答えましょう。

(1)　次の図は、朝鮮戦争のようすを表しています。①と②の国の記号と、③にあてはまる言葉を[　　]から選んで書きましょう。

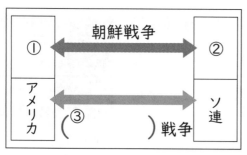

①〔　　　　〕　②〔　　　　〕

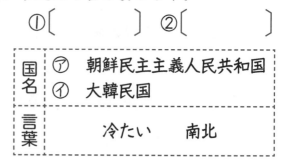

国名	㋐　朝鮮民主主義人民共和国 ㋑　大韓民国
言葉	冷たい　　南北

(2)　日本の近くで、いまだに国交が回復していない国を[　　]の㋐と㋑から選びましょう。

〔　　　〕

(3)　日米安全保障条約によって戦後もアメリカに占領(せんりょう)され、1972年にやっと返還(へんかん)された県はどこですか。

（　　　　　）県

月　　日　[名前]

[ポイント] 敗戦後の日本が、経済的発展をとげようとする過程と国際平和について理解しましょう。

[3] 次の文章を読んで、あとの問題に答えましょう。

> 日本の経済は、<u>1950年代後半から1970年代初めにかけてめざましく発展しました</u>(A)。鉄鋼や石油化学などの工業が発達し、1964年にはアジアで初めての<u>スポーツの祭典</u>(B)が、東京で開かれました。国民の生活も豊かになり、各家庭に「<u>三種の神器</u>(C)」が普及しました。
>
> しかし、工業が急速に発展する一方で、<u>水・空気などがよごされました</u>(D)。

(1) 下線部A～Dと関係する言葉を、[　　]から選んで書きましょう。

A		B	
C	冷蔵庫・洗濯機・(　　　　)	D	

オリンピック　公害　高度経済成長　東海道新幹線　テレビ

(2) Bに合わせて、東京・大阪間に何が開通しましたか。

(　　　　　　　)

©公益財団法人東日本鉄道文化財団

[4] 現在、次の国々と関係するものを線で結びましょう。

① 中華人民共和国（中国）	●	●㋐ 竹島
② 大韓民国（韓国）	●	●㋑ 北方領土
③ ロシア連邦（ロシア）	●	●㋒ 尖閣諸島
④ 朝鮮民主主義人民共和国（北朝鮮）	●	●㋓ 基地問題
⑤ アメリカ合衆国（アメリカ）	●	●㋔ らち問題

昭和時代　満州事変から太平洋戦争

1　次の年表を見て、あとの問いに答えましょう。

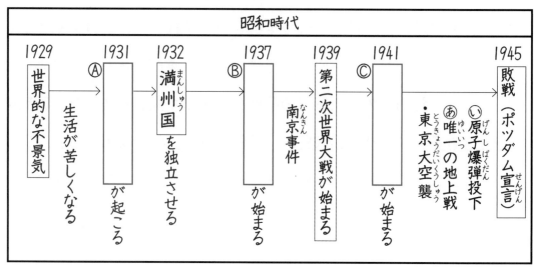

昭和時代						
1929	1931	1932	1937	1939	1941	1945
世界的な不景気	Ⓐ	満州国	Ⓑ	第二次世界大戦が始まる	Ⓒ	敗戦（ポツダム宣言）
生活が苦しくなる	が起こる	を独立させる	南京事件 が始まる		・東京大空襲 あ唯一の地上戦 い原子爆弾投下	

(1)　空らんⒶ～Ⓒにあてはまる言葉を、🔲から選んで書きましょう。

(6点×3)

> 太平洋戦争　　満州事変　　日中戦争

(2)　なぜ、日本は満州国を中国から独立させようとしたのですか。（　）にあてはまる言葉を書きましょう。

(6点×3)

> 世界中の不景気の中で、日本も人々の生活は（①　　　）なりました。そこで、軍は、広大な（②　　　）地域を占領すると、石炭や鉄鉱石などの豊かな（③　　　）が手に入り、景気が良くなると考えたのです。

> 資源　　満州　　苦しく

(3)　(2)の結果について、正しいものに○をつけましょう。　　(5点)

① （　　）中国は、満州国を認めた。

② （　　）世界に認めてもらうために何回も会議に参加した。

③ （　　）国際会議で認めてもらえずに国際連盟から脱退した。

(4) 年表の⑧から⑥にどうしてなっていったかを、(　)にあてはまる言葉を「¨¨」から選んで書きましょう。(2回使う言葉もあります。)(5点×5)

長引く(①　　　　　　)戦争で、(②　　　　　　)などの資源が不足してきたので、それを求めて(③　　　　　　)へ進出しようとしました。しかし、そのことに反対する(④　　　　　　)などは、日本に石油の輸出禁止を打ち出しました。そこで、日本は(⑤　　　　　　)と戦争を始めることになったのです。

石油　　　東南アジア　　　日中　　　アメリカ

(5) 年表あ・いの場所を地図から選んで、記号と地名を書きましょう。

(6点×3)

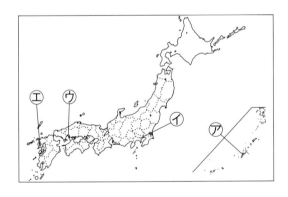

	記号	地名
あ		
い		

(6) ⑥のときの国民の生活で、関係するものを線で結びましょう。

(4点×4)

① 切符制・配給制　　●　　　　　●　戦争の訓練などが行われた。

② 学童の集団そかい　●　　　　　●　兵器工場で働く。

③ 学校での授業　　　●　　　　　●　食料品などの配給制。

④ 女学生の労働　　　●　　　　　●　親元をはなれて地方での生活。

これからの日本

① 次の年表を見て、あとの問いに答えましょう。 （5点×10）

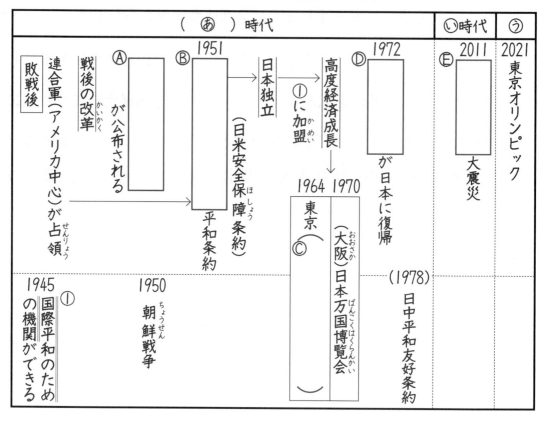

（1） あ～うにあてはまる時代を、書きましょう。

あ		い		う	

（2） 空らんのⒶ～Ⓔにあてはまる言葉を、□□□から選んで書きましょう。

サンフランシスコ　オリンピック　日本国憲法　東日本　沖縄県

（3） Ⓐの原則のひとつで、二度と戦争をしない考えを何といいますか。

（　　　　　　　　）主義

（4） ①の機関は、国際連盟と国際連合のどちらですか。

（　　　　　　　　　　）

2　次の地図を見て、公害・領土問題について答えましょう。

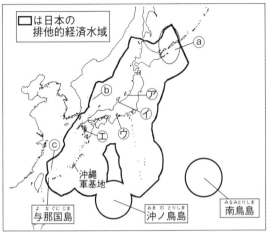

□は日本の排他的経済水域

ⓐ
ⓑ
ⓒ
ア
イ
ウ
エ
沖縄軍基地
与那国島〔よ なぐにじま〕
沖ノ鳥島〔おき の とりしま〕
南鳥島〔みなみとりしま〕

(1)　4大公害病が発生した場所を記号で書きましょう。(2点×4)

公害病の名前	記号
新潟水俣〔にいがたみなまた〕病	
水俣病〔熊本県〕	
四日市〔よっ か いち〕ぜんそく〔三重県〕	
イタイイタイ病〔富山県〕	

(2)　なぜ、(1)のような公害が発生したのですか。(　)にあてはまる言葉を、_____から選んで書きましょう。　　　　　　　(4点×3)

このときは(①　　　　　　　　　　)期で、工業が大きく発展〔はってん〕し、物をつくることが第一だったので、河川や大気などの(②　　　　　　　)や人々の(③　　　　　　)のことが考えられていなかったから。

　　　健康　　　かん境〔きょう〕　　　高度経済成長

(3)　領土問題で関係するものを線で結び、場所を記号で書きましょう。

①　韓国〔かんこく〕　●　　　　　●　北方領土〔ほっぽう〕　〔　　〕　　　(3点×6)

②　中国〔ちゅうごく〕　●　　　　　●　竹島〔たけ しま〕　〔　　〕

③　ロシア　●　　　　　●　尖閣諸島〔せんかくしょとう〕　〔　　〕

(4)　1951年に結ばれた日米安全保障条約が原因で、大きな問題になっているのは何ですか。(6点)　　　沖縄の(　　　　　　　)軍基地

(5)　日本の周りで、いまだに国交が開かれていない国はどこですか。(6点)

(　　　　　　　　　　　　　　　)

イメージマップ

 なぞって書きましょう。

③ だいかんみんこく
大韓民国

日本に一番近い国。昔から日本と強い結びつきがある。儒教(じゅきょう)の教えを大切にする。近年、音楽やファッションなどの文化交流がさかん。

 ① アメリカ
がっしゅうこく
合衆国

政治、経済(けいざい)、文化、産業などで世界に大きなえいきょう力をもつ国。さまざまな民族や人種が集まる多文化社会。

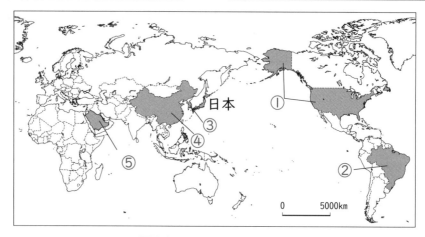

⑤ **サウジアラビア**

輸出の約90%が石油関連。国の大部分がさばく。イスラム教の聖(せい)地(ち)メッカがある。

② れんぽうきょうわこく
ブラジル連邦共和国

リオのカーニバルやサッカーが有名。約150万人の日系ブラジル人が暮(く)らしている。

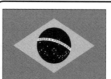

 ④ ちゅうかじんみんきょうわこく
中華人民共和国

お茶や漢字など,さまざまな物や文化が中国から日本へ伝えられた。世界一の人口をもつ。日本の第一位の貿易相手国でもある。

国際連合

1945 年〜
加盟国数…193 か国 (2020 年)
世界の平和と安全を守るための国際機関

ユネスコ

　教育・科学・文化を通じて国どうしが協力し平和を守ることを目的としている。
・世界遺産
・教育の機会をあたえる

　国際平和を守り、国どうしの争いなどを解決することを目的としている。

安全保障理事会

ユニセフ

　戦争や食料不足によるうえなどで、きびしい生活をしている子どもたちを助ける。
・子どもの権利条約

©UNICEF/UNI156894/El Baba
提供：（公財）日本ユニセフ協会

① 国の活動

ODA …発展途上国の経済の発展や、福祉の充実のために先進国が行う援助。

青年海外協力隊
（JICA）

…隊員は 20 〜 69 才までの男女で、農林・水産・教育などさまざまな分野で現地で生活しながら技術指導などを行う。

② 民間団体の活動

NGO …国から独立して活動してる民間団体。平和や人権、環境などの問題を解決するために国のちがいをこえて協力し活動している。

「カカ・ムラ」とは、アフガニスタンの言葉で「中村のおじさん」という意味だよ。

カカムラ 中村 哲さん
（なかむら てつ）

福岡県生まれ。脳神経の医者として日本の病院で働いたのち、パキスタンでハンセン病の治療やアフガニスタンで難民の診療を行う。

パキスタン
アフガニスタン

① パキスタンでのサンダルの開発

パキスタンの人がはいているサンダルは、足が傷つきやすい構造のため、ハンセン病の患者には足を悪くする人が大勢いました。そこで、中村さんは、現地の伝統的な形のままの足にやさしいサンダルを開発しました。その結果、足の重症患者を減らすことができました。

▲ サンダル作りの様子

② アフガニスタンをおそう苦難

アフガニスタンでは、戦争によって多くの人々が難民になりました。そこへ干ばつが発生し、食べるものがなくなり、水不足による病気が子どもたちにおそいかかりました。さばく化した村で畑を耕すことができなくなった農民たちは、お金をかせぐために兵士としてやとわれて戦争に参加するか、難民となって他の国へ行くかしかありません。中村さんは、「農村の回復＝健康と平和の基そだ」と考え、井戸掘りや水路建設の事業をてがけるようになりました。

③ 「100 の診療所より1本の用水路を」

2003 年 3 月、かわいた土地に全長約 27km もの長大な用水路を建設する「緑の大地計画」を開始しました。中村さんは、自ら用水路の作り方や重機の操作（そうさ）の仕方を勉強して、現場でみんなと一緒（いっしょ）に働きました。

▲ 自ら重機を動かす中村さん

▼大きな川から隣（となり）の用水路に水をとりこむ

用水路や学校づくりには数学が必要！だけど中村さんはすっかり忘（わす）れていたので、高校生の娘さんの教科書を借りて勉強しなおしたんだって。

▼ 用水路の完成

2010 年、用水路が完成しました。あれ地だったところが、きれいな水と緑がもどりました。畑を耕せるようになった農民たちは村にもどり、米や野菜を作るようになりました。

写真提供：ペルシャワール会

2019 年 12 月 4 日、中村さんは武装（ぶそう）集団におそわれて亡（な）くなりました。中村さんが亡くなった日、アフガニスタンの国中が悲しみにくれ、中村さんのために心から祈りました。

中村さんが現地代表をつとめていた「ＮＧＯペシャワール会」は、中村さんの意志をひきつぎ、国をこえて支援（しえん）を続けています。

日本とつながりの深い国(1)

1　次の地図は日本と貿易額の多い国を表しています。

(1)　日本と貿易額が多い国を書きましょう。

1位（　　　　　）

2位（　　　　　）

3位（　　　　　）

第1位中国　輸入　輸出
第2位アメリカ
第3位韓国
第4位台湾
第5位オーストラリア
第6位タイ
第7位ドイツ
第8位香港
第9位ベトナム

(2)　地図上で日本との貿易が行われている州に○をつけましょう。

（　　）ヨーロッパ州　　（　　）北アメリカ州　　（　　）アジア州

（　　）オーストラリア州　　（　　）南アメリカ州　　（　　）アフリカ州

2　右のグラフは日本で働く外国人の国別の割合と労働者数を表しています。

(1)　中国の次に多い国を右のグラフAから2つ書きましょう。

（　　　　　）（　　　　　）

(2)　Bのグラフについて（　）にあてはまる言葉を、[　　]から選んで書きましょう。

①（　　　　　　　　　）の問題をかかえる日本にとって、外国からの労働者は年々

②（　　　　　）います。外国の人々の

③（　　　　　）や習慣をよく理解して、地域で

④（　　　　　）していくことが求められています。

A 外国人の国別割合

中国45.5%
ブラジル 13.7
フィリピン 13.4
ベトナム 8.9
韓国 5.4
その他 13.1

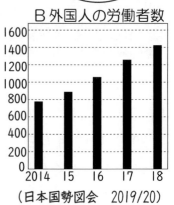

B 外国人の労働者数

2014　15　16　17　18

（日本国勢図会　2019/20）

┌─────────────────────────────┐
│ 共生　　少子高れい化　　文化　　増えて │
└─────────────────────────────┘

日本と貿易のさかんな国々と、きん密なアメリカとの関係を理解しましょう。

3　次の問いに、　　　　から選んで答えましょう。

(1)　右の図はどこの国の国旗ですか。

（　　　　　　　　　　）

(2)　この国旗の星は何の数を表していますか。

（　　　　　　　）の数

(3)　この国が日本の鎖国（さこく）を終わらせました。鎖国の時に日本にやってきたのはだれですか。

（　　　　　　　　　　）

(4)　この国の基本的なデータを書きましょう。

日本の面積は約38万km²だよ。

面積	約983万km²　日本の約（　　　　　）倍
人口	約（　　　　　）億人
首都	（　　　　　　　　　　）
言語	（　　　　　）

3　26　州　ペリー　ワシントンD.C.
英語　アメリカ合衆国（がっしゅうこく）

(5)　この国の産業の特ちょうで正しいものに○をつけましょう。

（　　）広大な農地があり、機械を使って大規模（だいきぼ）な農業をしている。

（　　）山間部や砂漠（さばく）が多いため、農業は盛（さか）んではない。

（　　）中小企業（きぎょう）が多く、ものづくりが得意である。

（　　）ＩＴ企業は、技術力で世界を引っ張っている。

（　　）さまざまな国から移民を受け入れ、多民族の人が暮（く）らしている。

日本とつながりの深い国(2)

1 次の問いに、 ┌┈┈┐ から選んで答えましょう。
　　　　　　 └┈┈┘

(1) 右の図はどこの国の国旗ですか。

　　　　　　（　　　　　　　　　　　）

(2) 右の写真は、この国の旧暦^{きゅうれき}のお正月の様子を表しています。何というでしょう。

　　　　　　　　　　（　　　　　　　　　　　）

(3) 日本はこの国から多くの文化を学びました。正しいものに○をつけましょう。

　（　　）茶　　（　　）キリスト教　　（　　）漢字　　（　　）鉄砲^{てっぽう}

(4) この国との間で1937年に始まった戦争は何ですか。

　　　　　　　　　　（　　　　　　　　　　　）

(5) この国の基本的なデータを書きましょう。　日本の面積は約38万km²

面積	約960万km²　日本の約（　　　）倍
人口	約（　　　　）億人
首都	（　　　　　　　　　）
言語	（　　　　　　　）語

春節^{しゅんせつ}　25　14
中華人民共和国^{ちゅうかじんみんきょうわこく}
ペキン(北京)
日中戦争　　中国

(6) 現在の中国について、正しいものに○をつけましょう。

（　　）観光で日本を訪^{おとず}れるこの国の人はまだ少ない。

（　　）世界有数の工業国として、経済発展^{けいざいはってん}がめざましい。

（　　）石炭や鉄鉱石の他、レアメタルなどの資源^{しげん}が豊富である。

（　　）人口は世界の人口の１／３以上を占^しめている。

（　　）日本の最大の貿易相手国である。

　日本とつながりの深い中国とブラジルについて理解しましょう。

2　次の問いに、┌┄┐から選んで答えましょう。

(1)　右の図はどこの国の国旗ですか。

（　　　　　　　　　　　）

(2)　この国と日本のつながりは100年以上前に、働き口を求めて多くの日本人が移住したことから始まります。現在、約150万人の日本人や子孫がいます。かれらは何人と呼ばれていますか。

（　　　　　　　　　　　）

(3)　右の写真は、この国のキリスト教のお祭りを表しています。毎年世界各地からたくさんの人が訪れるこの祭りを何といいますか。

（　　　　　　　　　　　）

(4)　この国の基本的なデータを書きましょう。

> 日本の面積は約38万km²

面積	約852万km²　日本の約（　　　）倍
人口	約（　　　　）億人
首都	（　　　　　　　　）
言語	（　　　　　　　）語

日系人　　22　　2
カーニバル
ポルトガル
ブラジリア
ブラジル連邦共和国

(5)　次の（　）にあてはまる言葉を書きましょう。

この国は、（①　　　　　　　　）のワールドカップで最多5回の優勝を果たしています。（②　　　　　　　　）大陸にあり、広大な（③　　　　　　　　）の熱帯林など自然豊かな国です。（④　　　　　　　　）豆などの農産物、（⑤　　　　　　　　）などの資源は日本に多く輸出されています。

┌┄┄┄┄┄┄┄┄┄┄┄┄┄┄┄┄┄┄┄┄┄┄┄┄┄┐
コーヒー　　鉄鉱石　　アマゾン　　サッカー　　南アメリカ
└┄┄┄┄┄┄┄┄┄┄┄┄┄┄┄┄┄┄┄┄┄┄┄┄┄┘

日本とつながりの深い国(3)

1 次の問いに答えましょう。

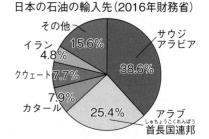

日本の石油の輸入先（2016年財務省）

その他 15.6%
イラン 4.8%
クウェート 7.7%
カタール 7.9%
25.4% アラブ首長国連邦
サウジアラビア 38.6%

(1) 右のグラフは、日本が輸入している「ある工業原料」の輸入先を表しています。この原料は何でしょう。

（　　　　　　　　　）

(2) サウジアラビアの特ちょうについて、□□□から選んで書きましょう。

この国の国土は（①　　　　　　）や山岳地帯が多く、（②　　　　　　　）した気候の地域です。主な産業は(1)の輸出で、その利益で国の近代化を図り、高層ビルが立ち並ぶ都市が建設されています。また、南西部には（③　　　　　　）教の聖地メッカがあり、多くの人が参拝をしにきます。

```
かんそう　　イスラム　　砂ばく　　キリスト
```

(3) サウジアラビアの女性の服として、正しいものに〇をつけましょう。

（　　　）（　　　）（　　　）（　　　）

(4) この国の基本的なデータを書きましょう。

日本の面積は約38万km²

面積	約221万km²　日本の約（　　　）倍
人口	約（　　　　）万人
首都	（　　　　　　　　　）
言語	（　　　　　　）語

```
3400　アラビア
リヤド　　6
```

ポイント 日本とつながりの深いサウジアラビアと韓国について理解しましょう。

2　次の問いに、□□□から選んで答えましょう。

(1) 右の写真はある国の料理です。ご飯と汁ものはスプーン、おかずははしを使って食べます。この国の名前を書きましょう。（　　　　　　）

(2) 江戸時代、将軍が代わるごとに、お祝いと友好を目的に日本を訪れた使節団を何といいますか。　　　　（　　　　　　　　　）

(3) この国の人々の間に深く根づいていて、上下関係や伝統などを重視する中国の孔子が起こした教えを何といいますか。
（　　　　　　　　　）

(4) この国で使われている文字は何ですか。　（　　　　　　）文字

(5) この国で多く食べられているつけ物は何ですか。（　　　　　　）

(6) パソコンが広く行きわたっているこの国で、さかんに利用されているものは何ですか。　　　　　（　　　　　　　　　）

(7) この国の基本的なデータを書きましょう。　日本の面積は約38万km²

面積	約10万km²　日本の約1／（　　　）倍
人口	約（　　　　　）万人
首都	（　　　　　　　　　　）
言語	（　　　　　）語

┌─────────────────────────────────┐
4　　5000　　インターネット　　韓国　　儒教　　ハングル
大韓民国　　キムチ　　朝鮮通信使　　ソウル
└─────────────────────────────────┘

日本とつながりの深い国

1 次の問いに答えましょう。　　　　　　　　　　（5点×6）

(1) 右のグラフは、日本に住む外国人を表しています。Aの国はどこですか。正しいものに○をつけましょう。

（　　）アメリカ　　　　（　　）タイ

（　　）北朝鮮（きたちょうせん）　　（　　）中国

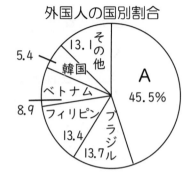

外国人の国別割合

その他 13.1
韓国 5.4
ベトナム 8.9
フィリピン 13.4
ブラジル 13.7
A 45.5%

(2) 日本はアメリカと盛（さか）んに貿易を行っています。右のグラフを参考にしてアメリカからの主な輸入品には㋐、アメリカへの主な輸出品には㋑を、（　　）に書きましょう。

（　　）大豆　　（　　）自動車　　（　　）薬

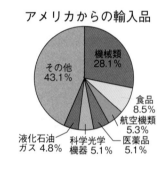

アメリカへの輸出品

航空機部品 2.4%
その他 26.1%
機械類 36.3%
自動車 29.2%
自動車部品 6.0%

アメリカからの輸入品

その他 43.1%
機械類 28.1%
食品 8.5%
航空機類 5.3%
医薬品 5.1%
科学光学機器 5.1%
液化石油ガス 4.8%

(3) 右の地図は日本との貿易額の多い国を表しています。日本の最大の貿易相手国はどこですか。

（　　　　　　　　）

輸入 輸出

第7位 ドイツ
第1位 中国
第3位 韓国（かんこく）
第2位 アメリカ
第4位 台湾（たいわん）
第8位 香港（ほんこん）
第6位 タイ
第9位 ベトナム
第5位 オーストラリア

(4) 右の地図について、正しいものに○をつけましょう。

（　　）中国との貿易は輸入額のほうが多い。

（　　）アメリカとの貿易は輸入額のほうが多い。

（　　）上位8位までの国々は、全てユーラシア大陸にある。

2 日本とつながりが深い国に関して、次の表を完成させましょう。
　　□には国名を書き、（　）には┄┄┄から選んで答えましょう。
　　正式な国名で書きましょう。　　　　　　　（□7点×5、（　）5点×7）

国名	言葉	歴史・文化	日本とのつながり
	中国語	万里の長城 中国料理 漢字	日本に（　　　）づくりや（　　　）を伝える。かつて日本との間で戦争があった。
	（　　　）	ペリー来航 ファストフード	（　　　）や安全保障で、つながりが深い国。野球などで日本人の活やく。
	ポルトガル語	明治時代から多くの日本人が移住	移民とその子孫約150万人が住む。鉄鉱石や農産物の（　　　）を輸出。
	アラビア語	世界最大のイスラム教の国	日本に（　　　）を輸出。砂漠が多いが、イスラム教の聖地メッカがある。
	（　　　）	古代にさまざまな文化を伝える	日本とはＩＴ産業を通じての貿易が盛ん。音楽などの文化交流も多い。

┌─────────────────────────┐
貿易　　石油　　韓国語　　コーヒー豆
英語　　米　　　仏教
└─────────────────────────┘

世界の課題と国際協力(1)

1 次の写真について、あとの問いに答えましょう。

(1) 次の ( ) にあてはまる言葉を、_____ から選んで書きましょう。

① 1945年、(① 　　　　　　　　) が終わって、その教訓から世界の (② 　　　　　) を願い、国と国の争いを (③ 　　　　　) で解決することがないように (④ 　　　　　) が結成されました。日本は敗戦国であったため、加盟(かめい)が認(みと)められたのは (⑤ 　　　　　) 年で、やっと国際社会に復帰できました。

▲国連本部
（ニューヨーク）

> 戦争　　国際連合　　平和　　第二次世界大戦　　1956

② この組織の目的は、全ての国を (① 　　　　　) にあつかい、(② 　　　　　) や社会文化の問題を解決し、(③ 　　　　　) と自由を尊重(そんちょう)するために、国々が (④ 　　　　　) しあうとされています。

> 協力　　人権(じんけん)　　経済(けいざい)　　平等

(2) この組織は多くの専門(せんもん)機関を持っています。次の機関名の記号を書きましょう。

① 紛争(ふんそう)や戦争を話し合って解決する。　　→ (　　)

② 教育、科学、文化を通して平和を守る。　　→ (　　)

③ 子どもを戦争や貧困(ひんこん)から守る。　　→ (　　)

> ⓐユネスコ　　ⓘ安全保障(ほしょう)理事会　　ⓤユニセフ

ポイント　国際連合の仕組みと働きについて理解し、世界の課題について考えましょう。

2　次の問いに ⬚ から選んで答えましょう。

(1) 今、世界の各所で自分の国を追われて他の国へ逃げる人々がいます。この問題を何といいますか。　　　（　　　　　　　　　）

(2) 貧しさのせいで、子どもが学校に行けずに働いたり、売られたりしている問題を何といいますか。　　　（　　　　　　　　　）

(3) 二酸化炭素の排出 量の急増によって、地球全体の温度が上 昇し、かんそうやごう雨などの異変が起こっている問題を何といいますか。

（　　　　　　　　　）

```
地球温暖化問題　　難民問題　　貧困問題
```

3　次の問いに ⬚ から選んで答えましょう。

　2の問題は、一国だけで解決できません。（①　　　　　　　　　）を中心に各国の政府や（②　　　　　　　　）が協力する必要があります。①は

2015年、世界から（③　　　　　　　）をなくすことや、（④　　　　　　　）の悪化への取り組みについて17項目を決め、（⑤　　　　　　　）をめざすことを決めました。

SUSTAINABLE DEVELOPMENT **GOALS**

```
NGO(非政府組織)　　貧困　　地球かん 境
持続可能な社会　　国際連合
```

世界の課題と国際協力⑵

1 次の（ ）にあてはまる言葉を、____から選んで書きましょう。

① 日本人は、多くの分野で世界中で指導にあたっています。写真のような（① ＿＿＿＿＿＿＿）を行ったり、安全な水を確保されない地域では（② ＿＿＿＿＿＿）をほったり、（③ ＿＿＿＿＿＿）の整備や学校を建設したりしています。また、紛争や災害が起きたときに（④ ＿＿＿＿＿＿）を助けるための救援活動も行っています。

©佐藤 浩治/Koji Sato/JICA

> 水道　　人命　　農業指導　　井戸

② 日本の国際協力について、____から選んで答えましょう。

A 国の活動

・発展途上国の経済の発展や福祉の充実のために先進国の政府が行う援助を（① ＿＿＿＿＿＿）といいます。（② ＿＿＿＿＿＿）は日本が行っている①の活動の一つです。発展途上国の人々の生活を支援するため、現地で生活をしながら、教育や農林水産業、保健衛生などのさまざまな分野で、技術指導などを行っています。

B 民間団体の活動

・政府から独立して活動する民間団体を（③ ＿＿＿＿＿＿）といいます。発展途上国の開発や、医療、環境保護、人権の保護など、専門を生かした分野で活動しています。

> 青年海外協力隊　　NGO　　ODA

2　次の（　）にあてはまる言葉を、□□□から選んで書きましょう。

現在世界で最も大きな課題となっているのが（①　　　　　　　　）のえいきょうで（②　　　　　　　）や干ばつ（雨が降らないので作物が育たない）、そして南極の氷がとけることなどによる（③　　　　　　）の上昇

で、島がしずむといった問題です。これは、国々の（④　　　　　　　　）や生活の向上によって大量のエネルギー消費により、（⑤　　　　　　　　）の排出の増加が進み、引き起こされた問題です。

> 二酸化炭素　　海面　　ごう雨　　工業化　　地球温暖化

3　子どもの権利条約は、ユニセフの活動の基本となっています。これを参考にして、正しいものに○をつけましょう。

（　）子どもは差別されることなく、その発達が保障される。

（　）子どもは自分の考えやその表現が保障される。

（　）子どもは教育を受ける権利がある。

（　）子どもは働く自由がある。

> ・防げる病気で命をうばわれないこと。
> ・教育を受け、休むことや遊ぶことができること。
> ・親などの虐待から守られること。
> ・自由に意見の発表ができること。

世界の課題と国際協力

1 右の写真を見て、次の問いに答えましょう。

(1) この写真は子どもを援助（えんじょ）する国際機関の活動です。この機関の名前を書きましょう。　（8点）

（　　　　　　　）

©UNICEF/UNI169308/Khuzaie
提供：(公財) 日本ユニセフ協会

(2) この機関がしている仕事で正しいものに○をつけましょう。（6点×3）

（　　）世界中の子どもに安全な水と成長するための栄養がいきわたるようにする。

（　　）世界中の子どもに仕事をあたえる。

（　　）世界のすべての子どもが教育を受けられるようにする。

（　　）難民（なんみん）の子どもを外国に行けるようにする。

（　　）災害や紛争（ふんそう）に巻（ま）きこまれた子どもの援助（えんじょ）をする。

(3) (1)の活動の基本には、1989年に国連で決めた子どもに関する条約があります。その条約の名前を書きましょう。　（8点）

（　　　　　　　）条約

2 次の権利（けんり）と、その説明に関係するものを線で結びましょう。（5点×3）

① 守られる権利　•

② 育つ権利　•

③ 生きる権利　•

• 教育が受けられること。

• 子どもの時は働かされたり、兵士にされたりせずに守られること。

• 生まれた国の環境（かんきょう）による病気などで命をうばわれないこと。病気の治療（ちりょう）を受けられること。

月　日 [名前]　／100点

3　現在、地球で起きている環境問題について、関係するものを線で結びましょう。（6点×4）

① 砂漠化（さばくか）　•　　•　㋐　冬の暖房（だんぼう）などで石炭、石油を燃やすことで空気がよごれ、健康被害（ひがい）を招いている。

② 海面上昇（じょうしょう）　•　　•　㋑　地球の気温上昇や開発により、森林や農地が砂漠に変わっていくこと。

③ 大気汚染（おせん）　•　　•　㋒　森林が失われることによって、水をたくわえられなくなり、水不足を招いている。

④ 水問題　•　　•　㋓　南極の氷がとけるなどして、海水面が上がり、海にしずむ国がでてきている。

4　2015年、世界各国は国際社会が共通して取り組むべき目標①を採択（さいたく）しました。これについてあとの問いに答えましょう。

(1)　採択したのは、何という国際機関ですか。（9点）（　　　　　）

(2)　下線部①について17の目標がありますが、以下の文でふくまれているものに○をつけましょう。（6点×3）

（　　）貧困（ひんこん）をなくす。

（　　）人や国の差別をなくす。

（　　）森林を伐採（ばっさい）して世界中に工場を建てる。

（　　）自然の力を利用した安全なエネルギーの開発を行う。

遺跡・古墳などをさがそう！

作業1　それぞれの名前を書きましょう。

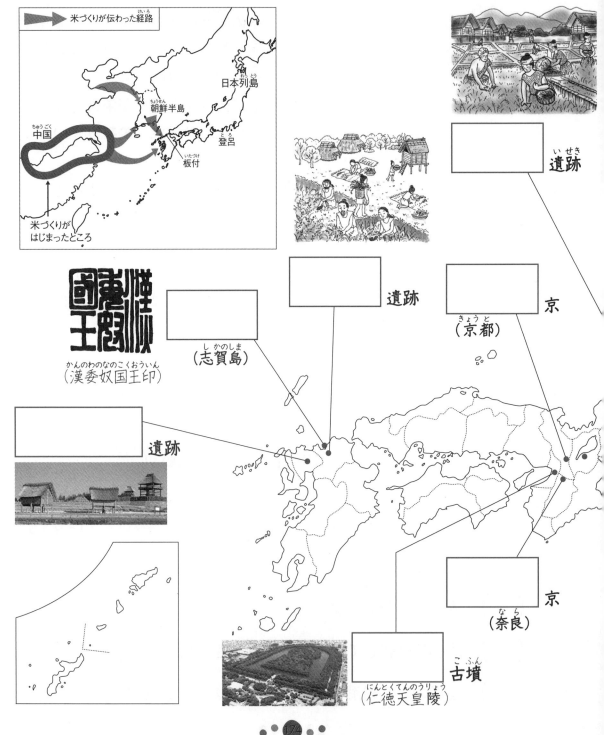

米づくりが伝わった経路

日本列島

朝鮮半島

中国

登呂

板付

米づくりがはじまったところ

かんのわのなのこくおういん
（漢委奴国王印）

（志賀島）

遺跡

京
（京都）

遺跡

遺跡

古墳

京
（奈良）

にんとくてんのうりょう
（仁徳天皇陵）

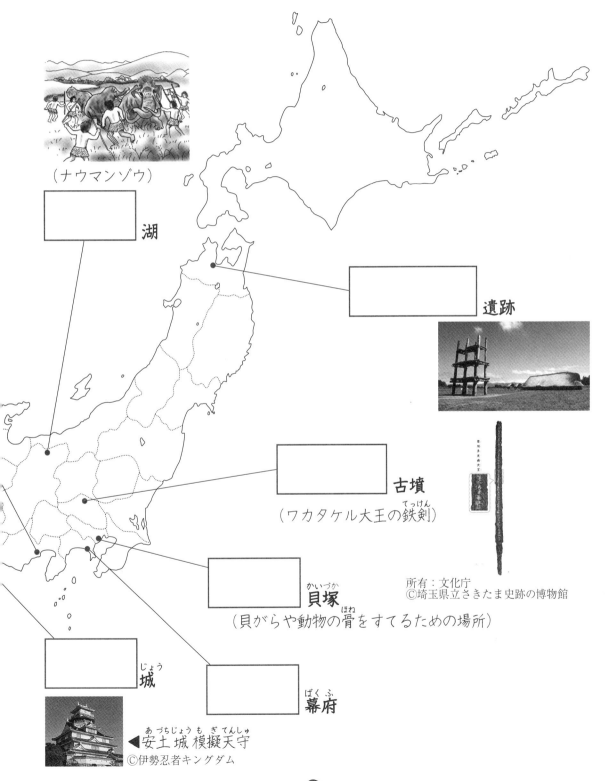

（ナウマンゾウ）

_____ 湖

_____ 遺跡

_____ 古墳
（ワカタケル大王の鉄剣_{てっけん}）

所有：文化庁
Ⓒ埼玉県立さきたま史跡の博物館

_____ 貝塚_{かいづか}
（貝がらや動物の骨_{ほね}をすてるための場所）

_____ 城_{じょう}

_____ 幕府_{ばくふ}

◀安土城_{あづちじょう} 模擬天守_{もぎてんしゅ}
Ⓒ伊勢忍者キングダム

社会ゲーム

月　日 名前

昔の国の名前

作業1 ○で囲んでいる国を好きな色でぬりましょう。（○で囲んでいる国の名前は今でも使われています。）

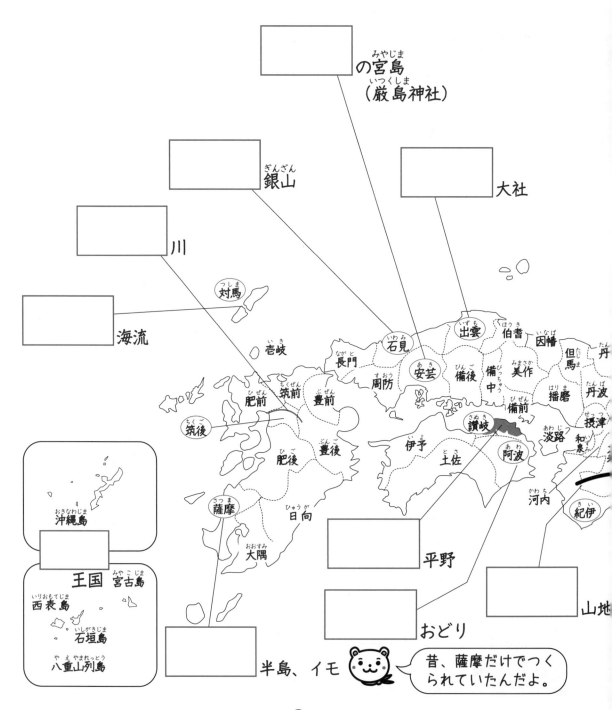

の宮島（厳島神社）

銀山

川

海流

大社

平野

おどり

山地

半島、イモ　昔、薩摩だけでつくられていたんだよ。

王国

176

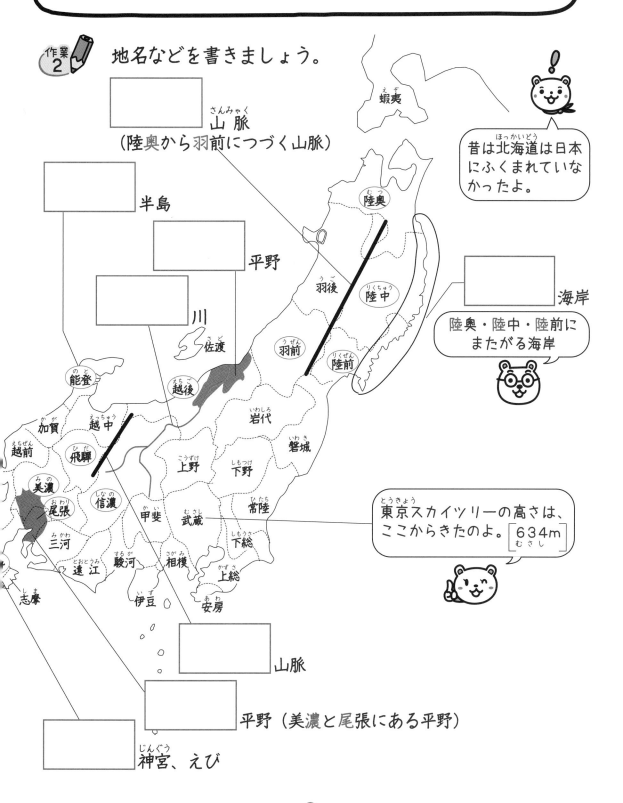

作業2 地名などを書きましょう。

□□□□ 山脈
（陸奥から羽前につづく山脈）

蝦夷

昔は北海道は日本にふくまれていなかったよ。

陸奥

□□□□ 半島

□□□□ 平野

□□□□ 川

羽後

陸中

□□□□ 海岸

陸奥・陸中・陸前にまたがる海岸

佐渡

羽前

陸前

能登

越後

加賀

越中

岩代

越前

飛騨

磐城

美濃

信濃

上野

下野

尾張

甲斐

武蔵

常陸

三河

駿河

相模

下総

志摩

遠江

伊豆

安房

上総

東京スカイツリーの高さは、ここからきたのよ。 634m
むさし

□□□□ 山脈

□□□□ 平野（美濃と尾張にある平野）

□□□□ 神宮、えび

日本国憲法・政治

1. 次の図を見て、あとの問いに答えましょう。

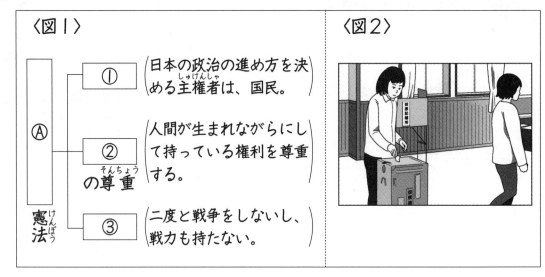

〈図1〉

① 日本の政治の進め方を決める主権者は、国民。

② の尊重　人間が生まれながらにして持っている権利を尊重する。

③ 二度と戦争をしないし、戦力も持たない。

Ⓐ 憲法

〈図2〉

(1) 図1のⒶと①～③にあてはまる言葉を書きましょう。〈知識〉(6点×4)

Ⓐ(　　　　　　　)憲法

①		②		③	

(2) 図2は、わたしたちが政治に参加する大切な機会を表しています。これを何といいますか。〈知識〉(6点)　　　(　　　　　　　)

(3) (2)は、図1の三原則の中のどれにもとづいていますか。番号で書きましょう。〈技能〉(6点)　　　〔　　　　　〕

(4) みなさんも18才になれば、(2)の権利を得ることになります。その大切さを、上の図を見て書きましょう。　　〈思考〉(10点)

月　　日　[名前]　　　　　　　　　　　　　　　／100点

[2]　次の文章は[1]のⒶの前文です。あとの問いに答えましょう。

> 国の政治は、（　）から厳粛(げんしゅく)にゆだねられた行為(こうい)であって、その権威(けんい)はもともと（　）がもっているものである。政治の力は、（　）の代表者によって使われ、そこから得られる幸福と利益は（　）が受けるものである。

(1)　文章の（　）にはすべて同じ言葉が入ります。漢字2文字で書きましょう。　〈知識〉(6点)　□□

(2)　国の政治は、三権分立によってバランスが保たれるようになっています。次の説明にあたるのは三権の中のどの組織ですか。〈知識〉(6点×3)

①　国の法律や予算を決める。　（　　　　）

②　大臣や役人が実際の政治を進める。　（　　　　）

③　①や②が憲法にい反(はん)していないかを判断する。　（　　　　）

[3]　政治の目的は「すべての国民の幸せなくらし」です。

(1)　保育所の建設までの図を見て（　）にあてはまる言葉を書きましょう。〈知識・技能〉(6点×4)

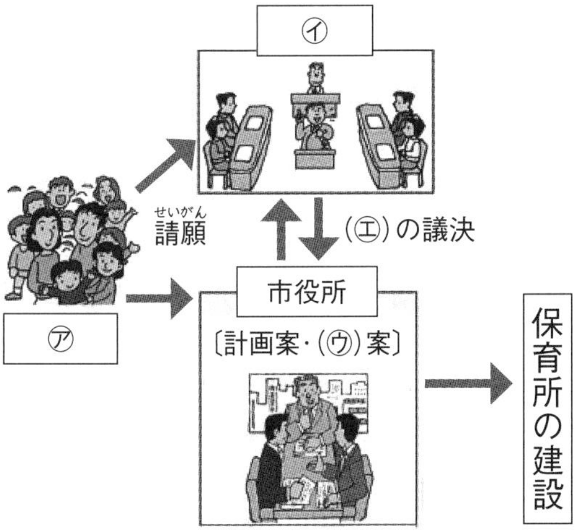

①　（㋐　　　　）の願いを、市役所や（㋑　　　　）に出す。

②　担当者(たんとうしゃ)が、（㋒　　　　）がどれくらいかかるか検討(けんとう)し、計画案を作る。

③　計画案を㋑で話し合い、（㋓　　　　）の議決をする。

④　保育所の建設にとりかかる。

(2)　保育所の建設費には何をあてますか。　〈知識〉(6点)

市民が納(おさ)めた（　　　　）

歴史(1)「古代」

[1] 2つの図を比べ、あとの問いに答えましょう。

㋐
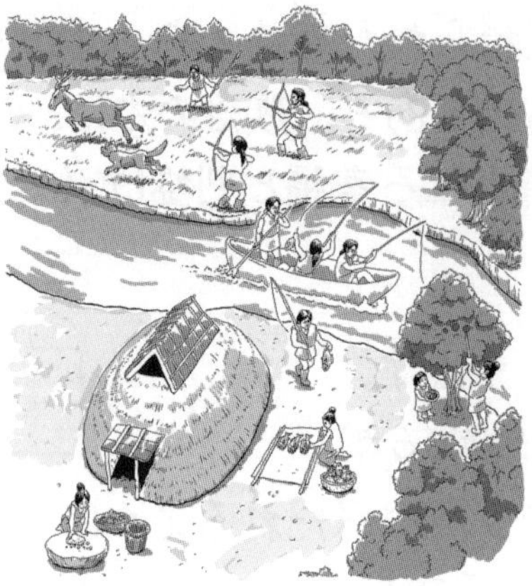

㋑
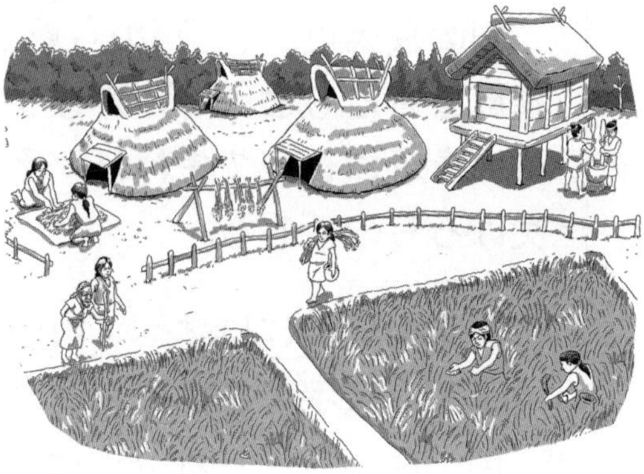

(1) ㋐と㋑を比べて、変化した点を3点書きましょう。〈思考〉(8点×3)

・

・

・

(2) ㋐、㋑はそれぞれ何時代と呼(よ)ばれていますか。〈知識〉(5点×5)

㋐ 　　　時代　㋑ 　　　時代

(3) ㋑の時代になると、むらどうしの争いが始まり、より勢力の強い集団(くに)ができます。その代表的なくにとその女王の名前を書きましょう。

　　　　　女王

(4) ㋑の時代の遺跡(いせき)で九州(きゅうしゅう)にある有名な遺跡の名前を書きましょう。

　　　　　遺跡

2　右の写真を見て、あとの問いに答えましょう。

(1)　写真の建造物を何といいますか。

〈知識〉（5点）

(2)　このような巨大な建造物は、どの地域に集まっていますか。正しいものを○で囲みましょう。
〈知識〉（5点）

九州地方（ 福岡、佐賀 ）　　近畿地方（ 奈良、大阪 ）

(3)　この建造物が盛んにつくられたころ、国が統一されました。その政権の名前を書きましょう。〈知識〉（5点）　　　　　　　政権（朝廷）

(4)　この建造物は国民に対して、何を示したかったのですか。（　）の言葉を使って書きましょう。　　　　（王、権力）〈思考〉（11点）

3　次の資料を見て、あとの問いに答えましょう。　〈知識〉（5点×5）

(1)　右の資料は何と呼ばれる法律ですか。

> 一、和を大切にし争いをやめよ
> 一、仏教をあつく敬え
> 一、天皇の命令に従え

(2)　だれが出したものですか。また、出した理由は何ですか。

　　　　　　　　　　　　　　　　　　中心の国を作るため。

(3)　この人は中国にも使いを出しました。その国と使者の名前を書きましょう。

国　　　　　　　使者

歴史(2) 「貴族の時代」

1 次の写真を見て、あとの問いに答えましょう。

(1) この仏像は何と呼ばれていますか。〈知識〉(5点×2)

| | 寺の | |

(2) 何時代にだれによってつくられましたか。

〈知識〉(5点×2)

| | 時代 | |

(3) この仏像は、だれの協力によってつくられましたか。 〈知識〉(5点)

(4) 天皇がこの仏像をつくろうとした理由を、( ) の言葉を使って書きましょう。 (世の中の乱れ 仏教)〈思考〉(10点)

2 奈良時代の農民の姿です。この絵を見て、あとの問いに答えましょう。

〈知識・技能〉(5点×3)

農民には重い税がかけられました。その税には①田畑を国からもらう代わりに米を納める ②地方の特産物を都に届ける ③国の役所で働くか布を納めるがありました。①、②、③は何と呼ばれる税ですか。

①

②

③

3 次の資料を見て、あとの問いに ┆┄┄┆ から選んで答えましょう。

(1) この和歌はある貴族（きぞく）がよんだものです。この貴族は
だれですか。また、何時代につくられましたか。

〈知識〉（5点×2）

┌────────┐　┌────────┐
└────────┘　└────────┘時代

この世をば　わが世とぞ思う　望月（もちづき）の
かけたることも　なしと思えば

(2) この和歌の意味を書きましょう。　　〈思考〉（10点）

┌─────────────────────┐
│　　　　　　　　　　　　　　　　　　　│
│　　　　　　　　　　　　　　　　　　　│
│　　　　　　　　　　　　　　　　　　　│
└─────────────────────┘

(3) この時代の政治は貴族がしていました。貴族の仕事
や生活について答えましょう。　〈知識〉（5点×6）

① 貴族の仕事は、朝廷（ちょうてい）の ┌──────┐ をこなすこと。

┌──────┐ 造の大きなやしきに住み、けまりやすごろくと

いった文化や ┌──────┐ などの教養をみがいていました。

② 貴族によって、日本風の文化も発展（はってん）しました。漢字から、日本独

自の文字である ┌──────┐ が発明され、それを用いて、朝廷

の貴族の暮（く）らしをえがいた小説『源氏物語（げんじものがたり）』を ┌──────┐

が、また、貴族たちの日々の姿（すがた）や季節の変化を ┌──────┐ が

『枕草子（まくらのそうし）』としてえがきました。また、和歌集もつくられました。

┌─────────────────────────┐
│ 平安（へいあん）　かな文字　行事　藤原道長（ふじわらのみちなが）　│
│ 清少納言（せいしょうなごん）　紫式部（むらさきしきぶ）　寝殿（しんでん）　和歌 │
└─────────────────────────┘

学年末テスト

歴史⑶ 「武士の時代」

[1] 右の図を見て、あとの問いに答えましょう。

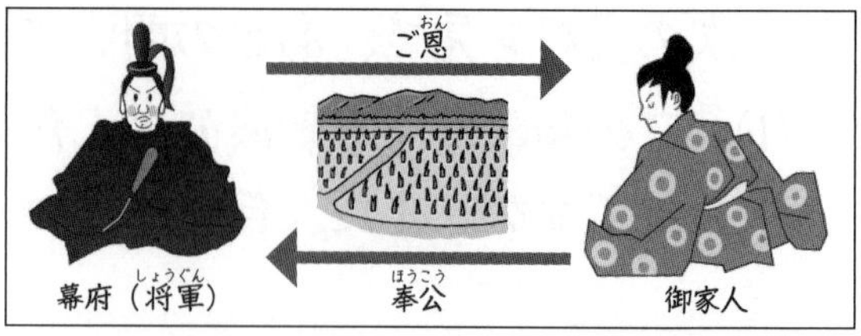

⑴ 次の(　)に あてはまる言葉を、[　　]から選んで書きましょう。

〈知識〉(5点×5)

平安時代の末期には貴族どうしの争いの中で(①　　　　)の勢力が大きくなりました。特に(㋐　　　　)と(㋑　　　　)が2大勢力でした。はじめは㋐が朝廷をしのぐほどでしたが、多くの武士の支持を得て㋑が㋐をほろぼし、(②　　　　)に幕府を打ち立てました。武士の時代の始まりです。幕府は全国を支配するために(③　　　　)と地頭を置き、朝廷の力を少しずつうばっていきました。

平氏　源氏　武士　鎌倉　守護

⑵ 鎌倉幕府を建てた人はだれですか。また、その人は何という位につきましたか。

〈知識〉(5点×2)

人名 [　　　　]　　位 [　　　　]

⑶ なぜ鎌倉幕府はほろびたのですか。(　)の言葉を使って書きましょう。

(御家人　元寇　領地) 〈思考〉(10点)

[　　　　]

月　　日 [名前]　　　　／100点

[2] 室町(むろまち)時代は文化が発展(はってん)した時期です。右の写真を見てあとの問いに答えましょう。

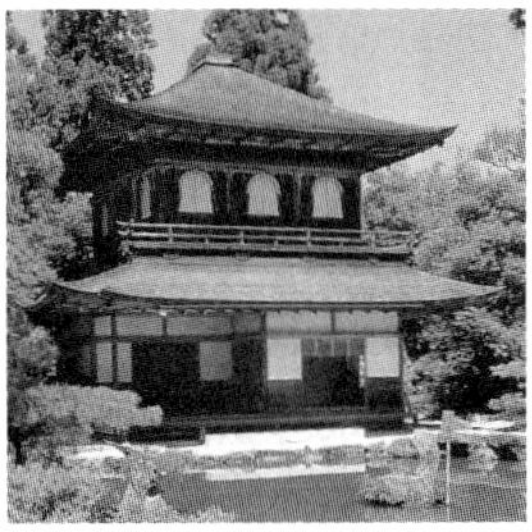

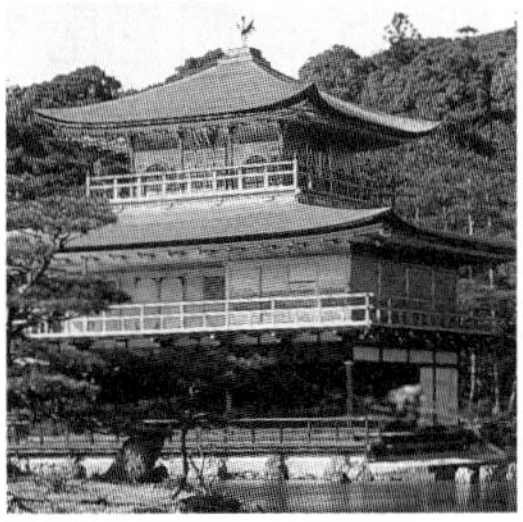

⑴ □に建物の名を書きましょう。〈知識〉(5点×2)

㋐ □　㋑ □

⑵ 次の表にあてはまる言葉を、[　]から選んで書きましょう。

〈知識〉(㋐、㋑は各完答10点)

	建てた将軍	文化の名前
㋐		
㋑		

足利義満(あしかがよしみつ)　東山文化
足利義政(よしまさ)　北山文化

[3] 次の説明を読んで、その文化名を書きましょう。〈知識・技能〉(5点×5)

① 1100年続く京都(きょうと)の町人のお祭り。 □

② 僧侶(そうりょ)や貴族から始まった、中国から伝わった飲み物を文化まで高めた作法。 □

③ 雪舟(せっしゅう)が有名。墨(すみ)のこい、うすいで立体的な風景画などをえがいた。 □

④ お面を付けて、人の心などを舞(まい)で表す芸術。 □

⑤ ④の合い間に演じられるこっけい劇。 □

狂言(きょうげん)　祇園祭(ぎおんまつり)　能(のう)　茶の湯　水墨画(すいぼくが)（すみ絵）

歴史(4) 「天下統一への道」

[1] 右の図を見て、あとの問いに答えましょう。

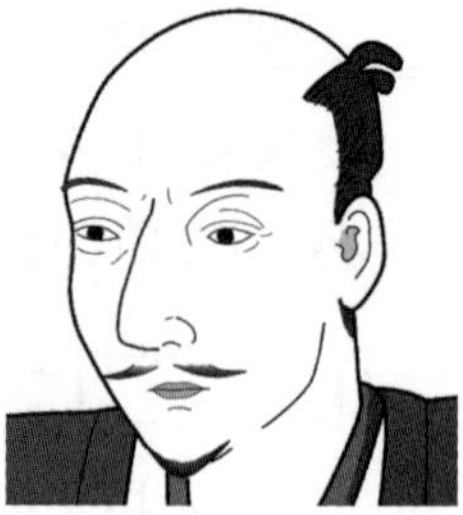

(1) 図の人物は戦国時代に新しい考えで天下統一の道を進んだ人物です。この人物の名を書きましょう。

〈知識〉(7点)

(2) この人物は新しい考えでさまざまな政策（せいさく）を実行しました。政策名と説明を線で結びましょう。 〈知識〉(5点×3)

① 楽市（らくいち）・楽座（らくざ） •　　• ㋐ 鉄砲（てっぽう）をたくさん製造し、鉄砲隊を中心にした集団戦法をとった。

② 新しい戦術 •　　• ㋑ 安土城（あづちじょう）下（か）に商人を集めるために税金をなくした。

③ キリスト教、南蛮（なんばん）貿易 •　　• ㋒ 西洋の新しい文化を取り入れるとともに、仏教勢力をおさえた。

(3) この時代に南蛮人が伝えたさまざまな文化やものを書きましょう。〈知識〉

① 鉄砲を最初に日本に伝えたのはどこの国の人たちですか。 (7点)

② 鉄砲は最初日本のどこに伝わりましたか。(7点)

③ キリスト教を伝えた宣教師（せんきょうし）はだれですか。 (7点)

④ 他に南蛮人が伝えたものを ◯ で囲みましょう。 (完答7点)

〔 さつまいも　　カステラ　　英語　　カルタ 〕

月　　　日　名前　　　　/100点

2　右の図を見て、あとの問いに答えましょう。

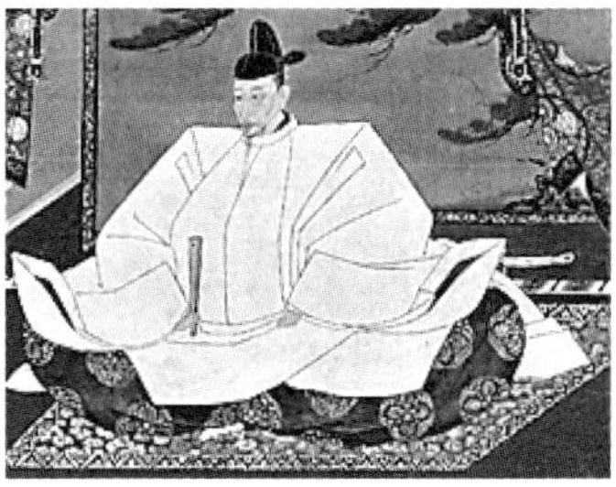

©高台寺

(1)　図の人物は、織田信長(おだのぶなが)のあとをついで、天下統一をなしとげた武将(ぶしょう)です。だれですか。〈知識〉(7点)

[　　　　]

(2)　この武将が建てた右の城(しろ)の名前を書きましょう。

[　　　　]城　〈知識〉(7点)

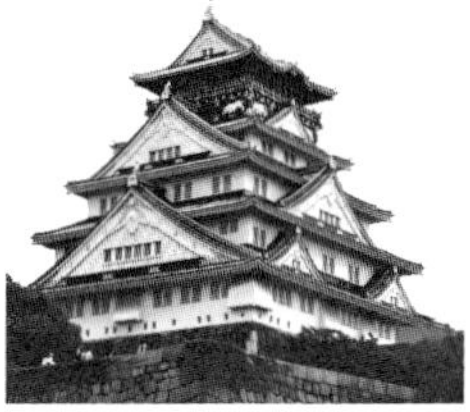

(3)　次の文で、この武将がしたことで正しいものに○をつけましょう。〈知識〉(4点×2)

(　　)室町幕府(むろまちばくふ)をほろぼした。　(　　)江戸(えど)に城を築き、幕府を開いた。

(　　)検地(けんち)、刀狩(かたながり)をした。　(　　)朝鮮(ちょうせん)出兵をしたが敗北した。

(4)　検地・刀狩のねらいを、[　　]の言葉を用いてまとめましょう。〈思考〉(7点×3)

検地で[①　　　]を安定してとれるようにし、刀狩で武器を[②　　　]から取り上げることで逆(さか)らえないようにして、[③　　　]との身分のちがいをはっきりさせること。

[百姓(ひゃくしょう)　武士　年ぐ]

(5)　この武将の死後、関東(かんとう)にいた武将が1600年にあった戦いで勝利し、やがて江戸(えど)に幕府を開きました。その武将の名前と戦いの名前を書きましょう。〈知識〉(完答7点)

武将[　　　　]　戦い[　　　　]の戦い

学年末テスト

歴史⑸「長く続いた江戸時代」

[1] 右の図を見て、あとの問いに答えましょう。

⑴ 右の図は、三代将軍が定めた法律によって、全国の大名が行いました。これを何といいますか。また、その内容を説明しましょう。

〈知識〉(５点)〈思考〉(15点)

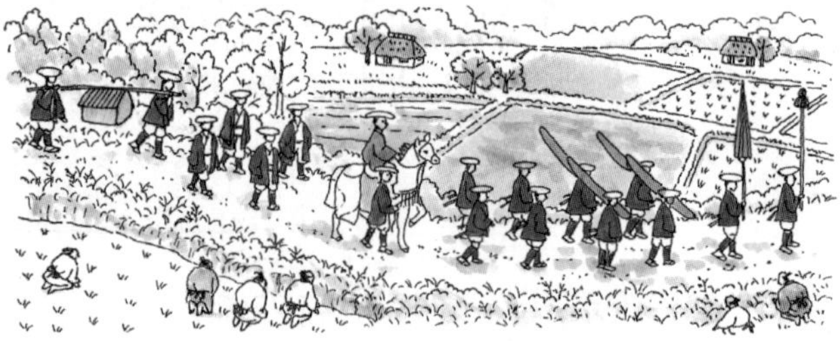

⑵ 徳川の初代～三代将軍は、大名の力をそぐために、さまざまな政策をとりました。それぞれの説明と線で結びましょう。〈知識〉(３点×３)

① 武家諸法度 ・ ・ ㋐ 城の建設や河川の改修工事をさせお金を使わせる。

② 大名の配置 ・ ・ ㋑ 譜代大名を江戸の近くに、外様大名を遠くに配置した。

③ 普請(工事をさせる) ・ ・ ㋒ 大名が力を持たないように細かいきまりを決めた。

⑶ 幕府は武士だけでなく、多くの政策で国を安定させようとしました。次の中で正しいものに○をつけましょう。〈知識〉(４点×４)

(　　) 百姓におふれ書きを出した。 (　　) 身分制度を固定した。

(　　) キリスト教を禁止した。 (　　) 鎖国をした。

(　　) 住む場所や仕事を自由に選べるようにした。

2　右の絵を見て、あとの問いに答えましょう。　〈知識〉（5点×6）

(1)　右の絵は江戸時代に盛んになり、現在に続く伝統芸能です。何ですか。

(2)　上方（大坂）で盛んだった人形劇を何と言いますか。また、有名な劇作家はだれでしょう。

芸能 □　　　劇作家 □

(3)　江戸時代中期からは人々のようすをえがいた色あざやかな絵画が広まりました。

①　その絵画は何と呼ばれていますか。

②　江戸から京都までをえがいた風景画で有名な画家はだれですか。その代表作は何ですか。

画家 □　　　作品名 □

3　江戸時代後半になると、西洋の学問を学ぼうとする人が増えてきました。
〈知識〉（5点×5）

(1)　その学問を何といいますか。

(2)　その学問で医学を学び、日本で初めての解剖書を出した人の名前を二人書きましょう。また、その本の名を書きましょう。

□　　　□　　　書名 □

(3)　日本全国を測量し、正確な日本地図を作成したのはだれですか。

歴史(6) 「ペリー来航から明治時代へ」

[1] 右の図を見て、あとの問いに答えましょう。 〈知識〉

(1) 幕府(ばくふ)に対して、開国をせまったのはだれですか。また、乗ってきた船は何と呼ばれましたか。 (7点×2)

[　　　　　　　] 船は [　　　　　　　]

(2) (1)がきっかけになって、明治(めいじ)新政府が誕生(たんじょう)しましたが、中心になった人の名前を〇で囲みましょう。 (完答7点)

〔 西郷隆盛(さいごうたかもり)　福沢諭吉(ふくざわゆきち)　大久保利通(おおくぼとしみち)　徳川慶喜(とくがわよしのぶ) 〕

(3) 明治政府は西欧諸国(せいおうしょこく)に負けない力をつけることを重視(じゅうし)しました。それを四文字熟語(じゅくご)で何といいますか。 (7点) [　　　　　　　]

(4) (3)の政策(せいさく)を表にしたものです。完成させましょう。 (6点×5)

政 策 名	内　　　容
	国が工場を作り、工業を盛(さか)んにする。
	安定した財源(ざいげん)を確保する。
	武士ではなく国民を兵士とする。
	国民すべてが義務教育を受ける。
	西欧の新しい文化を取り入れる。

徴兵令(ちょうへいれい)　学制　地租改正(ちそかいせい)　文明開化　殖産興業(しょくさんこうぎょう)

2　次の絵を見て、あとの問いに答えましょう。　　　　〈知識〉（7点×5）

(1)　図は西欧諸国との不平等を、当時の国民に印象づけた事件のようすです。事件の名前は何ですか。

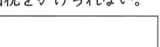

| | 号事件

(2)　不平等とはどんな内容ですか。説明にあてはまる言葉を書きましょう。

①　輸入するものに、日本が自由に関税をかけられない。

　　　　　　　　　　　　　　　　がない。

②　犯罪_{はんざい}を犯した外国人を日本の法律_{ほうりつ}で裁判_{さいばん}できない。

　　　　　　　　　　　　　　を認_{みと}める。

(3)　次のことがらは、どの戦争のことですか。

①　戦争に勝ち、多額の賠償金_{ばいしょうきん}で工業を発展_{はってん}させた。

②　多くの死者、費用を使い、戦争に反対する人もいた。

3　明治期に活やくした「吾輩_{わがはい}は猫_{ねこ}である」などの作品で知られる、右の写真の人物の名前を書きましょう。

〈知識〉（7点）

©国立国会図書館

歴史(7) 「戦争への道」

1 次の問いに答えましょう。　　　　　　　　　　　　　　　　〈知識〉

(1) 明治時代が終わると、日本に自由や人権を求める人たちが出てきました。

① 女性は男性に比べて、憲法上でも多くの差別がありました。それを解放する運動をした人はだれですか。　　　　　　　　（7点）

　　　　　　　　　　　　　　　　　　　　　　　[　　　　　　　　　]

② 解放令後も差別されていた人々が結成した団体は何ですか。（7点）

　　　　　　　　　　　　　　　　　　　　　　　[　　　　　　　　　]

③ 「全国民に選挙権を」の運動を何といいますか。その結果も書きましょう。（4点×2）

　　　　　　　　　　　　　　　　[　　　　　　　　]運動

　　　　[　　　　]オ以上の男子に選挙権があたえられる

2 1 の運動をおしとどめることが起こりました。それについて、次の（　）にあてはまる言葉を ____ から選んで書きましょう。〈知識〉（6点×5）

この時代の初めは、ヨーロッパで始まった（①　　　　　　　　　）のえいきょうで、日本の（②　　　　　　）がのびて景気がよかったのですが、戦後は一転して（③　　　　　　）になりました。また、（④　　　　　　）が発生し、アメリカの不況のえいきょうを受けていっそうひどくなり、とくに（⑤　　　　　　）では子どもを売るということまで起こりました。

> 関東大震災　　輸出　　農村　　不景気　　第一次世界大戦

3　次の資料を見て、あとの問題に答えましょう。

㋐満州国
を建国

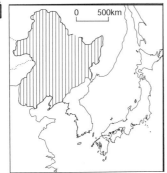

㋑日中戦争の
広がり

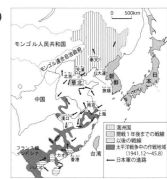

㋒韓国併合

韓国皇太子と伊藤博文

㋓東南アジア進出

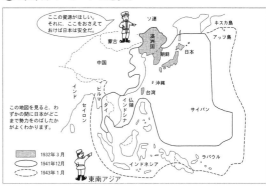

(1)　上の図を時代順に記号を並べましょう。　〈知識〉(完答15点)

	→	→	→

(2)　次の説明は㋐〜㋓のどれにあてはまりますか。　〈知識〉(6点×3)

（　　）占領地から石油などの資源をかくとくした。

（　　）朝鮮半島を支配し、日本語教育などをした。

（　　）1937年、中国との全面戦争が始まった。

(3)　日本は満州の何をねらって進出したか、説明しましょう。〈思考〉(15点)

歴史(8) 「アジア・太平洋戦争」

1 右の地図や年表を見て、あとの問いに答えましょう。 〈知識〉(5点×10)

(1) 1941年、戦争が始まりました。何と呼ばれる戦争ですか。また、相手国を2カ国書きましょう。

　　　　　　　　　　　戦争

相手国は　　　　　　　

　　　　　　　　　　

▲戦場となったアジア太平洋の地域

＃油田
▲天然ゴム

日本軍の最大侵略地域

(2) 日本が優勢だったのはおよそどれくらいの期間ですか。

　　　　　　　ケ月

(3) 日本が占領したのは東南アジアとどこですか。

　　　　　　　

(4) アメリカは日本本土にどのような攻撃をしましたか。

　① 　　　　　　

(5) アメリカ軍が上陸して地上戦があったのは何県ですか。

　② 　　　　　　県

1941/12/8	太平洋戦争が始まる
1942/2/15	シンガポール占領
	南太平洋の島々占領
1942/6/5〜7	ミッドウエー海戦で敗戦
	アメリカ軍の反撃開始
1944秋	アメリカ軍の①が激化
1945/3	②県に上陸
1945/8/6	③を④に投下
/9	③を⑤に投下
1945/8/15	敗戦

(6) 1945年8月にアメリカは新型爆弾を使用しました。それは何ですか。また、投下された都市はどこですか。

③ 　　　　爆弾 ④ 　　　　市 ⑤ 　　　　市

② 右の図を見て、あとの問いに答えましょう。

(1) 戦争中の小学生（中・高学年）は、いなかで集団生活をしていました。それを何といいますか。　〈知識〉（6点）

(2) 国はなぜ、そのような策をとったのですか。（　）の言葉を使って書きましょう。　（都市、空しゅう）〈思考〉（13点）

(3) 子どもたちにとってつらかったことは何でしょうか。　〈思考〉（13点）

(4) 町に残った子どもたちの生活で正しいものに〇をつけましょう。
〈知識〉（3点×4）

（　）　学校では勉強よりも畑仕事や訓練が中心だった。

（　）　食料や衣料品はいつでも買うことができた。

（　）　中学生は工場の働き手だった。

（　）　夜、空しゅうから逃れる日々が続いた。

（　）　いつもおなかをすかせていた。

(5) 戦争はいつ終わりましたか。　〈知識〉（完答6点）

終戦　　　　　年　　　　月　　　　日

学年末テスト

歴史⑼ 「新しい日本の出発と経済発展(けいざいはってん)」

[1] 右の図を見て、あとの問いに答えましょう。 〈知識〉(６点×９)

⑴ 戦争後、日本が新しい国家を目指すための基本的な考えを示したものは何ですか。

[　　　　　　　]

⑵ ⑴の３つの原則の説明の(　)にあてはまる言葉を書きましょう。

㋐ 国民主権(しゅけん)…国の方針(ほうしん)や政治を決めるのは(　　　　)である。

㋑ 基本的人権(じんけん)の尊重(そんちょう)…(　　　　)は健康で幸せな生活ができる(　　　　)を生まれながらに持っている。

㋒ 平和主義…争いごとを(　　　　)で解決することは永久にしない。また、そのための(　　　　)は持たない。

⑶ ⑴の憲法(けんぽう)で男女平等となりました。それを示すことがらについて(　)にあてはまる言葉を書きましょう。

女性にも(　　　　　)があたえられ、(　　　　　　　　)もたん生しました。

⑷ 日本は、1951年にはサンフランシスコ平和条約を結んで、1956年には国際社会に復帰しました。加盟(かめい)を認(みと)められたのは何という機関ですか。

[　　　　　　　]

▲サンフランシスコ条約に調印する吉田茂首相

② 次の問いに答えましょう。

(1) 次の説明はどのことがらを指したものですか。╴╴╴╴╴から選んで書きましょう。　　　　　　　　　〈知識〉(5点×7)

① 日本は1950年の朝鮮戦争をきっかけに急激に経済回復をしました。そのことを何といいますか。

② 1964年に日本で開かれた世界的なスポーツ大会は何ですか。

③ 日本の技術によって1964年に東京・大阪間に開通した鉄道は何ですか。

（東海道）

④ 最新の技術を紹介する博覧会を1970年に大阪で開きました。何というイベントですか。

⑤ 技術の向上は家庭生活をも豊かにしました。「３種の神器」と呼ばれた電気製品を書きましょう。

╴╴╴╴╴╴╴╴╴╴╴╴╴╴╴╴╴╴╴╴╴╴╴╴╴╴╴╴╴╴╴╴
テレビ　　日本万国博覧会　　新幹線　　高度経済成長
冷蔵庫　　洗たく機　　東京オリンピック
╴╴╴╴╴╴╴╴╴╴╴╴╴╴╴╴╴╴╴╴╴╴╴╴╴╴╴╴╴╴╴╴

(2) 今世紀に入ると、日本はさまざまな問題に直面しています。次の図の問題について説明しましょう。　　　　　　　　　〈思考〉(11点)

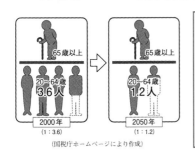

(国税庁ホームページにより作成)

社会ゲーム

日本の伝統的工芸品
でんとうてきこうげいひん

作業1　絵を見て、各地（かくち）の伝統的工芸品（でんとうてきこうげいひん）を書きましょう。

長い歴史をもつ手工業で、今後受けついでいくべきものとして国が認（みと）めたものだよ。

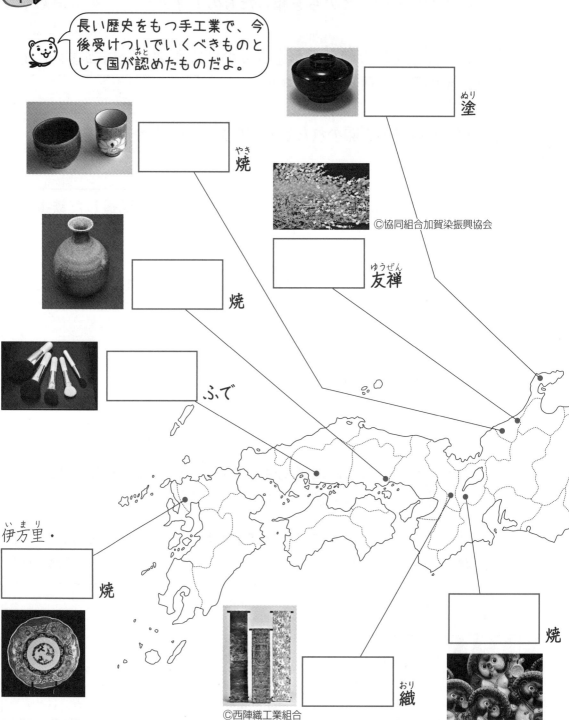

塗（ぬり）

焼（やき）

©協同組合加賀染振興協会

友禅（ゆうぜん）

焼

ふで

伊方里（いまり）・

焼

焼

織（おり）

©西陣織工業組合

©天童市経済部商工観光課

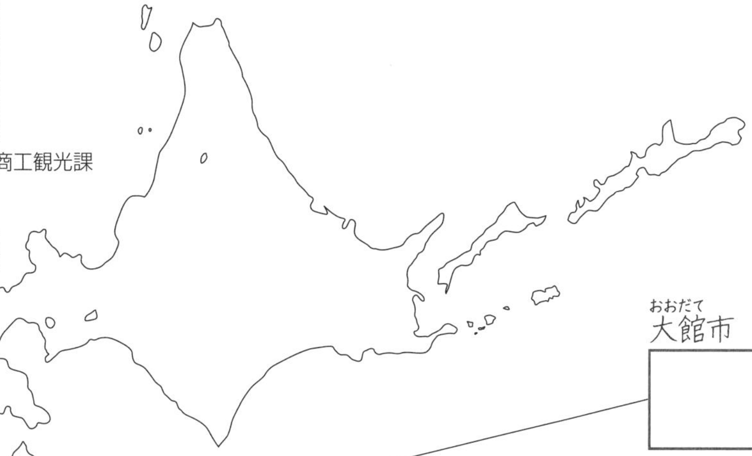

天童市

の駒

おおだて
大館市

©東北経済産業局

もりおか
盛岡市

なんぶ
南部

©東北経済産業局

おおさき
大崎市

みやぎ
宮城伝統

©東北経済産業局

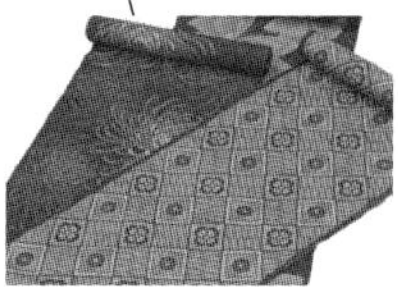

©本場奄美大島紬協同組合

塗

りゅうきゅう
(琉球王国)

©東北経済産業局

©琉球絣事業協同組合

がすり

199

社会習熟プリント　小学6年生

2020年5月30日　初版　第1刷発行
2023年10月10日　　　　第2刷発行

- -

編 集 者　馬場田　裕　康

著　　者　小　山　修治郎

イラスト　川　崎　悟　司

発 行 者　面　屋　　洋

企　　画　フォーラム・A

発 行 所　清風堂書店

　　　　　〒530-0057　大阪市北区曽根崎2-11-16

　　　　　TEL 06-6316-1460／FAX 06-6365-5607

　　　　　http://seifudo.co.jp

- -

制作編集担当　苗村佐和子

表紙デザイン　ウエナカデザイン事務所

印　刷　株式会社関西共同印刷所

製　本　株式会社高廣製本

※乱丁・落丁本は、お取り替えいたします。

社会習熟プリント 6年生 答え

① 次の図などを見てあとの問いに答えましょう。

(1) 次の（　）にあてはまる言葉を、□□□から選んで書きましょう。

　学校や公園は、（² 市 ）や町、村といった（² 地方公共団体 ）が実際は作りますが、きちんとした（³ 法律 ）にもとづいて作ります。そのたくさんの③の基本となるものが（⁴ 日本国憲法 ）です。

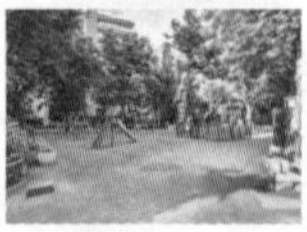

> 日本国憲法　　市　　法律　　地方公共団体

(2) 日本国憲法はいつ施行されましたか。□に数字を書きましょう。

　1947 年 5 月 3 日（憲法記念日）

(3) 日本国憲法の三つの原則を書きましょう。

憲法

| 国民主権 |
| 基本的人権の尊重 |
| 平和主義 |

※順不同

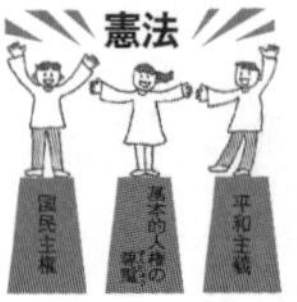

② 次の資料は、日本国憲法の前文の一部をまとめたものです。あとの問いに答えましょう。

> （略）国の政治は、国民から厳粛にゆだねられた行為であって、その権威は国民が本来持っているものである。政治の力は国民の代表者によって使われ、そこから得られる幸福と利益は国民が得るものである。これは人類全体の根本的なことであり、憲法はこの考えにもとづいて作られたのである。

8

---

(1) 左のページの資料は、日本国憲法の三原則のうちのどのことについて書かれていますか。　（　国民主権　）

(2) 次の図は、(1)の考えを表したものです。

① 図中の⑦〜⑨にあてはまる言葉を、□□□から選んで書きましょう。

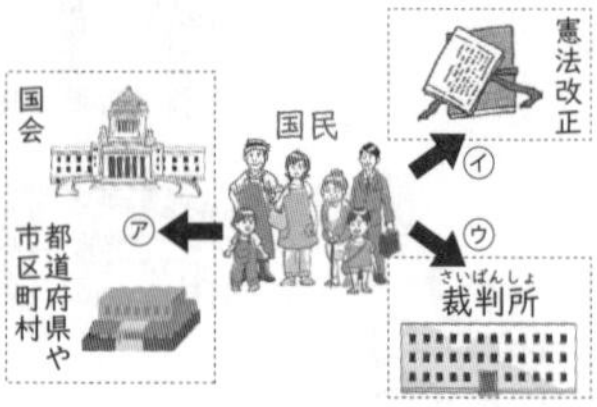

⑦	選挙
④	国民投票
⑨	国民審査

> 国民審査　選挙
> 国民投票

② 図中の⑦について、正しいものに○をつけましょう。

（　）20才以上の男子だけに権利がある。
（　）20才以上のすべての国民に権利がある。
（○）18才以上のすべての国民に権利がある。

(3) 日本国憲法では、天皇はどうなりましたか。（　）にあてはまる言葉を、□□□から選んで書きましょう。

　天皇は、日本の国や国民のまとまりの（¹ 象徴 ）の地位につき、国の（² 政治 ）については権限をもたず、（³ 憲法 ）で定められた（⁴ 国事行為 ）を行います。

> 国事行為　　憲法　　象徴　　政治

9

---

① 次の（　）にあてはまる言葉を、□□□から選んで書きましょう。

(1) 日本国憲法はすべての国民が生まれながらにして自由で（¹ 平等 ）であり、だれもが（² 幸福 ）に生活する（³ 権利 ）を持つとされています。それを（⁴ 基本的人権 ）といいます。

男女の平等　　信教の自由
学問の自由　　職業を選ぶ自由

> 平等　　権利　　基本的人権　　幸福

(2) 駅や公共施設など、だれもが不自由なく安全に利用できるようにするという（¹ バリアフリー ）の考え方にもとづいた整備が進められています。また、すべての人が使いやすいという（² ユニバーサルデザイン ）の考え方にもとづいた製品も多くつくられています。わたしたちは、（³ アイヌ ）の人たちや在日外国人、年齢、（⁴ 性別 ）、国籍、障害のある人たちなどに対する差別がない社会をつくる努力をしていくことが大切です。

> アイヌ　　性別　　ユニバーサルデザイン　　バリアフリー

(3) 日本国憲法では、3つの義務についても定めています。

① （　働く　）義務
② （　税金　）を納める義務
③ 子どもに（　教育　）を受けさせる義務

> 教育　　税金　　働く

10

---

② 次の文は日本国憲法の成立に合わせて作られた社会科教科書の一部です。

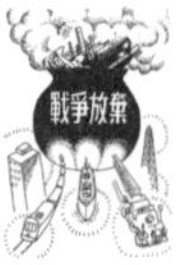

戦争放棄

(1) 次の（　）にあてはまる言葉を、□□□から選んで書きましょう。

> ① 国どうしのもめ事の解決手段として（　戦争　）は決してしないこと。
> ② そのための（　戦力　）は持たないこと。
> ③ 上の図は軍艦や武器をとかして（　社会　）の発展につながるものを生産しようとうったえています。

> 社会　　戦力　　戦争

(2) (1)は日本国憲法の三原則のどれにあたりますか。　（　平和主義　）

③ 右の写真について、（　）にあてはまる言葉を、□□□から選んで書きましょう。

©広島市

　1945年8月6日に原爆が投下され、14万人以上の犠牲者を出した（¹ 広島 ）の平和記念式典です。日本は世界でただ一つの被爆国として、核兵器を（² もたない ）、（³ つくらない ）、（⁴ もちこませない ）という非核三原則を世界にうったえています。　※②〜④順不同

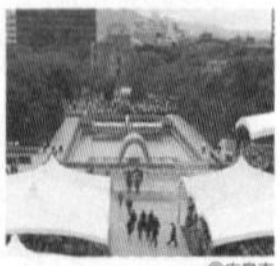

> もたない　　つくらない　　もちこませない　　広島

11

国会のはたらきと国民の祝日

1 次の問いに答えましょう。

(1) 次の（ ）にあてはまる言葉を、 から選んで書きましょう。

日本国憲法では（ 政治 ）のしくみについても定めています。右の建物は（ 国会議事堂 ）で、国会では国民の代表者が話し合い、多数決で決めます。国民の代表者は（ 選挙 ）によって選ばれ、（ 国会議員 ）と呼ばれています。

> 選挙　国会議員　国会議事堂　政治

(2) 次の表の（ ）にあてはまる言葉を、 から選んで書きましょう。

	国　会	
	（ 衆議院 ）	（ 参議院 ）
議員定数	465人	248人
任期	（ 4 ）年	（ 6 ）年
（ 解散 ）	ある	ない
立候補できる人	（ 25 ）才以上	（ 30 ）才以上

> 4　6　25　30　解散　参議院　衆議院

(3) 国会が決めることで正しいものに〇をつけましょう。

（〇）国のきまりである法律を作る。
（ ）次の天皇を決める。
（〇）国の予算（収入と支出）を決める。
（〇）外国との約束である条約を認める。

12

ポイント 国会のはたらきについて理解し、国民の祝日も法律に基づいてつくられていることを理解しましょう。

(4) 国会が衆議院と参議院の2つあるのはなぜでしょうか。次の（ ）にあてはまる言葉を、 から選んで書きましょう。

国会は（① 国 ）の政治の（② 方向 ）を決める重要な仕事をするところです。だから、衆議院と参議院という（③ 二院制 ）をとって、慎重に話し合って決めているからです。

> 二院制　方向　国

(5) 国会の主な仕事は法律をつくる（立てる）ことです。これを何といいますか。正しいものに〇をつけましょう。
（ ）行政　（ ）司法　（〇）立法

2 「国民の祝日」の日も法律で決められています。次の祝日の日にちを から選び、その説明を線で結びましょう。

① 憲法記念日　〔 5月3日 〕　　㋐ 子どもの人格を重んじ、子どもの幸福が実現されるようにする。
② 文化の日　〔 11月3日 〕　　㋑ 日本国憲法の施行を記念する。
③ こどもの日　〔 5月5日 〕　　㋒ 自由と平和を愛し、文化をよりよいものにする。（日本国憲法の公布日）
④ 勤労感謝の日　〔 11月23日 〕　　㋓ 働く人たちに感謝し、生産を祝う。

> 11月23日　5月5日　11月3日　5月3日

13

内閣と裁判所のはたらき

1 次の（ ）にあてはまる言葉を、 から選んで書きましょう。

(1) 内閣の主な仕事は（① 国会 ）で決められた法律をもとに政治を行うことです。これを（② 行政 ）といいます。

右の写真のように、各省庁（国の役所）のトップである（③ 国務大臣 ）が話し合って進めていきます。③の最高責任者が（④ 内閣総理大臣 ）で、首相とも呼ばれます。

> 行政　内閣総理大臣　国会　国務大臣

(2) 具体的に仕事を進めるのは各省庁です。鉄道や道路の計画をしたり、災害に強い国土をつくるのは（ 国土交通 ）省です。また、教育内容を決めたり、学校を作ったりするのは、（ 文部科学 ）省です。他に9省あります。

> 外務　文部科学　国土交通

2 内閣の仕事で関係するものを線で結びましょう。

予算案作成　　　　外国との約束事を条約として結ぶ。
条約を結ぶ　　　　新しい法律案をつくり、国会に提出する。
法律案作成　　　　次年度の国の予算を編成する。

3 右のグラフは国の予算の収入を表しています。収入の中心となっているものは何ですか。（ ）に〇をつけましょう。

収入の合計 約97.7兆円（2018年）一般会計
消費税 18.0%
その他の税金
法人税
所得税
その他の収入

（〇）税金　（ ）給料　（ ）寄付金

14

ポイント 内閣と裁判所のはたらきについて理解しましょう。

4 裁判所のはたらきについて、次の（ ）にあてはまる言葉を、 から選んで書きましょう。

(1) 裁判所の主な仕事は争いごとや犯罪がおきると、（① 憲法 ）や法律にもとづいて公正に解決します。これを（② 司法 ）といいます。また、（③ 国会 ）が決めた法律や、（④ 内閣 ）が行った政策について憲法にい反していないかの審査もします。

> 内閣　国会　憲法　司法

(2) 右の図のように2009年から始まった20才以上の人の中から選ばれた国民が、裁判に参加する制度を何といいますか。

裁判員　裁判官　裁判官
検察官　弁護人
被告人
（裁判員制度オンラインより作成）

（ 裁判員 ）制度

5 日本は、公正に裁判をするために裁判制度が右の図のようになっています。あとの問いに答えましょう。

㋐裁判所
高等裁判所
家庭裁判所　地方裁判所　簡易裁判所

(1) 裁判は判決に納得できなければ、上級の裁判所にうったえることができます。その順番を書きましょう。

地方裁判所 → 高等 裁判所 → ㋐ 最高 裁判所

(2) このしくみを何というでしょうか。漢数字を入れましょう。

三 審制

15

三権分立と税金のはたらき

[1] 次の図を見て、あとの問いに答えましょう。

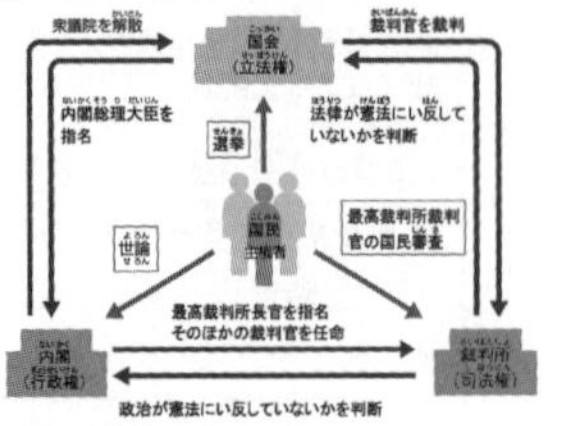

(1) 図を見て、（ ）にあてはまる言葉を書きましょう。

① 国会（ 立法 ）権 …（ 内閣総理大臣 ）を指名する。
裁判官を（ 裁判 ）できる。

② 内閣（ 行政 ）権 …（ 衆議院（国会） ）を解散できる。

③ 裁判所（ 司法 ）権 …法律が（ 憲法 ）にい反していないか。

④ 国　民 …（ 主権者 ）としてのかかわり。

㋐ 国会 ⇐（ 選挙 ）　㋑ 内閣 ⇐（ 世論 ）
㋒ 最高裁判所裁判官 ⇐（ 国民 ）審査

(2) 図のようになっているのはなぜですか。

国会・内閣・裁判所は、それぞれ国を動かす大きな（① 権力 ）をもっています。それらの力が（② 集中 ）しないように（③ 三権分立 ）にしているのです。そして、それを見守るのが（④ 国民 ）です。

国民　権力　三権分立　集中

月　日 [名前]

ポイント 三権分立の仕組みや、税金の使われ方について理解しましょう。

(3) 「三権分立」を守っていくために大切なことに○をつけましょう。

（ ○ ）選挙では必ず投票に行き、自分の考えを表明する。
（ ）内閣を信じて任せる。
（ ）裁判所、国会、内閣には世論で自分たちの願いを伝える。

[2] 次の問いに答えましょう。

(1) 町には税金でつくられたものが多くあります。関係する施設を線で結びましょう。

・身近な公共施設 ・ ・交番、信号機
・安全を守る施設 ・ ・市民病院、ごみ処理施設
・健康を守る施設 ・ ・小学校、公園、図書館

(2) 右のグラフは、広島市の収入の内訳です。収入の中で一番多いのは何ですか。○をつけましょう。

（ ）国や県から受ける援助
（ ○ ）住民や会社からの税金
（ ）民間からの寄付金

広島市の収入の内訳(2019)

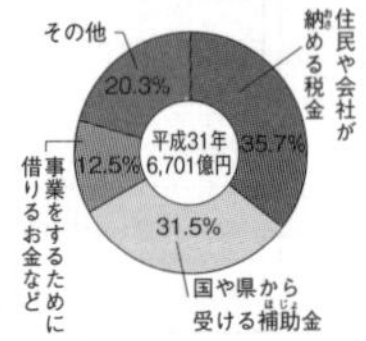

(3) グラフからわかることとして、（ ）にあてはまる言葉を、[ ]から選んで書きましょう。

市（区・町・村）の住民がよりよい暮らしにつながる政治（① 地方自治 ）を進めるためには、住民や会社が納める（② 税金 ）だけではなく、都道府県や国の（③ 補助金 ）が使われていることがわかります。

補助金　税金　地方自治

地方自治

[1] 次のグラフを見て、あとの問いに答えましょう。

グラフ① 生まれた子どもの数と、人口にしめる65才以上の高齢者の割合

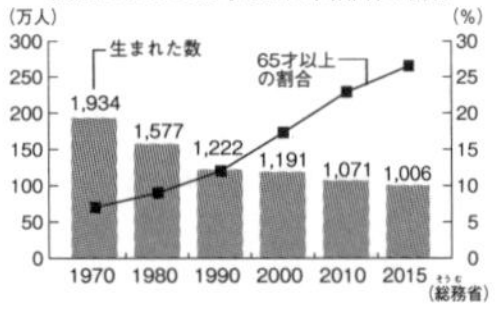

グラフ② 共働き世帯と専業主婦世帯の移り変わり

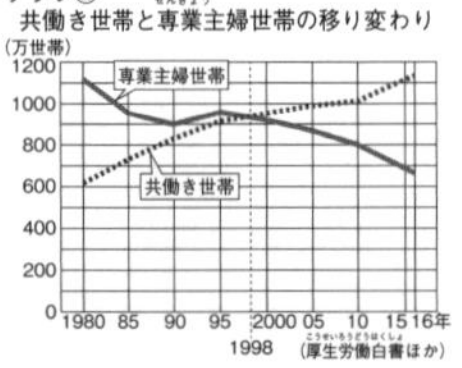

(1) グラフ①からわかることとして、（ ）にあてはまる言葉を、[ ]から選んで書きましょう。

・65才以上の割合は（① 増えている ）。
・生まれた子どもの数は（② 減っている ）。

増えている　減っている　変わらない

(2) グラフ②からわかることとして、（ ）にあてはまる言葉を書きましょう。

・（① 1998 ）年からは専業主婦世帯よりも（② 共働き ）世帯の方が多くなってきている。

(3) 次の（ ）にあてはまる言葉を、[ ]から選んで書きましょう。

（① 少子高れい化 ）社会をむかえている日本では、お年寄りや子育ての支援がじゅう実している、だれもが暮らしやすい社会をつくっていくことが（② 政治 ）のはたらきとして求められています。

政治　少子高れい化　多子高れい化

月　日 [名前]

ポイント 自分たちに身近な地方自治体（市区町村）の仕組みについて理解しましょう。

[2] 次の図を見て、あとの問いに答えましょう。

(1) 次の（ ）にあてはまる言葉を、[ ]から選んで書きましょう。

地域の（① 政治 ）を自分たちの手で行うことを地方自治といいます。この地方自治の最大の目的は（② 市民の願い ）を実現することにあります。

市民の願い　住民の仕事　政治

(2) 次の図は、市民の願いが実現するまでの流れを表しています。

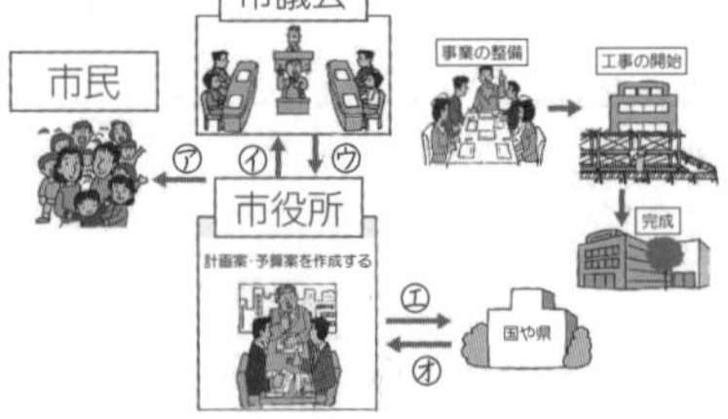

① 図の[ ]にあてはまる言葉を、[ ]から選んで書きましょう。

市議会　市役所　市民

② 次の仕事は、㋐～㋔のどこで行われていますか。記号で書きましょう。

① 補助・援助〔 ㋔ 〕　② 申請〔 ㋓ 〕
③ 賛成の議決〔 ㋒ 〕　④ 計画案・予算案の提出〔 ㋑ 〕
⑤ 市民の声を聞く会を開く〔 ㋐ 〕

自然災害からの復旧・復興

[ポイント] 自然災害が起きたときの仕組みについて理解しましょう。

月　日 [名前]

[1] 次の図を見て、大きな地震などの自然災害がおきたときに、市町村・都道府県・国がすることを書きましょう。

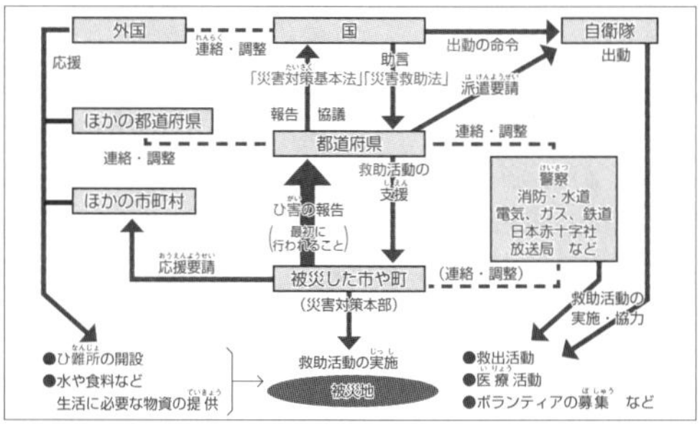

① [市町村]　災害対策本部の設置

- ㋐（　ひ難所　）の開設
- ㋑（　ひ害　）を確認し、都道府県に報告

② [都道府県]　災害対策本部の設置

- ㋐ ひ害に基づいて（　自衛隊　）に派遣要請
- ㋑ 市町村に（　救助　）活動の支援

③ [国]　（　災害対策　）基本法と災害救助法に基づき、緊急災害対策本部の設置

- ㋐ 都道府県と連絡し合って、自衛隊に（　出動　）の命令
- ㋑（　外国　）と連絡・調整

[2] 次の図を見て、復旧・復興に向けた取り組みについて書きましょう。

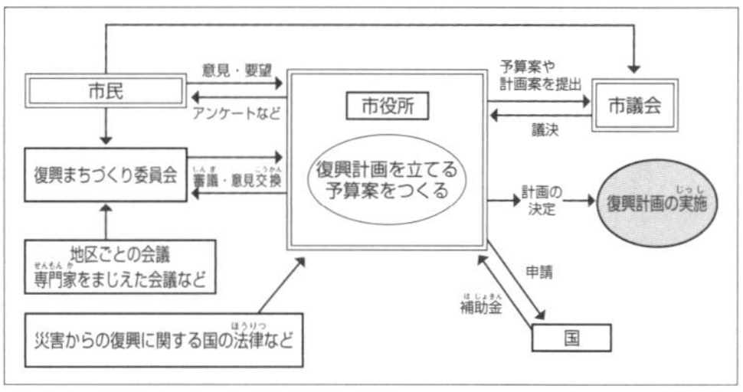

(1) 市役所が立てる「復興計画」には、だれの願いが生かされていますか。

（　市民　）

(2) 災害から命や暮らしを守るために、次の取り組みが必要です。（　）にあてはまる言葉を、[　]から選んで書きましょう。

- ① 国や都道府県、市町村が進める取り組み（　公助　）
- ② 地域の人々の助け合い（　共助　）
- ③ 自分や家族を守ること（　自助　）

[共助　自助　公助]

(3) (2)のために行われている右の写真の取り組みを、[　]の中から選びましょう。

（　防災訓練　）

[交通安全教室　運動会　防災訓練]

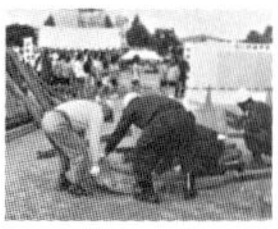

まとめテスト

私たちの生活と政治(1)

月　日 [名前]　　／100点

[1] 次の日本国憲法の前文を読んで、あとの問いに答えましょう。

> 日本国民は、わたしたちと子孫のために、世界の国々と親しく交わり、Ⓐ国内に自由のめぐみをみなぎらせることが、国民を幸福にするものであると信じる。そして、Ⓑ政府の行いによってこれから二度と戦争の起こることのないようにしようと決意するとともに、ここにⒸ国の政治のあり方を決める力は、わたしたち国民にあることを宣言して、この憲法をつくった。

(1) 文中のⒶ〜Ⓒの、日本国憲法の三原則を書きましょう。（6点×3）

Ⓐ	基本的人権の尊重
Ⓑ	平和主義
Ⓒ	国民主権

[国民主権　平和主義　基本的人権の尊重]

(2) 次のできごとは、文中のⒶ〜Ⓒのどれと関係がありますか。（　）に記号で書きましょう。（5点×5）

- （Ⓒ）18才以上のすべての国民に選挙権がある。
- （Ⓑ）自らの戦争体験を語り続ける。
- （Ⓐ）アイヌ民族は、日本に古くから住む先住民族である。
- （Ⓐ）障がいのある人もない人も、住みやすい社会をつくる。
- （Ⓑ）非核三原則をかかげる。

[2] 次の表を見て、あとの問いに答えましょう。

名前	A（　日本国　）憲法
施行日	1947年5月3日
㋐主権者	（　国民　）
天皇	日本国や国民の（　象徴　）
（義務）	納税・（　教育　）・勤労
軍隊	（　戦力　）をもたない

(1) （　）にあてはまる言葉を書いて、表を完成させましょう。（6点×6）

(2) Aの憲法がつくられるきっかけとなったのは、何ですか。（6点）

（　第二次世界　）大戦

(3) ㋐の意味を、次の（　）の言葉を使って書きましょう。（15点）

（国　政治　権力）

(例)
国の政治のあり方を決め、それを実行することのできる権力をもっている人のこと。

まとめテスト

私たちの生活と政治(2)

月　日　[名前]　　/100点

[1] 次の図を見て、あとの問いに答えましょう。

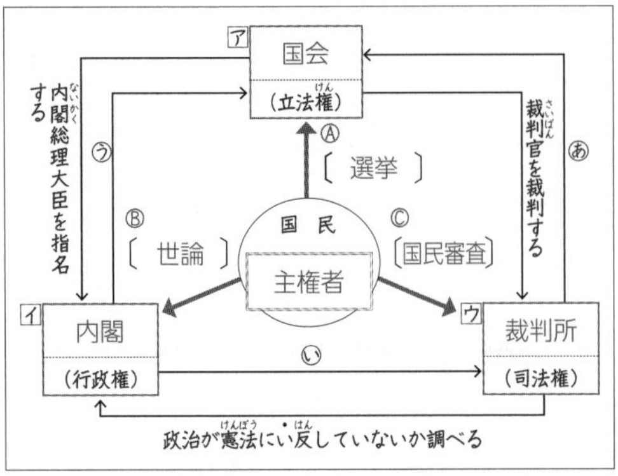

[ア] 国会
(立法権)
[イ] 内閣
(行政権)
[ウ] 裁判所
(司法権)
国民
主権者
Ⓐ〔 選挙 〕
Ⓑ〔 世論 〕
Ⓒ〔国民審査〕
内閣総理大臣を指名する
㋒
裁判官を裁判する
㋐
㋑
政治が憲法にい反していないか調べる

(1) 図中の[ア]～[ウ]とⒶ～Ⓒにあてはまる言葉を書きましょう。（5点×3）

内閣　裁判所　国会

(2) 次の仕事は、[ア]～[ウ]のどこで行われていますか。（ ）に記号を書きましょう。（3点×3）

([ア]) 国の予算を決め、法律をつくる。

([ウ]) 憲法や法律に基づいて争いごとなどを解決する。

([イ]) 法律や予算をもとに、実際に政治を進める。

(3) 図中の国民の[　]にあてはまる言葉を書いて、その役割をⒶ～Ⓒに書きましょう。（6点×4）

国民審査　主権者　選挙　世論

(4) 図の㋐～㋒の（ ）にあてはまる言葉を書きましょう。（5点×3）

㋐ 法律が(憲法)にい反していないかを審査する。

㋑ 最高裁判所長官を(指名)する。

㋒ 衆議院の(解散)を決める。

指名　解散　憲法

(5) 左の図のような仕組みを何といいますか。（6点）(三権分立)

(6) なぜ(5)のような仕組みにしているのでしょうか。次の（ ）の言葉を使って書きましょう。（権力・バランス）（10点）

(例)
国の政治権力を行政、立法・司法に分けて、権力が一つに集中しないようにバランスを保つため。

[2] 次の（ ）にあてはまる言葉を書きましょう。（7点×3）

(1) 2011年、宮城県沖で発生した地震によってもたらされた災害を何といいますか。(東日本大震災)

(2) (1)の発生後、日本各地から自分から進んで社会のために行動する(ボランティア)が集まりました。

(3) (1)によりひ害があった地域は、今でも復興のための町づくりが進められています。その中でもっとも大事にしなければならないのは何でしょうか。(住民（町民）)の願いを生かした町づくり

縄文時代

月　日　[名前]

ポイント　三内丸山遺跡から縄文時代の生活（住居・土器・石器の道具など）を理解しましょう。

[1] 次の図やグラフを見て、あとの問いに答えましょう。

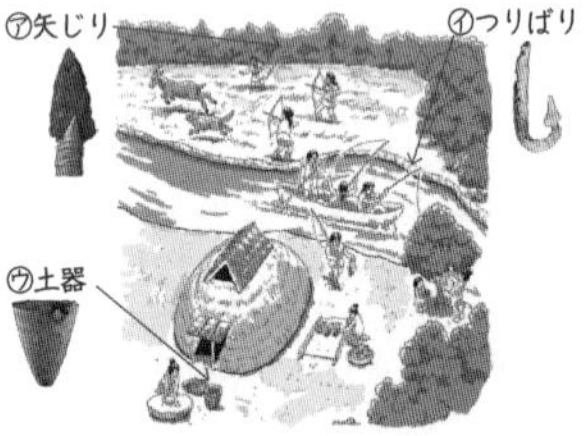

㋐矢じり
㋑つりばり
㋒土器

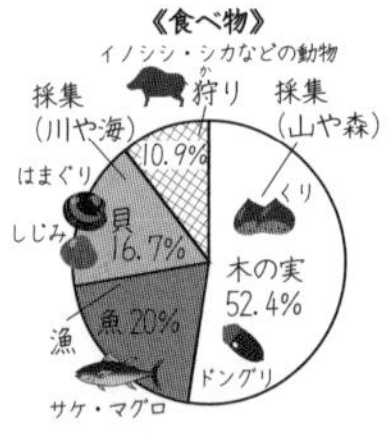

《食べ物》
イノシシ・シカなどの動物
狩り
採集(川や海)
採集(山や森)
10.9%
はまぐり
しじみ
貝 16.7%
くり
木の実 52.4%
魚 20%
漁
サケ・マグロ
ドングリ

(1) 次の（ ）にあてはまる言葉を、[　]から選んで書きましょう。

大昔の人々は、(① 動物)や魚をとったり、(② 木の実)などを採集したりして、(③ たて穴)住居に住んでいました。この時代を(④ 縄文)時代といいます。

縄文　動物　たて穴　木の実

(2) この時代の暮らしについて、表を完成させましょう。

	食料としたもの	使った道具
狩り	(① イノシシ)・(② シカ)	弓と、石でつくった ㋐(矢じり)
漁	(③ サケ)・(④ マグロ)	骨などでつくった ㋑(つりばり)
採集(木の実)	(⑤ くり)・(⑥ ドングリ)	㋒(土器)

※①②順不同、③④順不同、⑤⑥順不同

(3) この時代の人々は、はじめて土器をつくり出しました。次の（ ）にあてはまる言葉を、[　]から選んで書きましょう。

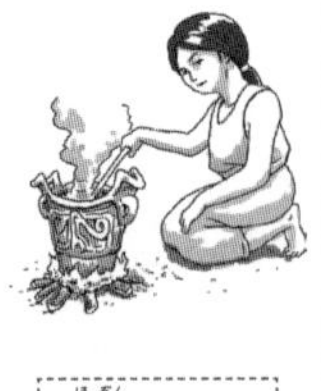

① 特ちょう　表面に縄目の模様がある。
② 名　前　(縄文)土器
③ 利　点　㋐ 食べ物を煮たきできる。
　　　　　㋑ 食べ物の(保存)。
④ 土器を使うことによるえいきょう
　㋐ 木の実が食べ物全体の約(半分)になった。
　㋑ 木の実がたくさんあるところに(定住)する。

保存　定住　縄文　半分

[2] 次の[A]と[B]の写真について、あとの問いに答えましょう。

① [A]の遺跡の名前　(三内丸山)遺跡

② 豊かなめぐみを願ってつくられた[B]のような人形を何といいますか。(土偶)

[A]

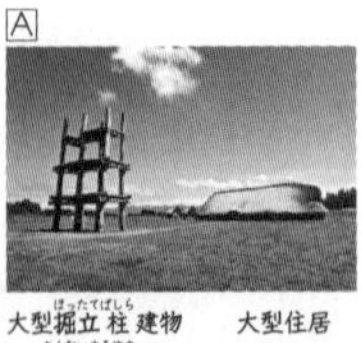

大型掘立柱建物　大型住居
[三内丸山遺跡　復元建物]

[B]

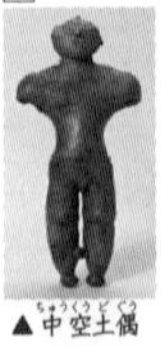

©函館市

▲中空土偶

弥生時代（前期）　米作りの始まり

[1]　次の図は「田植え前」と「稲かり」を表しています。あとの問いに答えましょう。

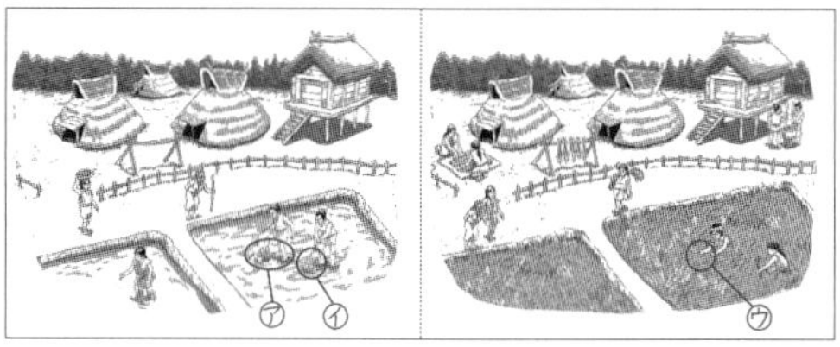

(1)　次の（　）にあてはまる言葉を、［　］から選んで書きましょう。

今から、2400年ほど前に、（① 中国 ）や朝鮮半島から（② 米づくり ）が伝えられ、それが北九州から（③ 東日本 ）まで広がりました。

［米づくり　東日本　中国］

(2)　図中の㋐～㋒に関係する農具の名前を［　］から、農具の形を下の①～③から選んで番号を書きましょう。

	名前	番号		名前	番号
㋐	田げた	①	㋑	くわ	②
㋒	石ぼうちょう	③			

［石ぼうちょう　田げた　くわ］

① 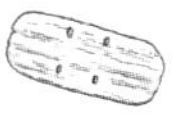
② 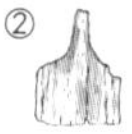
③ 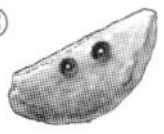

月　日 [名前]

ポイント　米づくりが始まったといわれる弥生時代。縄文時代とのちがいを土器・農具などから理解しましょう。

(3)　左の写真について、（　）にあてはまる言葉を、［　］から選んで書きましょう。

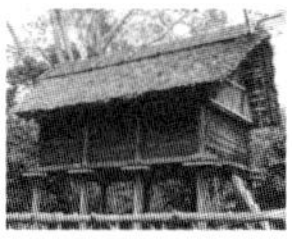

①　建物の名前　（ 高床倉庫 ）
②　何のための建物（ 米 ）の保存

［たて穴住居　米　高床倉庫］

(4)　人々の暮らしはどう変わっていきましたか。

①（ 水 ）の便のよい湿地に水田をつくった。
②　保存できるので、食料が（ 安定 ）して手に入る。
③　同じ場所に（ 定住 ）できる。
④（ むら ）ができる。
⑤（ 指導者 ）が現れる。［集団で農業をする］

［定住　指導者　安定　むら　水］

[2]　この時代の土器について、（　）にあてはまる言葉を、［　］から選んで書きましょう。（2回使う言葉もあります。）

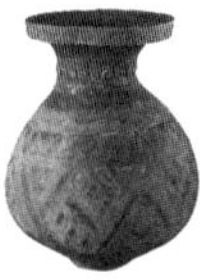

東京都の弥生町貝塚から発見された土器は、地名から（① 弥生 ）土器といわれ、この時代を（② 弥生 ）時代といいます。
この土器の特ちょうは、縄文土器よりも厚さが（③ うすい ）のに、かたいことです。

［うすい　弥生　縄文］

弥生時代（後期）　むらからくにへ

[1]　次の図は、弥生時代後半のある遺跡のようすを表したものです。あとの問いに答えましょう。

Ⓐ 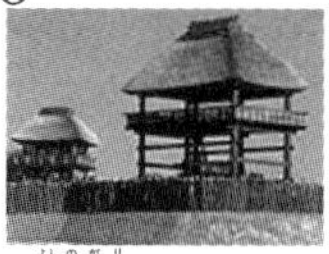
［吉野ヶ里遺跡　復元建物］

Ⓑ 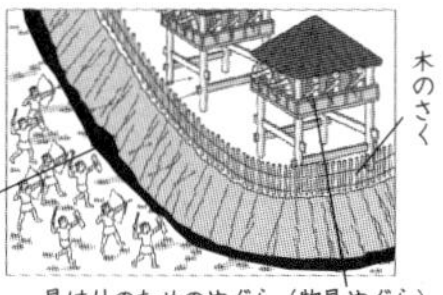

見はりのためのやぐら（物見やぐら）

(1)　佐賀県にあるⒶの写真の遺跡の名前を書きましょう。
（ 吉野ヶ里 ）遺跡

(2)　Ⓐの建物は、何ですか。　（物見やぐら）

(3)　Ⓑの図から、村の周りは、何で囲まれていますか。
（ ほり ）（ 木のさく ）
※順不同

(4)　次の（　）にあてはまる言葉を、［　］から選んで書きましょう。

①は（ 青銅 ）や（ 鉄 ）でつくられた剣で、ほかの村との争いのときに使われたものです。
②は、祭りのときなどに使われた（ 銅たく ）です。

※青銅、鉄　順不同

［銅たく　木　青銅　鉄］

① 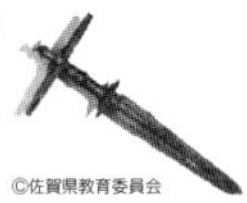
©佐賀県教育委員会

② 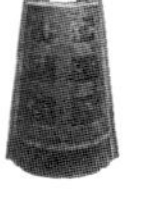

月　日 [名前]

ポイント　「むら」から「くに」が誕生します。その過程での渡来人の役割と、卑弥呼の存在を理解しましょう。

[2]　なぜ、[1]のような遺跡ができたのでしょうか。次の（　）や□にあてはまる言葉を、［　］から選んで書きましょう。

①（ 米づくり ）が広まる。（定住する）
②　むらができる。……［指導者］が現れる
③　むらの中で身分の差ができる。
④　むらどうしの争い。
〈さらに　強いむら〉
［豪族］
⑤（ くに ）ができる。［王］
（[1]の遺跡もこのうちの1つ）

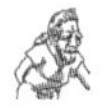

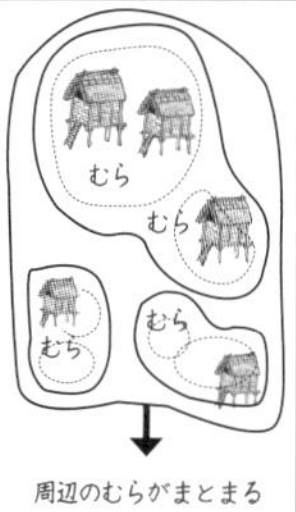

周辺のむらがまとまる

［豪族　米づくり　王　くに］

[3]　次の写真について、あとの問いに答えましょう。

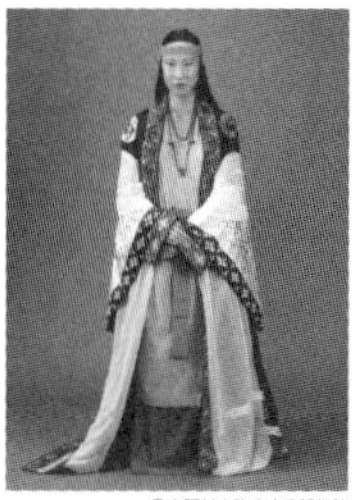
©大阪府立弥生文化博物館

①　この人物は、くにどうしの争いをおさめ、30ほどのくにを従えた女王です。人物とくにの名前を書きましょう
人物（ 卑弥呼 ）
くに（ 邪馬台国 ）

②　この人物は、何によってくにを治めていましたか。
（神のおつげ）

［神のおつげ　邪馬台国　卑弥呼］

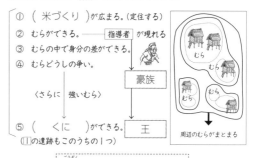

古墳時代［大和朝廷（大和政権）］

ポイント　大和朝廷が国を統一していく中で、権力の大きさを古墳で表していることを理解しましょう。

月　日　[名前]

[1]　次の写真は、2019年に世界遺産に登録された遺跡です。あとの問いに、[　]から選んで答えましょう。

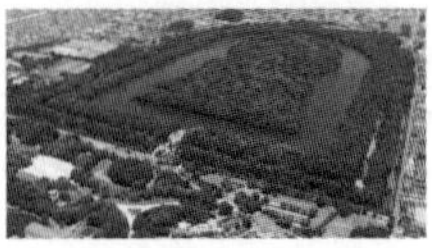

(1)　この遺跡の名前を書きましょう。
（　大仙　）古墳（仁徳天皇陵）

(2)　古墳は、だれの墓ですか。
豪族や（　王　）の墓

(3)　この古墳の形を何といいますか。
（　前方後円　）墳

(4)　これらが多数つくられたのは何時代ですか。
（　古墳　）時代

王　古墳　前方後円　大仙

[2]　次の地図を参考に、あとの問いに答えましょう。

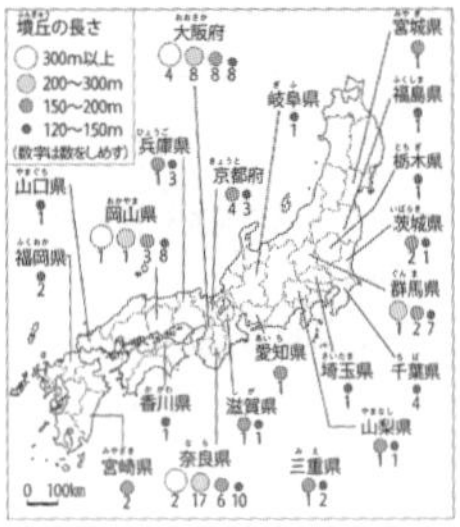

前方後円墳分布図

(1)　どの都道府県に多いですか。
（①大阪府）（②奈良県）
※①②順不同

(2)　(1)の地域で力の強いくにが集まってできた政府を、何といいますか。
（大和朝廷（大和政権））

(3)　(2)の中心の王は、何とよばれていましたか。
（　大王　）

大王　豪族　大和朝廷（大和政権）

(4)　次の写真は、(3)の名前が入った剣です。このことからわかることを、[　]から選んで書きましょう。

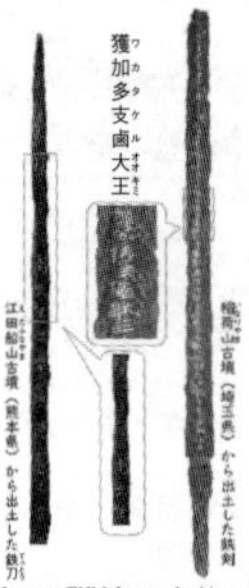
所有：文化庁
©埼玉県立さきたま史跡の博物館
Image：TNM Image Archives

同じ名前が入った剣が（①熊本）県と（②埼玉）県で見つかったことから（③九州）地方から、（④関東）地方にいたる地域やくには、(2)の政府によって（⑤統一）されていたことがわかります。

九州　統一　熊本　関東　埼玉
※①②順不同、③④順不同

[3]　次の写真は、古墳時代の初めごろ、中国や朝鮮半島から日本に渡ってきた人たちが伝えたものを表しています。[　]から選んで答えましょう。

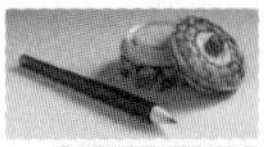
©大阪府立近つ飛鳥博物館

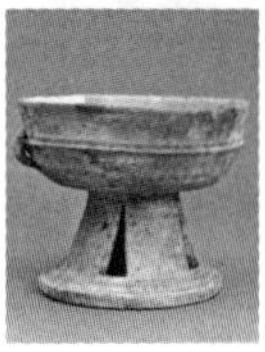

(1)　この人たちのことを何といいますか。
（　渡来人　）

(2)　(1)の人たちが伝えたものを書きましょう。
①　技術（　織物　）（　土木　）（　焼き物　）
※①順不同
②　文化（　漢字　）（　仏教　）
※②順不同

織物　漢字　土木　渡来人　仏教　焼き物

まとめテスト　縄文・弥生・古墳時代(1)

月　日　[名前]　／100点

[1]　次の絵を見て、あとの問いに、[　]から選んで答えましょう。
（2回使う言葉もあります。）（6点×10）

[A]
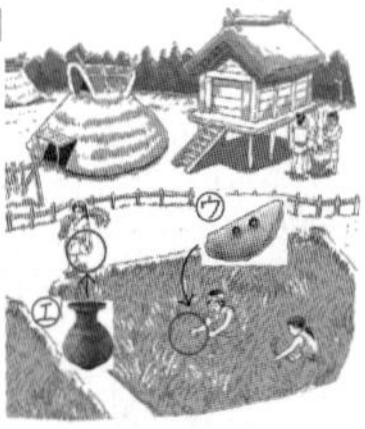
（　弥生　）時代

[B]
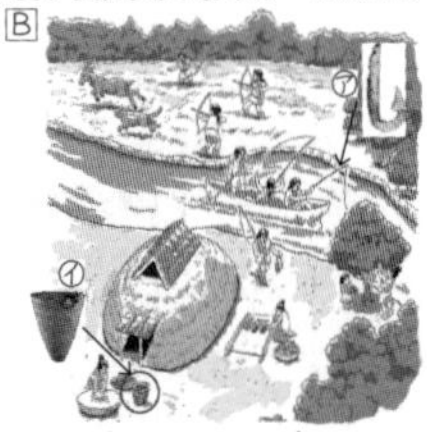
（　縄文　）時代

(1)　[A]と[B]の時代の名前を（　）に書きましょう。

(2)　[A]と[B]の時代で大きく変わった食べ物は何ですか。（　米　）

(3)　[A]と[B]の建物をくらべて、どちらにもあるものと、[A]にしかないものを書きましょう。
①　どちらにもある建物　（　たて穴　）住居
②　[A]にしかない建物　（　高床　）倉庫

(4)　(3)・②は、何のために使っていましたか。
（　米の保存　）のために使っていた。

(5)　絵の中の㋐～㋓の名前を書きましょう。

㋐	つりばり	㋑	縄文　土器
㋒	石ぼうちょう	㋓	弥生　土器

縄文　弥生　米　石ぼうちょう　高床　つりばり　たて穴　米の保存

[2]　次の図を見て、あとの問いに[　]から選んで答えましょう。（5点×4）

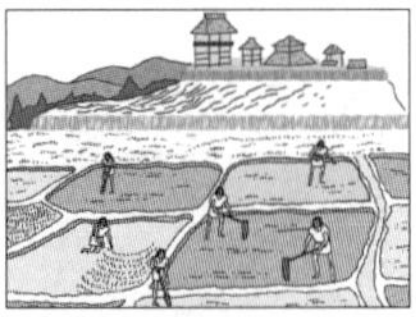
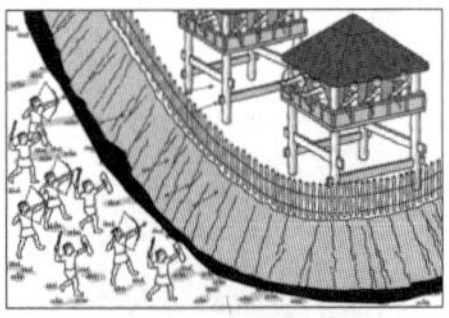

(1)　米づくりによって、変わったことを（　）に書きましょう。
①　食料を（　安定　）して手に入れることができた。
②　同じ場所に（　定住　）することができた。
③　人口が多くなる。食料のため（　水田　）を広くする。
④　自分たちの住んでいる（　むら　）を守る。

定住　水田　むら　安定

(2)　次の図を見て、（　）にあてはまる言葉を書きましょう。（5点×4）

①
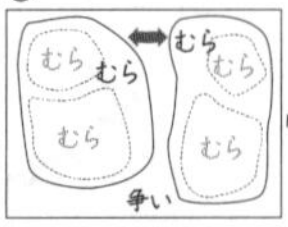

②
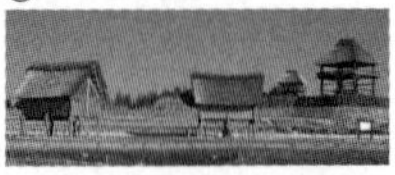
（　吉野ヶ里　）遺跡

むらの（指導者）→（　豪族　）→くにの（　王　）→大王

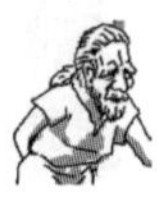

指導者　王　吉野ヶ里　豪族

まとめテスト

縄文・弥生・古墳時代(2)

1 次の①～③の写真を見て、あとの問いに答えましょう。

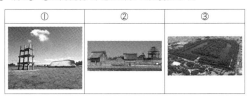

①	②	③
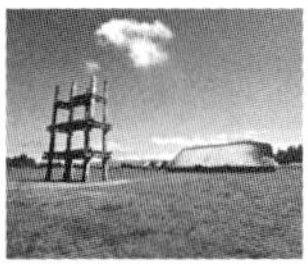	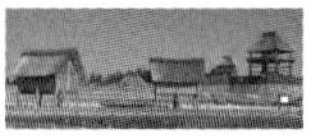	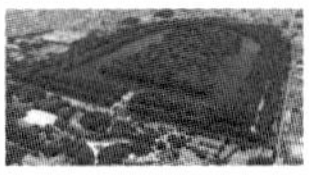

(1) 次の表の、( )にあてはまる言葉を、[　　]から選んで書きましょう。
（2回使う言葉もあります。）（4点×12）

	①	②	③
時代	(縄文)時代	(弥生)時代	(古墳)時代
遺跡	(三内丸山)遺跡	(吉野ヶ里)遺跡	(大仙(仁徳陵))古墳
くらし	(縄文)土器 狩り・漁と(採集)	(弥生)土器 (米づくり)が始まる	(大王)が政権の中心になる ㋐(渡来人)が文化や技術を伝える

古墳　弥生　縄文　三内丸山　吉野ヶ里
大仙(仁徳陵)　渡来人　採集　大王　米づくり

月　　日 名前　　/100点

(2) 次の地図から、①～③の遺跡のある場所をａ～ｃから、それぞれの時代につくられたものを㋐～㋒から選んで、記号で書きましょう。（3点×6）

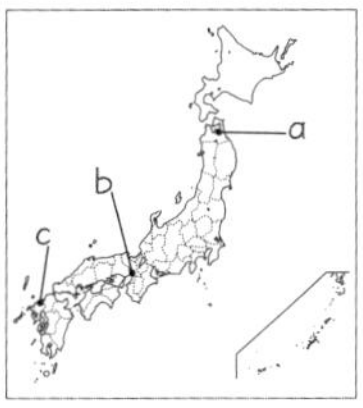

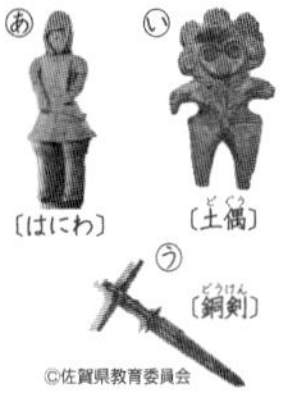

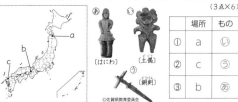

	場所	もの
①	a	い
②	c	う
③	b	あ

(3) 左ページの下線㋐が伝えたものに○をつけましょう。（完答10点）
ア(○)古墳づくりなどの土木技術　イ(　)キリスト教
ウ(○)漢字　エ(　)ガラスの器　オ(○)仏教

(4) 次の写真は、①～③のどの時代ですか。( )に番号を書きましょう。（4点×6）

ア (②)
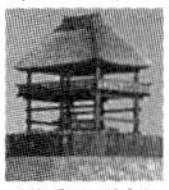
(物見やぐら)

イ (③)
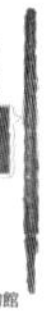
(ワカタケル大王)
©埼玉県立さきたま史跡の博物館

ウ (①)
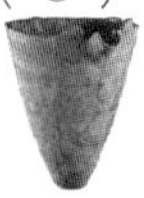

エ (①)
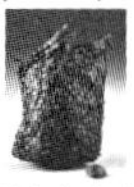
(木の皮をあんでつくった入れ物)
©青森県教育庁文化財保護課所蔵

オ (②)
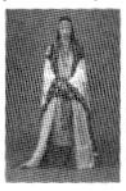
(卑弥呼)
©大阪府立弥生文化博物館

カ (③)
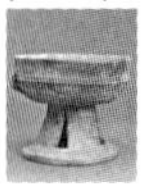
(朝鮮半島から伝わった焼き物)

飛鳥時代　天皇中心の国家をめざして

1 聖徳太子の政治について答えましょう。

(1) 次の( )にあてはまる言葉を、[　　]から選んで書きましょう。

一、和を大切にし、争いをやめよ
二、仏教をあつくうやまえ
三、天皇の命令に従え

聖徳太子は、豪族の(① 蘇我氏)と協力して(② 天皇)中心の国づくりをめざし、さまざまな改革を行いました。その一つが、上の資料の(③ 十七条の憲法)です。また、仏教の教えを広めるために、(④ 法隆寺)を建てました。

十七条の憲法　蘇我氏　天皇　法隆寺

(2) 改革の二つ目として、役人の位を右の図のように12段階に冠の色で区別し、家がらではなく能力に応じて決めた制度を何といいますか。
(冠位十二階)

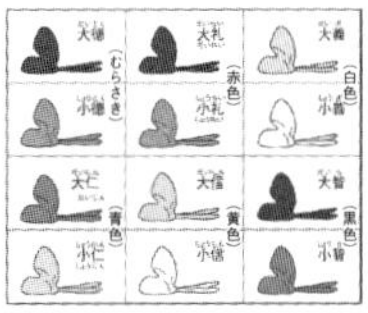

(3) 中国の進んだ政治のしくみや、仏教などの文化を取り入れようと、小野妹子らを中国に派遣しました。その使節の名と、中国王朝の名を地図を参考に答えましょう。
使節(遣隋使)
王朝(隋)

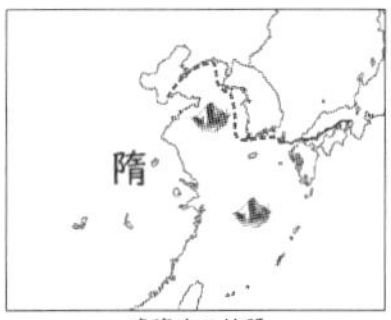

遣隋使の航路

遣隋使　冠位十二階　隋

月　　日 名前

ポイント　聖徳太子のしたこと（冠位十二階と十七条の憲法）と、大化の改新について理解しましょう。

2 次の( )にあてはまる言葉を、[　　]から選んで書きましょう。

聖徳太子の死後、蘇我氏が力を強め、天皇をしのぐほどになりました。そこで、(① 中大兄皇子)と(② 中臣鎌足)が、645年に蘇我氏をほろぼし、天皇中心の政治を進めました。この改革を(③ 大化の改新)といいます。③は中国の(④ 唐)の国の制度を手本にしました。土地や人々を国のものにする仕組みができあがりました。

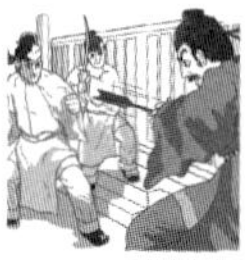

※①②順不同

大化の改新　唐　中大兄皇子　中臣鎌足

3 新しい税の制度について、あてはまるものを線で結びましょう。

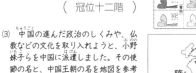

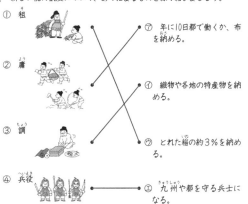

① 租
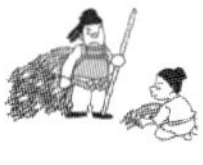

② 庸
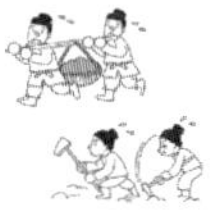

③ 調
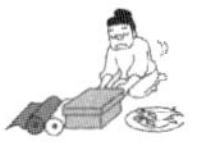

④ 兵役
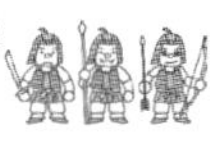

㋐ 年に10日都で働くか、布を納める。
㋑ 織物や各地の特産物を納める。
㋒ とれた稲の約3％を納める。
㋓ 九州や都を守る兵士になる。

奈良時代　文化の花開く時代

月　　日 [名前]

[ポイント] 天皇中心の政治にするために、聖武天皇がしたことを理解しましょう。

[1]　右の写真は奈良時代の都の建物を再建したものです。次の（　）にあてはまる言葉を[　　]から選んで書きましょう。（2回使う言葉もあります。）

710年に飛鳥の藤原京から（① 奈良 ）に都が移されました。この都を（② 平城京 ）といい、中国の（③ 唐 ）の都長安をモデルにして造られました。約80年続いたこの時代を（④ 奈良 ）時代といいます。

平城京　唐　奈良

[2]　次の写真を見て、あとの問いに答えましょう。答えは[　　]から選んで書きましょう。

(1)　この写真は何という寺の何ですか。（ 東大寺 ）の（ 大仏 ）

(2)　この像を建立（つくる）しようとしたのはだれですか。（ 聖武天皇 ）

(3)　この像の完成に協力した僧はだれですか。（ 行基 ）

(4)　(2)の人物が全国に建てさせた寺は何ですか。（ 国分寺 ）

東大寺　大仏　行基　聖武天皇　国分寺

[3]　奈良時代には2人の高僧（えらいお坊様）がいました。それぞれの名前を書き、その業績（したこと）を[　　]から選んで記号で書きましょう。

①

②

（唐の高僧）

	名前	業績
①	行基	㋑
②	鑑真	㋐

名前　行基　鑑真
業績　㋐ 6度目にやっと日本への渡航に成功し、正しい仏教を伝えた。
　　　㋑ 国民にしたわれ、聖武天皇の大仏づくりの力となった。

[4]　この時代は遣唐使などを通じて、東アジアだけでなく、遠くインドやペルシャなどからも文化が伝わりました。次の文で正しいものに○をつけましょう。

（○）楽器の琵琶やガラスの杯などが伝えられた。
（　）漢字や布の織り方の技術が伝えられた。
（○）伝えられた品々は東大寺の正倉院におさめられている。
（　）文化は農民たちにも広がっていった。
（○）シルクロードを通って、遠くの国の文化が伝えられた。
（○）大陸との交流によって、中国風の文化がさかんになった。

まとめテスト

飛鳥・奈良時代(1)

月　　日 [名前]　　/100点

[1]　次の年表を見て、あとの問いに答えましょう。

飛鳥時代	奈良時代
Ⓐが摂政となる ・（㋐）を定める ・（㋑）を定める Ⓑと中臣鎌足が協力 蘇我氏をたおす （㋒）をすすめる	天皇中心の政治 奈良に都を移す〔平城京〕 Ⓒ天皇が位につく （㋓）寺を建てる

(1)　Ⓐ〜Ⓒに入る人物を書きましょう。（6点×3）

Ⓐ	聖徳太子	Ⓑ	中大兄皇子	Ⓒ	聖武

(2)　Ⓐ〜Ⓒの人物は、どのような政治を行いましたか。㋐〜㋓の（　）にあてはまる言葉を書きましょう。（6点×4）

Ⓐ…㋐　家がらではなくて、能力で位を決める→（ 冠位十二階 ）
　　㋑　役人の心構え→（十七条の憲法）
Ⓑ…㋒　豪族に代わって天皇中心の政治を行う→（ 大化の改新 ）
Ⓒ…㋓　仏教の力で、世の中をしずめる→（東大（国分））寺

(3)　Ⓑの政治について、（　）にあてはまる言葉を書きましょう。（①6点、②〜⑤4点×4）

すべての人民や（① 土地 ）は、国のもの
↓
税を国に納める

租	田からとれる稲を納める
庸	都で働くか、布を納める
調	各地の産物を納める
兵役	都や九州の警備

（② 庸 ）

（③ 租 ）

（④ 兵役 ）

（⑤ 調 ）

(4)　仏教に関係する建物や人物の名前を書きましょう。（6点×4）

（ 法隆寺 ）

（ 東大寺 ）

〔大仏づくりに協力〕
（ 行基 ）

〔唐招提寺を建てる〕
（ 鑑真 ）

(5)　Ⓒは、大陸（中国）から政治の仕組みや進んだ文化を取り入れたことについて答えましょう。（6点×2）

①　中国に派遣した使節を、何といいますか。（ 遣唐使 ）

②　①が持ち帰った宝物は、どこにおさめられていますか。（ 正倉院 ）

まとめテスト 飛鳥・奈良時代(2)

□1 次の建物を見て、あとの問いに答えましょう。

A

B

(1) AとBの建物の時代と名前、建てた人の名前を書きましょう。(5点×6)

	時代	建物	人物
A	飛鳥	法隆寺	聖徳太子
B	奈良	東大寺	聖武天皇

奈良　飛鳥　東大寺　法隆寺　聖武天皇　聖徳太子

(2) AとBの人物は、何の力で、だれを中心の政治にしようとしましたか。(5点×2)

(仏教)の力で、(天皇)中心の政治

(3) AとBの人物は、中国の政治や文化を取り入れようとしました。関係するものを線で結びましょう。(完答10点)

A・　・㋐ 遣唐使・　・㋐ 正倉院

B・　・㋑ 遣隋使・　・㋑ 小野妹子

(4) 中国の都をもとにBの時代につくられた都を何といいますか。(5点)

(平城京)

月　日 [名前]　/100点

□2 奈良時代は外国との交流が盛んになり、多くの文物が日本に入ってきました。下の写真を参考に、あとの問いに答えましょう。(5点×5)

瑠璃杯　琵琶
Image : TNM Image Archives

(1) 左の写真の文物のように、西アジアからのものもありました。これらを伝えた使節を何というか書きましょう。

(遣唐使)

(2) これらのものは何という道を通って平城京にやってきましたか。

(シルクロード)

(3) これらのものは、何という寺の、何という建物にありますか。

(東大寺)の(正倉院)

(4) 中国からすぐれた高僧も招かれました。日本への渡航を何度も失敗し、目が見えなくなっても渡ってきた僧はだれですか。

(鑑真)

□3 次の文で、飛鳥時代のことはAを、奈良時代のことはBを書きましょう。(4点×5)

(A) 律令(法律)がつくられて、国を治めるしくみが整えられた。

(B) 都に病気が流行し、地方では反乱や災害がおきていた。

(A) 蘇我氏をほろぼし、天皇中心の政治が始まった。

(B) 日本最古の歌集である「万葉集」がつくられた。

(A) 家がらでなく、能力がある豪族は、役人になれた。

平安時代(1) 貴族の暮らし

□1 次の図を見て、あとの問いに答えましょう。

(1) ( )にあてはまる言葉を[ ]から選んで書きましょう。

Ⓐ

794年、都が奈良の(① 平城京)から、京都の(② 平安京)に移されました。これからおよそ400年にわたって(③ 平安)時代が続きます。この時代では、天皇に代わって(④ 貴族)が政治を進めるようになり、中でも(⑤ 藤原)氏が大きな力をふるいました。

Ⓑ 宮中での女性の正装

藤原　平安京　平安
貴族　平城京

Ⓒ

(2) Ⓐのような、貴族のやしきのつくりを何といいますか。

(寝殿)造

(3) Ⓑの女性の着物は何と呼ばれていますか。(十二単)

(4) Ⓒの図は何をしているようすですか。(けまり)

(5) 右のような、貴族の生活や風景などをえがいた絵を何といいますか。(大和絵)

源氏物語絵巻

©国立国会図書館

十二単　けまり　寝殿　大和絵

月　日 [名前]

ポイント 藤原道長を代表とする貴族の暮らし(寝殿造)を理解しましょう。

□2 右の絵の人物について、次の問いに答えましょう。

この世をば　わが世とぞ思う　望月の　かけたることも　なしと思えば

(1) この人物がよんだとされる和歌があります。この歌の意味について、( )にあてはまる言葉を、[ ]から選んで書きましょう。

この世(世界)は(① わたし)のためにあると思う。(② 満月)がどこも欠けていないように、わたしにできないことは何もない。

天皇　わたし　満月　地球

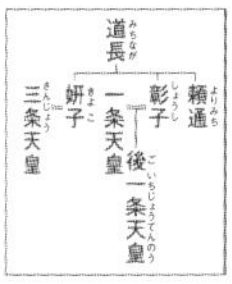

(2) この人物の時、藤原氏が最も栄えました。この人物はだれでしょう。右の図から選びましょう。

藤原(道長)

(3) この人物が力を持った理由で、正しいものに○をつけましょう。

( ) 強い軍隊で朝廷を支配したから。

( ) 神のおつげを人々に伝えたから。

(○) むすめを次々に天皇のきさき(＝妻)としたから。

(4) 貴族の暮らしについて、正しいものに○をつけましょう。

(○) 貴族の主な仕事は、式や年中行事を行うことだった。

(○) 貴族の暮らしから、和歌など日本風の文化が発達した。

( ) 農民と共に田畑を耕し、食料を生産した。

( ) 中国との貿易で、ばく大な利益をあげた。

平安時代(2)　日本風の文化と武士の台頭

月　日 [名前]

[ポイント] かな文字の発明による文学の誕生と、平氏と源氏という武士による政治が始まったことを理解しましょう。

[1] 次の（　）にあてはまる言葉を、[　　]から選んで書きましょう。

阿伊宇江於	アイウエオ	以呂波仁保	いろはにほ

(1) 平安時代は朝廷や（①貴族）の生活をもとに美しくはなやかな文化が生まれました。奈良時代の（②中国）風の文化ではなく、（③日本）風の文化でした。このような文化を（④国風）文化といいます。その代表として男性が主に使った漢字に対して、女性には漢字をくずしてつくられた（⑤ひらがな）や漢字の一部をとってつくられた（⑥カタカナ）が広まり、優れた女流文学作品が誕生し、多くの和歌も女性によってうたわれました。

日本　中国　貴族　カタカナ　ひらがな　国風

(2) 優れた女流文学の代表作の内容にあてはまる、作品名と作者を[　　]から選んで表の中に書きましょう。

作品名…『枕草子』『源氏物語』
作　者…『紫式部』『清少納言』

内　容…㋐ 宮廷(貴族)の生活や自然の変化を生き生きとえがいた。
　　　　㋑ 貴族の暮らしや心の動きを細かくえがいた。

内容	作品名	作者
㋐	（　枕草子　）	（　清少納言　）
㋑	（　源氏物語　）	（　紫式部　）

[2] 次の図を見て、あとの問いに答えましょう。

(1) 右の図は平安時代後期に勢力をのばしてきた身分の人たちの館です。それはどのような人たちでしょう。正しいものに○をつけましょう。

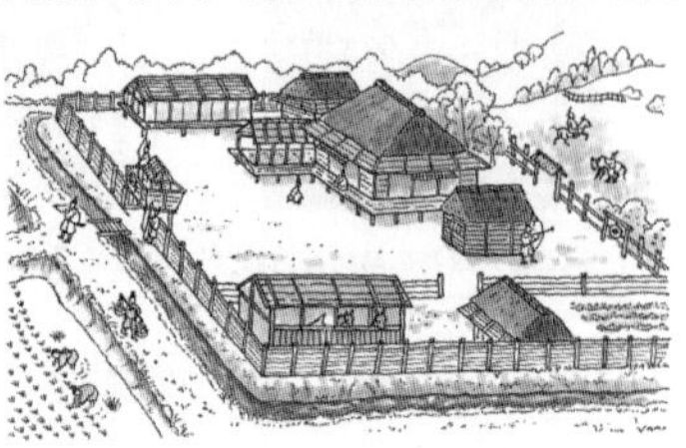

（　）朝廷
（○）武士
（　）貴族

(2) (1)には２つの大きな勢力がありました。その名前を書きましょう。

（　平氏　）と（　源氏　）
※順不同

(3) 次の（　）にあてはまる言葉を、[　　]から選んで書きましょう。

平治の乱で（①平氏）が源氏を圧倒しました。さらに①の中心であった（②平清盛）が太政大臣の位につき、貴族をもおさえ政治を行いました。しかし、政治に対する不満を受けて、（③源頼朝）が立ち上がり、東国の武士たちもそれに続きました。やがて、1185年に壇ノ浦の戦いで、（④源義経）らの活やくにより平氏がほろぼされました。

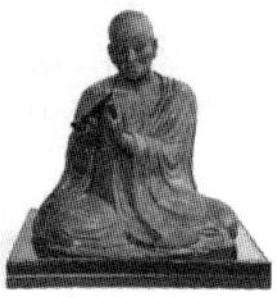

©六波羅蜜寺

源頼朝　源義経　平清盛　平氏

まとめテスト

平安時代(1)

月　日 [名前]　　/100点

[1] 次の年表を見て、あとの問いに答えましょう。（5点×12）

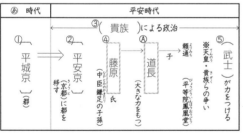

㋐ 時代	平安時代

- ③（貴族）による政治
- ①（平城京）（都）⇒ ②（平安京）（京都に都を移す）
- ④（藤原）氏（中臣鎌足の子孫）→ Ⓐ（道長）（大きな力をもつ）→ 子 頼通（平等院鳳凰堂）
- ※天皇・貴族らの争い
- ⑤（武士）が力をつける

(1) ㋐は、何時代ですか。　（　奈良　）時代

(2) 年表中の①～⑤とⒶに入る言葉を[　　]から選んで、年表を完成させましょう。

藤原　道長　平安京　平城京　武士　貴族

(3) Ⓐは、なぜ『この世をば　わが世とぞ思う　望月の　かけたることも　なしと思えば』と歌うことができたのでしょうか。（　）にあてはまる言葉を書きましょう。（2回使う言葉もあります。）

Ⓐのむすめを（①天皇）のきさきにして、生まれた子が（②天皇）になると、天皇の（③祖父）としてのつながりができたので、大きな力をもてるようになりました。だから、この世は、（④自分）のもので、「もち月」（⑤満月）のように何も欠けているところがない、と歌ったのです。

満月　天皇　自分　祖父

[2] 次の２つのやしきを比べましょう。（4点×10）

㋐

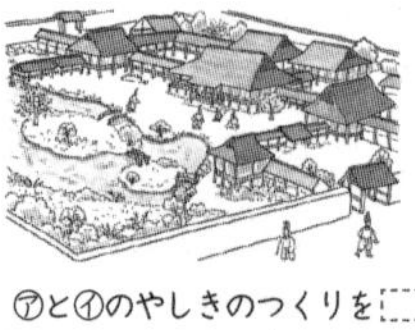

㋑

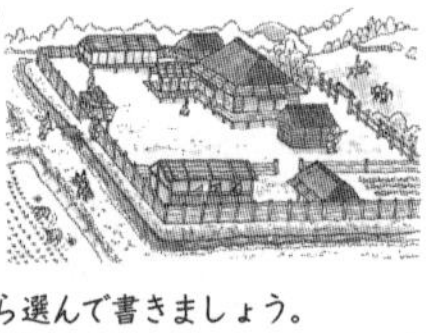

(1) ㋐と㋑のやしきのつくりを[　　]から選んで書きましょう。

㋐（　寝殿造　）　㋑（　武士の館　）

武士の館　書院造　寝殿造

(2) 次の文は、Ⓐ貴族、Ⓑ武士のどちらに関係するものですか。（　）に記号を書きましょう。

（Ⓐ）年中行事などの儀式を行った。
（Ⓑ）天皇や貴族の争いを治めて、力をつけた。
（Ⓑ）自分の領地を守るために戦った。
（Ⓐ）和歌やけまりなどを楽しんだ。

(3) この時代の終わりごろについて、（　）にあてはまる言葉を、[　　]から選んで書きましょう。

むすめを天皇のきさきとして力をつけた（①平清盛）に対して、不満を持つ武士たちを味方につけた（②源頼朝）が、立ち上がりました。東国の武士たちも続き、最後は、（③源義経）らによって「壇ノ浦の戦い」で（④平氏）は、ほろびました。

源義経　平清盛　源頼朝　平氏

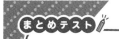

まとめテスト

平安時代(2)

[1] 奈良時代と平安時代の文化を比べて、（　）にあてはまる言葉を[　]から選んで書きましょう。
（〔　〕5点×2、（　）9点×3）

A　建物

㋐
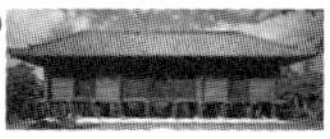
㋑
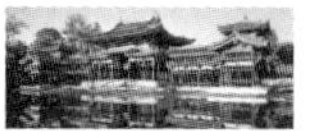

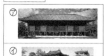

(1) 平安時代に建てられた平等院鳳凰堂は、㋐と㋑のどちらですか。
〔　㋑　〕

B　美術

㋐
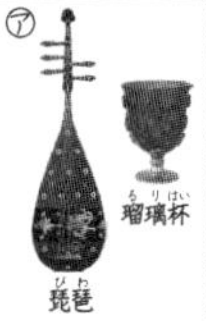

瑠璃杯
琵琶

Image：TNM Image Archives

㋑
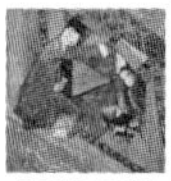
©国立国会図書館

(2) ㋐は、何を通って日本に伝えられましたか。
（ シルクロード ）

(3) ㋑の絵を何といいますか。
（　大和絵　）

C　服装

㋐
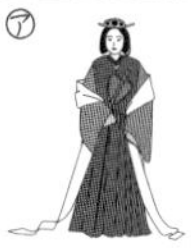
㋑
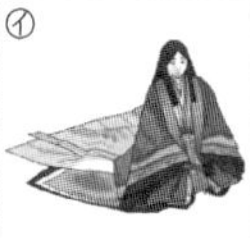

(4) 平安時代の女性の服装は、㋐と㋑のどちらで、それを何といいますか。
〔　㋑　〕（　十二単　）

[大和絵　シルクロード　十二単]

月　日 [名前]　　/100点

[2] 平安時代につくられた文学作品と文字について、[　]から選んで書きましょう。
（9点×4）

文学作品

㋐
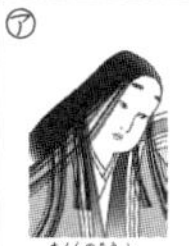
「枕草子」

㋑
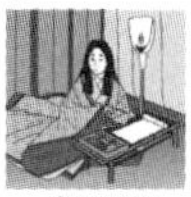
「源氏物語」

(1) ㋐と㋑の作者を書きましょう。
㋐（ 清少納言 ）
㋑（ 紫式部 ）

文字　【漢字（真名）⇒ 仮名】

㋐	㋑
阿ア	以いい
伊イ	呂ろろ
宇ウ	波はは
江エ	仁にに
於オ	保ほほ

(2) ㋐と㋑の文字を何といいますか。
㋐（ カタカナ ）
㋑（ ひらがな ）

[ひらがな　清少納言　紫式部　カタカナ]

[3] なぜ、平安時代に独特の文化が生まれたのでしょうか。年表を見て、（　）にあてはまる言葉を[　]から選んで書きましょう。
（9点×3）

時代	できごと
平安	794 平安京に都を移す 894 遣唐使をやめる 日本風の文化が育つ

平安時代になると、（① 遣唐使 ）をやめることになりました。そこで今までの（② 中国 ）風な文化をもとに、日本的な文化が生まれました。これを（③ 国風 ）文化といいます。

[国風　中国　遣唐使]

鎌倉時代(1)　武士の政治の始まり

[1] 次の（　）にあてはまる言葉を、[　]から選んで書きましょう。
（2回使う言葉もあります。）

壇ノ浦の戦いで（① 平氏 ）をほろぼした（② 源頼朝 ）は、1192年に（③ 征夷大将軍 ）になり、武士による政治を行うために、（④ 鎌倉 ）に（⑤ 幕府 ）を開きました。以後140年を（⑥ 鎌倉 ）時代といいます。

[鎌倉　平氏　幕府　源頼朝　征夷大将軍]

[2] 1185年に源頼朝は全国を支配するために地方に守護と地頭を設置しました。それぞれの仕事を、[　]から選び記号で書きましょう。

① 守護（ ウ ）　② 地頭（ エ ）

[ア　裁判を行う仕事　イ　財政の仕事
ウ　軍事や警察の仕事　エ　年貢を取り立てる仕事]

[3] 源頼朝が鎌倉に幕府を開いた理由として、正しいものに○をつけましょう。

（○）山と海に囲まれ、敵がせめにくい場所であったから。
（　）広大な平野が広がり、米がたくさんとれたから。
（○）京都から遠く、貴族のえいきょうを受けないから。

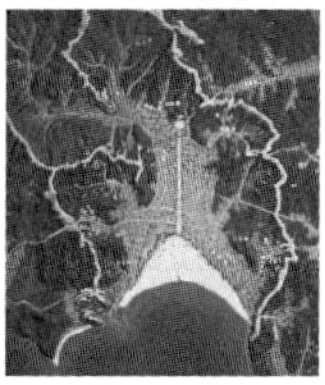

月　日 [名前]

ポイント　鎌倉幕府を支えた将軍と御家人の関係を理解しましょう。

[4] 鎌倉幕府では将軍と家来である御家人との間に深い結びつきがありました。次の（　）にあてはまる言葉を、[　]から選んで書きましょう。（2回使う言葉もあります。）

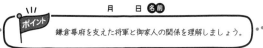

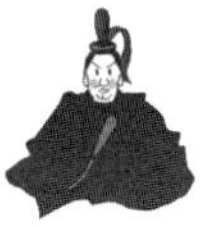
（ 領地 ）を与える

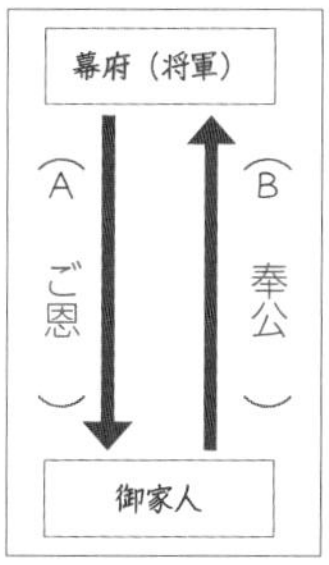

幕府（将軍）
Ⓐ（ご恩）
Ⓑ（奉公）
御家人

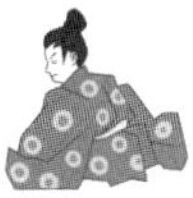
（ 幕府 ）のため戦う

このような結びつきを「（ ご恩 ）と（ 奉公 ）」の関係といいます。

[奉公　幕府　領地　ご恩]

[5] 次の（　）にあてはまる言葉を、[　]から選んで書きましょう。

源氏の将軍が3代で途絶えると、朝廷が幕府をたおすため（① 承久の乱 ）を起こしました。その時、頼朝の妻の（② 北条政子 ）が御家人に呼びかけ反乱をおさえ、幕府はその後（③ 執権 ）の北条氏が政治を進め、武士を治める法律を整備しました。

[北条政子　守護　執権　承久の乱]

鎌倉時代(2)　元との戦い

ポイント　元との戦い方や、その後の幕府と御家人の関係を理解しましょう。

月　日 [名前]

1　鎌倉時代の中ごろ、日本は歴史上初めて外国にせめられました。

(1)　次の地図を見て（　）にあてはまる言葉を、[　]から選んで書きましょう。

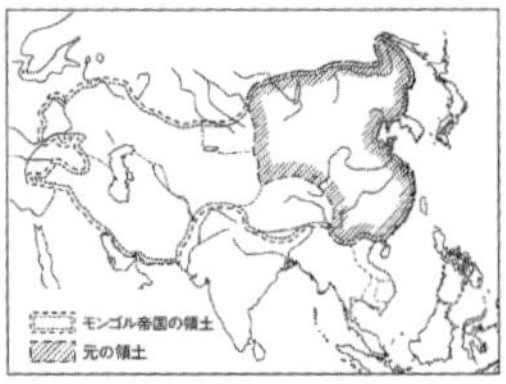

世界一の大帝国を築いた（①モンゴル人）が中国に（②元）という国を建国しました。②は日本にも従うように使者を送ってきました。

しかし、執権であった（③北条時宗）はその要求を断りました。すると、②は2度にわたり、（④九州北部）にせめてきました。④を守っていた（⑤御家人）は、②と激しく戦いました。

[元　唐　御家人　モンゴル人　北条時宗　九州北部]

(2)　この戦いでは日本は苦戦をしました。その理由として、正しいものに○をつけましょう。

（　）　元は、船からたいほうをうってきたから。
（○）　元は、日本では見られない集団で戦ってきたから。
（○）　元は、火薬を使った兵器を用いたから。
（　）　元は、騎馬隊が中心でせめてきたから。

2　次の図を見て、（　）にあてはまる言葉を[　]から選んで書きましょう。

(1)　この図は一人の（①御家人）の元との戦いぶりをえがいたものです。彼らが勇ましく戦ったこと、あらかじめ石垣を築くなど（②守り）を固めたこと、（③暴風雨）によって、元の船が大きなひ害を受けたことなどで、元は大陸に引き上げました。

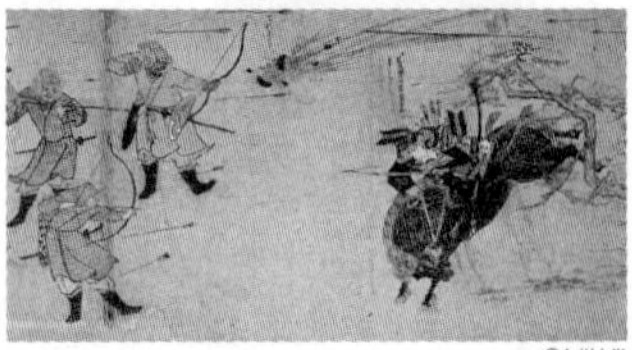
©九州大学

[暴風雨　御家人　守り]

(2)　勇ましく戦った御家人たちは「（①ご恩）と（②奉公）」の関係にもとづき幕府にほうびとして（③領地）を要求しました。しかし、新たな土地を得たわけではないので、幕府はあたえることができませんでした。御家人たちの（④不満）が高まり、幕府のために命がけで働くという関係がくずれてしまいました。そして、ついに1333年、有力な武士と朝廷（天皇）によって鎌倉幕府はほろびました。

※①②順不同

[領地　ご恩　不満　奉公]

まとめテスト

鎌倉時代

月　日 [名前]　　/100点

1　次の年表にあてはまる言葉を、[　]から選んで書きましょう。　（5点×7）

（平安）時代	（鎌倉）時代
武士の登場 （平氏）と源氏の争い （平清盛）が政治を行う （源義経）が中心となり壇ノ浦の戦いで平氏をほろぼす	（源頼朝）が幕府を開く 三代でとだえる （北条氏）が執権となる 元軍がせめてくる（元寇） 幕府がほろびる

武士の世の中

[鎌倉　平安　平氏　平清盛　源頼朝　北条氏　源義経]

2　次の図を見て、あとの問いに答えましょう。　（5点×5）

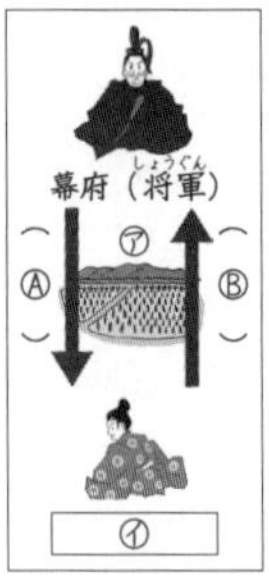

①　㋐と㋑、ⒶとⒷにあてはまる言葉を書きましょう。

Ⓐ	ご恩	Ⓑ	奉公
㋐	領地	㋑	御家人

[御家人　領地　ご恩　奉公]

②　Ⓑを表す言葉を書きましょう。

「いざ（鎌倉）」

3　次の図は、ある国との戦いを表しています。

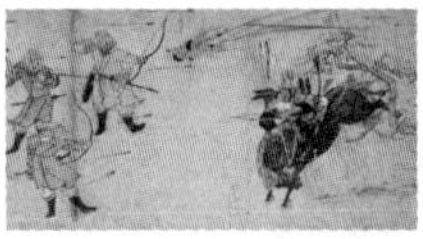
©九州大学

(1)　どの国と戦っていますか。（5点）
（元）

(2)　この時の執権は、だれですか。
（北条時宗）（5点）

(3)　次の戦い方で、(1)の国の戦い方に○をつけましょう。　（5点）

（　）　馬を使った騎馬戦術。
（　）　刀を使って一対一で戦った。
（○）　集団戦術で火薬（てつはう）などを使って戦った。

(4)　この戦いの結果はどうなりましたか。次の（　）の言葉を使って書きましょう。（活やく、暴風雨）　（10点）

（例）
御家人たちの活やくと、このときの暴風雨によって元軍は引き上げた。

4　幕府は、なぜほろびることになったのでしょうか。（　）にあてはまる言葉を、[　]から選んで書きましょう。　（5点×3）

御家人たちは、（①幕府）のために（②一所けん命）戦ったが、ほうびの（③領地）をもらえなかったことから、不満をもつようになり、①と御家人の関係がくずれていったから。

[領地　幕府　一所けん命]

室町時代(1)　今に伝わる文化と暮らし

1　右の写真を見て、(　)にあてはまる言葉を、[　]から選んで書きましょう。

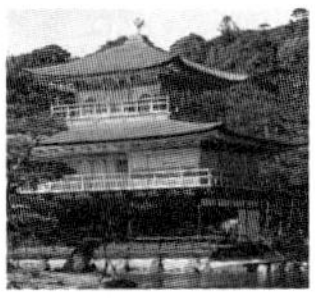

(1)　この建物の名前を書きましょう。　(　金閣　)

(2)　この建物がある都市の名前と、その都市のどの地域に建てられたかを書きましょう。

都市(　京都　)市　　地域(　北山　)

(3)　この建物を建てたのはだれですか。　(　足利義満　)

(4)　このごうかな建物を建てることができた理由として、正しいものに○をつけましょう。

(　)　全国の土地のほとんどを治めていたから。

(○)　明(中国)との貿易で、ばく大な利益をあげたから。

(　)　権力があり、家来につくらせることができたから。

(5)　これが建てられたのは何時代ですか。　(　室町　)時代

(6)　この幕府を開いたのはだれですか。　(　足利尊氏　)

[室町　京都　北山　足利尊氏　金閣　足利義満]

2　この時代のことで、正しいものに○をつけましょう。

(　)　足利氏は天皇を中心とした政治を行った。

(○)　足利義満は京都の室町に御所を置いたので室町時代という。

(　)　足利氏は将軍として、引き続き鎌倉で政治を行った。

ポイント　足利義満と義政の時代の建物を比べましょう。

3　右の写真を見て、(　)にあてはまる言葉を、[　]から選んで書きましょう。

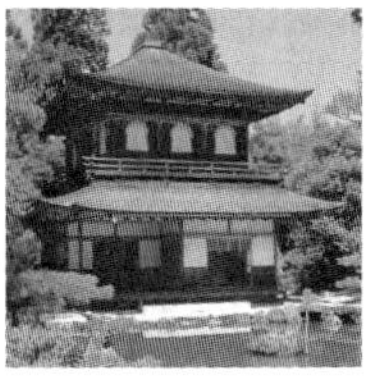

(1)　この建物の名前を書きましょう。　(　銀閣　)

(2)　この建物を建てた将軍はだれですか。　(　足利義政　)

(3)　この建物は京都のどの地域に建てられましたか。(　東山　)

[銀閣　東山　足利義政]

(4)　この建物について、正しいものに○をつけましょう。

(　)　中国風で3階建てのごうかな建物であった。

(○)　日本風の書院造の建物で落ち着いたふんいきだった。

4　室町幕府のその後について、(　)にあてはまる言葉を[　]から選んで書きましょう。

室町幕府の勢いは長くは続きませんでした。全国に置いた守護が幕府の命令にそむくようになり、独立した(①　大名　)になっていきました。

そして、京都で(②　応仁の乱　)が起こり、やがて、全国で争いが絶えない(③　戦国時代　)へと移っていきました。

[大名　戦国時代　応仁の乱　王]

室町時代(2)　今に伝わる文化と暮らし

1　次の図は、銀閣のとなりにある東求堂の部屋を表しています。あとの問いに答えましょう。

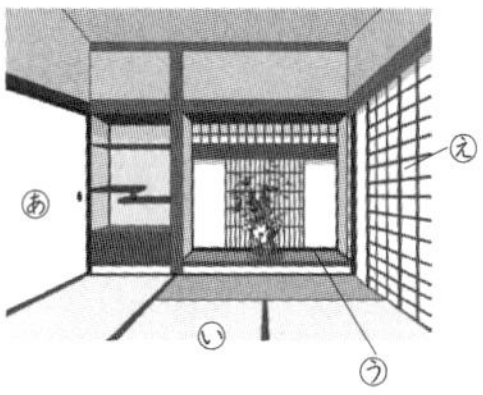

(1)　この部屋のつくりは、寝殿造と書院造のどちらですか。　(　書院造　)

(2)　この部屋のつくりは、今でも受けつがれています。あ〜えの名前を書きましょう。

あ(　ふすま　)

い(　たたみ　)

う(　床の間　)

え(　しょうじ　)

[たたみ　しょうじ　床の間　ふすま]

(3)　次の文化の名前を[　]から選んで書きましょう。

㋐

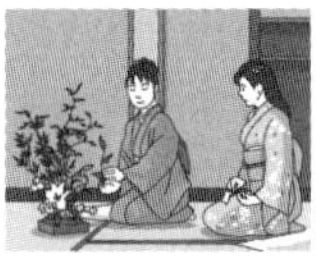

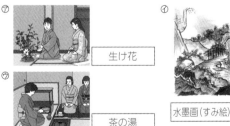

生け花

㋑

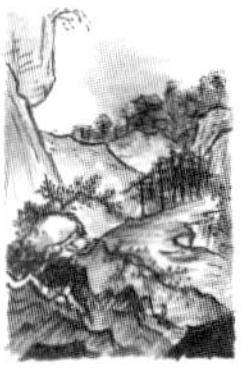

水墨画(すみ絵)

㋒

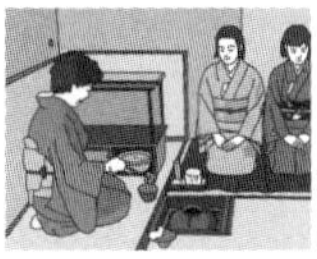

茶の湯

[茶の湯　生け花　水墨画(すみ絵)]

ポイント　今に伝わる室町時代の文化や農業について理解しましょう。

(4)　次の(　)にあてはまる言葉を、[　]から選んで書きましょう。

水墨画(すみ絵)は、鎌倉時代に(①中国(明))から伝わりました。

それを室町時代に(②　雪舟　)が、日本風の様式に完成させました。

[雪舟　中国(明)　観阿弥]

(5)　(1)の庭には、枯山水の庭園が数多くつくられました。この庭は川や山を、何を使って表現していますか。

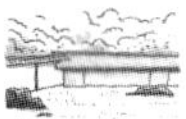

(　岩　)や(　砂　)　※順不同

2　次の説明にあてはまる室町時代の文化を、[　]から選んで書きましょう。

①　田楽(田植えのときに豊作を祝うおどり)から広まった。　(　能　)

②　「一寸法師」「浦島太郎」などのおとぎ話。　(　おとぎ草子　)

③　京都の町衆が復活させたはなやかな祭。　(　祇園祭　)

[おとぎ草子　祇園祭　能]

3　鎌倉から室町時代にかけての様子を、図などを見て答えましょう。

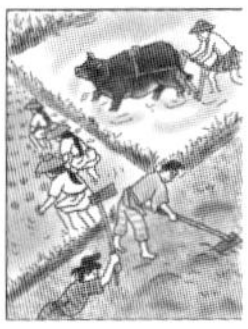

①　田を耕すのに使う動物と道具

動物(　牛　)　鉄製の(　くわ　)

②　肥料　　草木を焼いた(　はい　)

③　1年に米と麦をつくる。　(　二毛作　)

④　農民の1日の食事の回数。　(　3　)回

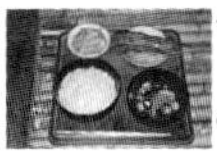

◀当時の民衆の食事

©ふくやま草戸千軒ミュージアム(広島県立歴史博物館)

[3　二毛作　くわ　牛　はい]

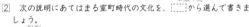

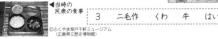

まとめテスト

室町(むろまち)時代(1)

1 次の年表を見て、あとの問いに答えましょう。 (4点×25)

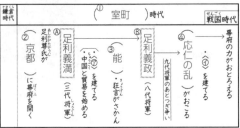

鎌倉(かまくら)時代	(① 室町)時代	戦国(せんごく)時代
	②(京都)に幕府(ばくふ)を開く　足利尊氏(あしかがたかうじ)が	
	Ⓐ 足利義満　(三代将軍(しょうぐん))　・〈㋐〉を建てる　・中国と貿易を始める	
	③(能)・狂言(きょうげん)がさかん	
	Ⓑ 足利義政　(八代将軍)　・〈㋑〉を建てる	
	④(応仁の乱)がおこる　九代将軍のあとつぎ争い	
	幕府の力がおとろえる	

(1) Ⓐ・Ⓑと①～④にあてはまる言葉を、[　]から選んで年表に書きましょう。

京都(きょうと)　室町(むろまち)　足利義政(よしまさ)　足利義満(よしみつ)　能(のう)　応仁(おうにん)の乱(らん)

(2) Ⓐは、なぜ次のような建物㋐を建てたのでしょうか。

㋐ 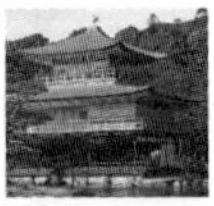

明(みん)　金ぱく　金閣(きんかく)　大名(だいみょう)

Ⓐは、力をつけてきた(① 大名)をおさえ、中国(② 明)との貿易を始めて、強い権力(けんりょく)と多くの富を得たので、たくさんの(③ 金ぱく)を使った(㋐ 金閣)を建てた。

(3) Ⓐの時代として、正しいものに○をつけましょう。

① (　) 将軍が全国の土地のほとんどをもっていた。

② (　) 政治の中心は、鎌倉である。

③ (○) 貴族(きぞく)のはなやかな文化に、武士の力強く簡素(かんそ)な文化が合わされて生まれてきた。

月　日 [名前]　　/100点

(4) 次の図は、Ⓑが建てた㋑のとなりの東求堂(とうぐどう)の中を表しています。あとの問いに答えましょう。

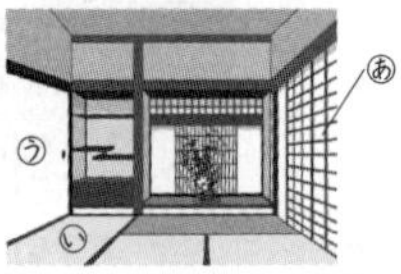

① ㋑の建物の名前を書きましょう。 (銀閣)

② このような部屋のつくりを何といいますか。 (書院造)

③ ②の部屋で、今でも続いているものを書きましょう。

あ(しょうじ)　い(たたみ)　う(ふすま)

(5) 次の説明は、建物㋐と㋑のどちらですか。( )に記号を書きましょう。

㋑ 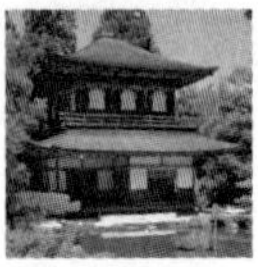

(㋐) 京都の北山(きたやま)に建てた。

(㋑) 京都の東山(ひがしやま)に建てた。

(㋐) 1階は、寝殿造(しんでんづく)りになっている。

(㋑) 質素で落ち着いた感じの建物。

(㋐) はなやかな感じの建物。

(6) Ⓑのあとの将軍をだれにするかで争ったあと、世の中はどうなっていったでしょうか。

(① 応仁の乱)で(② 幕府)の力がおとろえていくと、各地では、自分の領地を守るために(③ 城)をつくり、勢力を争う(④ 戦国)大名が現れてきました。これから後、この大名たちが戦い続ける戦国時代になっていきます。

城　幕府　戦国　応仁の乱

まとめテスト

室町(むろまち)時代(2)

1 次の図は、室町(むろまち)文化を代表するものです。あとの問いに答えましょう。 (5点×10)

A 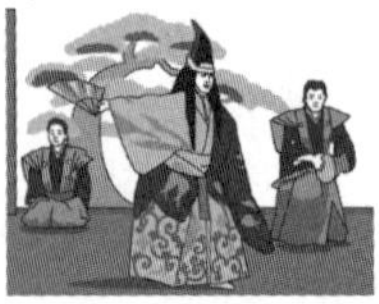

① Aの図は、何を表していますか。 (能)

② ①は、何から発展(はってん)したものですか。 (田楽)

③ ①は、だれの協力を得て、武士にも広がりましたか。 (足利義満)

田楽(でんがく)(田植え時のおどり)　足利義満(あしかがよしみつ)　能(のう)

B 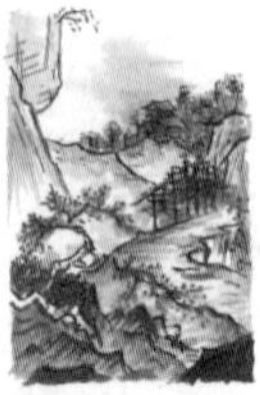

① Bの図は、何ですか。 (水墨画(すみ絵))

② ①をかいた人はだれで、どこで学びましたか。

だれ(雪舟)

国(中国(明))

③ ①は、おもにどこにえがかれましたか。 (ふすま)

雪舟(せっしゅう)　ふすま　中国(ちゅうごく)(明(みん))　水墨画(すいぼくが)(すみ絵)

C 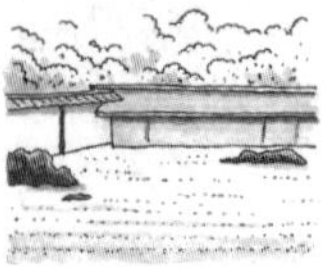

① Cのような水のない庭を何といいますか。 (枯山水)

② 水の流れと山の風景を何で表現しますか。

水(砂)

山(岩)

砂(すな)　枯山水(かれさんすい)　岩

月　日 [名前]　　/100点

2 室町文化には今に続く文化が生まれました。次の図を見て、何を表しているかを書きましょう。 (5点×3)

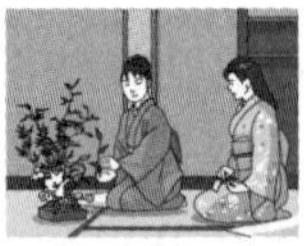 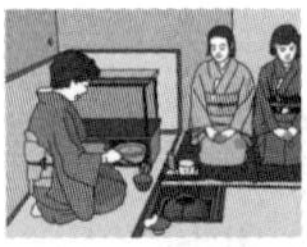 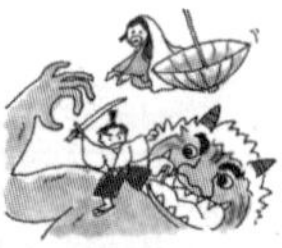

(生け花)　(茶の湯)　(おとぎ草子)

おとぎ草子(ぞうし)　生け花　茶の湯

3 民衆(みんしゅう)の生活も変わってきました。図を見て、あとの問いに答えましょう。 (5点×7)

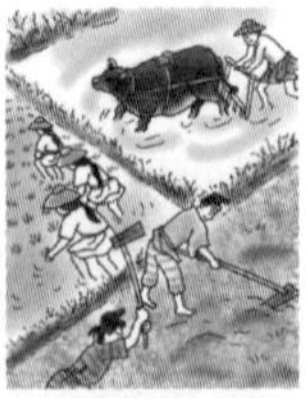

(1) 鎌倉(かまくら)時代からの農業について

① 田を耕すために使われている動物と道具

※順不同(牛)(くわ)

② 肥料に使ったもの (草木のはい)

③ 稲(いね)をかりとった後に、麦などを作る作り方 (二毛作)

(2) 室町時代の民衆の生活

① 民衆が楽しむおどり (盆おどり)

② 農民の一日の食事の回数 (三回)

③ 京都の町衆が復活させた祭 (祇園祭)

三回　草木のはい　牛　二毛作(にもうさく)　盆(ぼん)おどり　くわ　祇園祭(ぎおんまつり)

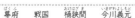

安土桃山時代(1)　戦国から天下統一へ

[1]　次の（　）にあてはまる言葉を、[　]から選んで書きましょう。

尾張（愛知県）の大名であった織田信長は、駿河（静岡県）の大名の（① 今川義元）を（② 桶狭間）の戦いで破り、力をつけました。織田信長は、朝廷や（③ 幕府）があった京都に上り、天下統一事業を進め、大名たちが戦い続ける（④ 戦国）時代を終わらせようとしました。

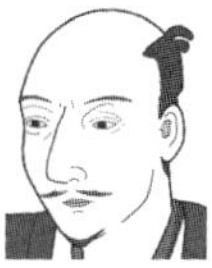

幕府　戦国　桶狭間　今川義元

[2]　次の図を見て、（　）にあてはまる言葉を、[　]から選んで書きましょう。

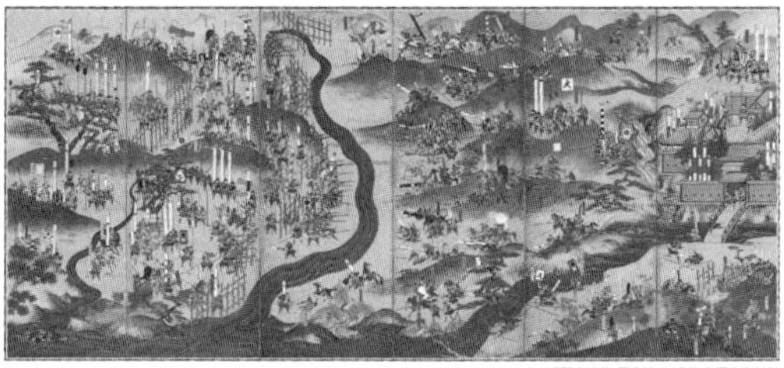

浦野家旧蔵 写真協力 豊田市郷土資料館

上の図の（① 長篠）の戦いでは、（② 鉄砲隊）を戦いの中心に使い、徳川家康と協力して、（③ 武田）氏の騎馬隊を全滅させ、大勝利をえました。

鉄砲隊　長篠　武田

月　日 [名前]

[ポイント] 織田信長が天下統一に向けて、鉄砲に注目したことを理解しましょう。

[3]　戦術的に活用した鉄砲について、（　）にあてはまる言葉を[　]から選んで書きましょう。

▶ポルトガル初伝来の火縄銃

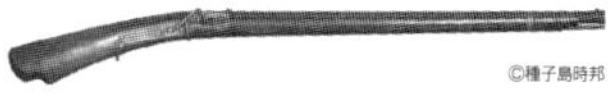

©種子島時邦

鉄砲は1543年に（① 種子島）に流れ着いた（② ポルトガル）人によって、伝えられました。威力の高さから、たちまち全国に広がり、大阪の（③ 堺）の町などで大量生産するようになりました。これにもっとも注目したのが、（④ 織田信長）です。何千丁もの鉄砲を持つ鉄砲隊を組織し、強敵を打ち破っていきました。

ポルトガル　種子島　堺　織田信長

[4]　次の問いに答えましょう。

(1)　織田信長は琵琶湖のほとりに大きな城を建設しました。その城の名前を書きましょう。
（ 安土城 ）

(2)　この城下町で信長がとった商業を盛んにする政策を何といいますか。
（ 楽市・楽座 ）

(3)　この城の城下町には、ある宗教の宣教師たちが建てた教会や学校もありました。この宗教の名前を書きましょう。
（ キリスト教 ）

(4)　1549年に来日し、九州を中心に布教した宣教師はだれですか。
（ フランシスコ・ザビエル ）

フランシスコ・ザビエル　楽市・楽座　キリスト教　安土城

安土桃山時代(2)　戦国から天下統一へ

[1]　右の絵を参考に、次の（　）にあてはまる言葉を、[　]から選んで書きましょう。

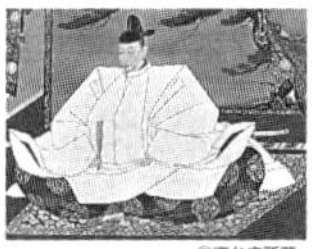

©高台寺所蔵

天下統一を目前にして（① 織田信長）は家臣の（② 明智光秀）の反乱によって、京都の本能寺で亡くなりました。

その後をついだのが（③ 豊臣秀吉）です。すぐに②を打ち破り、ライバルをおさえて、天下人の座につきました。

そして（④ 大阪城）を築き、政治を行いました。また、京都（桃山）にもごうかな城を建て、文化の花をさかせました。この時代を信長と秀吉にちなんだ場所から（⑤ 安土桃山）時代といいます。

大阪城　織田信長　豊臣秀吉　明智光秀　安土桃山

[2]　2つの図は豊臣秀吉が行った政策です。あとの問いの答えを、[　]から選んで書きましょう。

(1)　右の絵は、何を表していますか。
（ 検地 ）

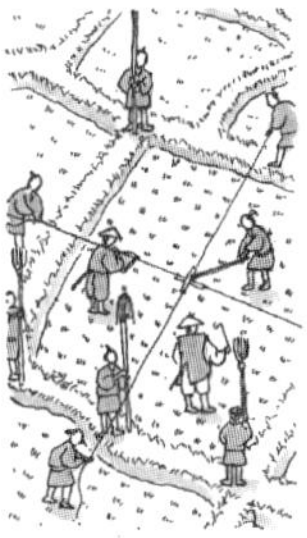

(2)　(1)のねらいについて、正しいものに○をつけましょう。

（○）全国から米（税）を確実にとれるようにする。
（　）武士を農村にしばりつけて、農業を盛んにする。

月　日 [名前]

[ポイント] 豊臣秀吉が天下統一に向けて、検地と刀狩をすすめたねらいを理解しましょう。

(3)　右の絵のように武器を農民から取り上げました。これを何というでしょう。
（ 刀狩 ）

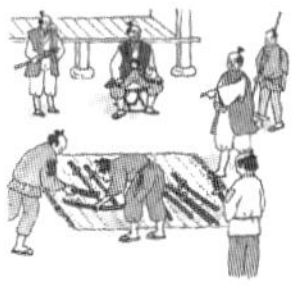

(4)　(3)のねらいとして、正しいものに○をつけましょう。

（○）武士と農民という身分をはっきりさせる。
（　）土地を農民に公平に分け、働く意欲を持たせる。
（○）農民が武器をもって反抗できないようにさせる。

刀狩　楽市・楽座　検地

[3]　次の問いに答えましょう。

(1)　豊臣秀吉の野望はふくらみ、中国（明）を征服しようと、2度にわたって朝鮮に大軍を送りました。朝鮮は右の地図の㋐と㋑のどちらでしょう。
（ ㋐ ）

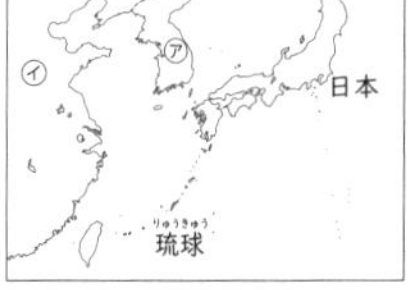

(2)　戦いの結果はどうでしたか。正しい方を◯で囲みましょう。

日本が朝鮮を征服した　　（朝鮮の人々の抵抗があって引き上げた）

(3)　この戦いで、どんなえいきょうがありましたか。正しいものに○をつけましょう。

（　）朝鮮や中国（明）が日本にせめてきた。
（○）優れた焼き物の技術が伝わり、有田焼などが生まれた。
（　）日本が明の支配下におかれた。

まとめテスト

安土桃山時代

月　日　[名前]　　／100点

[1] 次の年表を見て、あとの問いに答えましょう。

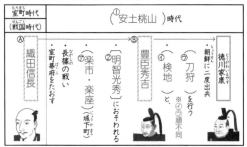

室町時代 （戦国時代）	（①安土桃山）時代

Ⓐ 織田信長
- 室町幕府をたおす
- 長篠の戦い
- （㋐楽市・楽座）（城下町）
- （②明智光秀）におそわれる

Ⓑ 豊臣秀吉
- （㋑検地）と、（㋒刀狩）を行う　※㋑㋒順不同
- 朝鮮に二度出兵

徳川家康

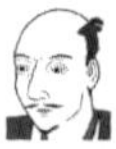
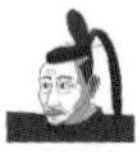
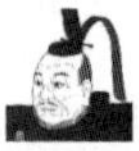

(1) 空らんにあてはまる言葉を[　]から選んで、年表を完成させましょう。　（5点×7）

豊臣秀吉　織田信長　安土桃山　刀狩
楽市・楽座　検地　明智光秀

※㋑㋒順不同

(2) 「長篠の戦い」について、Ⓐ軍の戦い方について答えましょう。（①5点、②③④各6点）

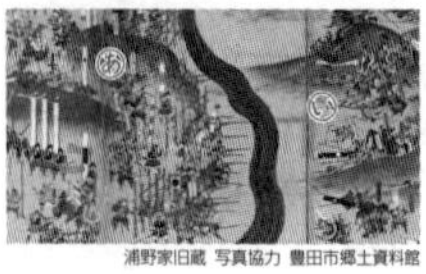
浦野家旧蔵 写真協力 豊田市郷土資料館

① Ⓐ軍は㋐と㋑どちらですか。　〔　㋐　〕

② なぜ、①だとわかるのですか。
（鉄砲）を使っているから。

③ ②は、ヨーロッパからどの島に伝えられましたか。（種子島）

④ この戦いで、Ⓐといっしょに戦った人は、Ⓑとだれですか。
（　徳川家康　）

[2] Ⓐ織田信長とⒷ豊臣秀吉について、あとの問いに答えましょう。

(1) 次の城は、ⒶとⒷが建てたものです。それぞれの名前を書きましょう。　（5点×2）

Ⓐ
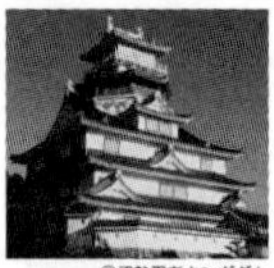
©伊勢忍者キングダム

（　安土　）城〔復元された模擬天守〕

Ⓑ
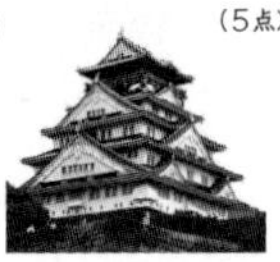

（　大阪　）城

(2) ⒶとⒷの政策と関係するものを線で結びましょう。　（4点×3）

楽市・楽座 ・　　・ ㋐ 百姓から武器をとりあげるため。
検地 ・　　・ ㋑ 商人たちが、自由に商売できるため。
刀狩 ・　　・ ㋒ 田畑の広さや米の生産量を記録するため。

(3) Ⓐが保護した宗教は、仏教とキリスト教のどちらですか。　（5点）
（キリスト教）

(4) なぜ(3)を保護したのですか。（　）にあてはまる言葉を書きましょう。　（5点）

比叡山延暦寺などの強い（　仏教　）勢力をおさえこむため。

(5) 検地や刀狩をしたことによって百姓はどうなりましたか。（　）の言葉を使って書きましょう。　（身分・米づくり・戦い）　（10点）

（例）　百姓と武士の身分のちがいがはっきりし、戦いには参加せず、米づくりに集中するようになった。

江戸時代(1)　264年続いた秘密

[1] 次の問いに答えましょう。

(1) 次の（　）にあてはまる言葉を、[　]から選んで書きましょう。

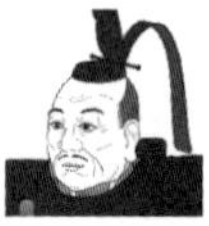

1600年の（①関ヶ原）の戦いに勝った、（②徳川家康）は、1603年に征夷大将軍になり、（③江戸）に幕府を開きました。ここから264年続く時代を（④江戸時代）といいます。

幕府は政治の安定を図るために、大名を取りしまるための法律（⑤武家諸法度）を考えました。

徳川家康　江戸　関ヶ原　武家諸法度　江戸時代

(2) 大名は3つのグループに分かれていました。名前と説明であうものを線で結びましょう。

外様 ・　　・ 徳川家の親せき
親藩 ・　　・ 古くから徳川家につかえた家臣
譜代 ・　　・ 関ヶ原の戦い以後に従った大名

(3) 右の地図のAとBのうち外様大名はどちらになりますか。
（　B　）

大名の配置

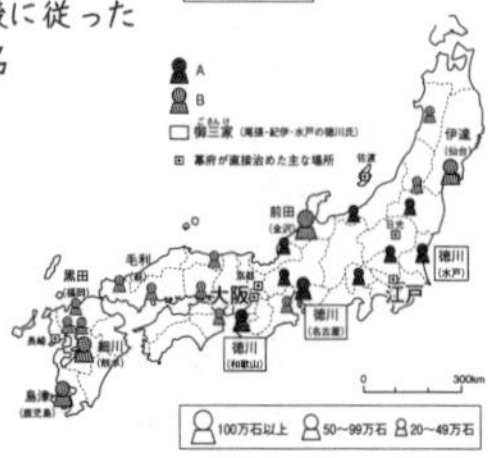

月　日　[名前]

ポイント　徳川家康・家光が安定して政治をするための政策を理解しましょう。

[2] 次の絵を見て、あとの問いに答えましょう。

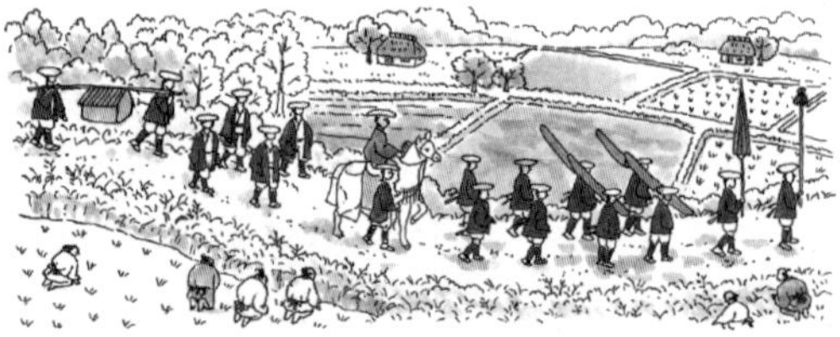

(1) 上の絵は何を表していますか。　（　参勤交代　）

(2) 絵の説明として、正しいものに〇をつけましょう。

（〇）幕府の命令により大名は1年おきに領地と江戸を往復する。
（　）外国との戦いのために戦場へ行く。
（〇）多くの費用がかかり、大名の財政は苦しかった。
（〇）大名の妻と子どもは人質として江戸に住まわせた。

(3) また、(1)をきまりとして定めた将軍はだれですか。
（　徳川家光　）

(4) (1)のほかにも、幕府は大名を取りしまる政策を行いました。次の中であてはまるものに〇をつけましょう。

（　）特産物を作るよう命じた。
（〇）城や河川の改修をさせた。
（〇）きまりを守らないと領地を取り上げた。

江戸時代(2)　人々の暮らしと身分

月　日 [名前]

ポイント　江戸の世の中を支える百姓身分の果たす役割と、くらしを理解しましょう。

1　次の問いに答えましょう。

(1)　幕府は大きく分けて３つの身分をつくりました。次の説明にあう身分の名前を、右のグラフを参考にして書きましょう。

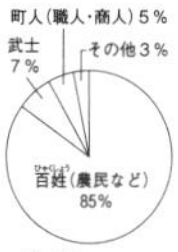

町人（職人・商人）5％
武士 7％
その他 3％
百姓（農民など） 85％

（　町人　）　おもに町に住み、生活に必要なものをつくったり、売ったりしていた。

（　武士　）　一番上の身分で、名字を名のり、刀をさす特権を持っていた。

（　百姓　）　世の中を支える食料（米を中心する農産物）を生産していた。

(2)　次の（　）にあてはまる言葉を、[　]から選んで書きましょう。

・「おふれ書き（法令）」…農作業の内容や（①食べ物）や服装など、日常生活について取りしまるためのきまり

一　朝早く起きて草をかり、昼は田畑を耕し、夜はなわをない、俵を編み、油断なく仕事にはげむこと。

・「（②　五人組　）」…年貢を納めることや、力仕事、犯罪などを共同で責任を負わせる制度

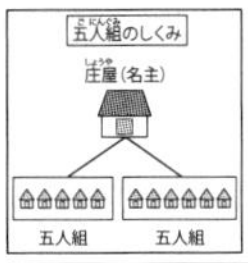

五人組のしくみ
庄屋（名主）
五人組
五人組

↓

（③　武士　）の生活を支えていたのは、百姓が納める（④　年貢　）でした。④を確実に納めさせるため、幕府や藩は百姓を日常生活まで厳しく取りしまりました。

年貢　五人組　食べ物　武士

2　右の絵を見て、（　）にあてはまる言葉を[　]から選んで書きましょう。

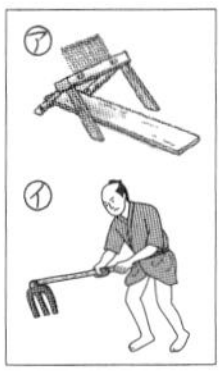

㋐
㋑

百姓は、さまざまなきまりに苦しみながらも生活を向上させました。そのひとつは（　農具　）の発達です。絵にあるような（㋐　千歯こき　）や（㋑　備中ぐわ　）などを発明し、生産力を高めました。また、荒れ地を切り開く（　新田開発　）を盛んに行い、右のグラフのように江戸時代の中ごろには耕地面積が、初めごろに比べておよそ（　２　）倍にもなりました。

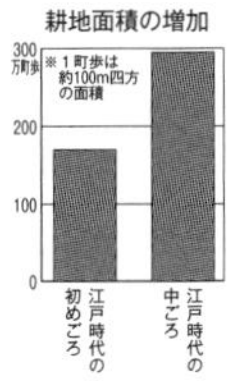

耕地面積の増加
300万町歩
※１町歩は約100m四方の面積
200
100
0
江戸時代の初めごろ
江戸時代の中ごろ

２　農具　新田開発　備中ぐわ　３　千歯こき

3　江戸時代は町や商業の発展で、陸上交通が発展しました。

(1)　街道はどの町を起点にして広がっていますか。

（　江戸　）

(2)　京都と江戸を結ぶ２本の街道の名前を書きましょう。（　東海道　）（　中山道　）

※順不同

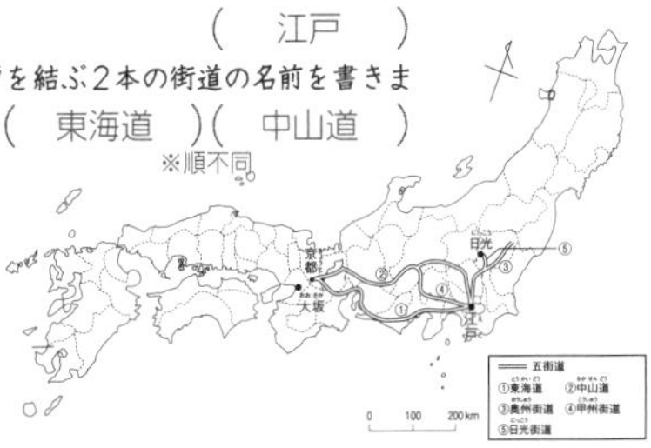

京都
大坂
日光
江戸
五街道
①東海道
②中山道
③奥州街道
④甲州街道
⑤日光街道
0　100　200km

江戸時代(3)　鎖国

月　日 [名前]

ポイント　幕府が鎖国を行うようになった理由と、その後も交流をしていた国や地域を知りましょう。

1　次の文章を読んで、あとの問いに答えましょう。

幕府は最初、大名や商人に（①朱印状）という許可状をあたえ、外国との貿易を保護しました。これにより東南アジアとの交流が盛んになり、東南アジアの各地に（②日本町）がつくられるほどになりました。貿易が盛んになるにつれ、宣教師の活動も活発になりました。幕府は（③キリスト教）の信者が増えて、幕府に従わないことをおそれ③を禁止しました。第３代将軍（④徳川家光）は、③の取りしまりをさらに強めました。

(1)　（　）にあてはまる言葉を、[　]から選んで書きましょう。

キリスト教　朱印状　徳川家光　日本町

(2)　右の図は、③を禁止するために使われました。この名前を書きましょう。

（　ふみ絵　）

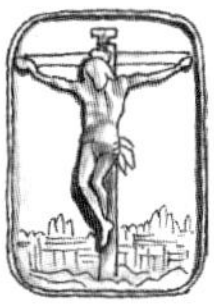

(3)　③を信じる人たちを中心に、九州の長崎県や熊本県で大規模な一揆がありました。それは何といいますか。

（　島原・天草　）一揆

(4)　この一揆の結果、ポルトガルやスペイン人の来航禁止や日本人が海外に行くことや帰ってくることを禁止しました。これを何というでしょう。

（　鎖国　）

鎖国　ふみ絵　島原・天草

2　次の図を見て、あとの問いに答えましょう。

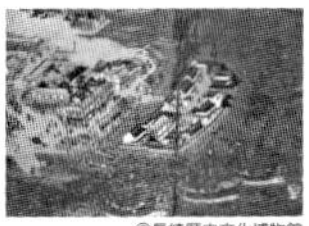

©長崎歴史文化博物館

(1)　右の図は、出島です。これはどこにありましたか。（　）に○をつけましょう。

（　）京都　（　）大阪
（　）江戸　（○）長崎

(2)　貿易が許されたのは、キリスト教を広めるおそれのない２つの国だけでした。どちらの組み合わせが正しいですか。

（○）中国・オランダ　（　）スペイン・オランダ

3　貿易が制限されていた時代でも藩を通して、交流があった地域や国があります。次の問いに[　]から選んで答えましょう。

(1)　朝鮮は対馬藩（長崎県）を通して貿易が行われ、右の図のように将軍がかわると、朝鮮から使節がきました。これを何といいますか。（　朝鮮通信使　）

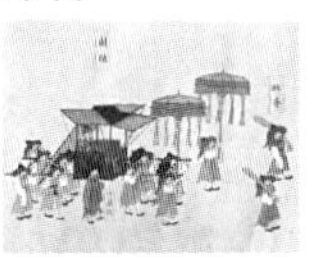

©長崎県立対馬歴史民俗資料館

(2)　右の表の①にあてはまる、沖縄県にあった国の名前を書きましょう。

国・地域	交流を行っていた藩
朝鮮	対馬藩（長崎県）
（① 琉球王国）	薩摩藩（鹿児島県）
②蝦夷地	松前藩（北海道）

(3)　右の表の②に古くから住んでいる人たちを何といいますか。

（　アイヌ　）の人たち

(4)　松前藩側が不正を行ったため、(3)の人たちを率いて松前藩と戦った人はだれですか。

（シャクシャイン）

アイヌ　シャクシャイン　朝鮮通信使　琉球王国

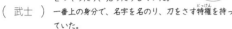

① 右の写真を見て、あとの問いに答えましょう。

(1) （　）にあてはまる言葉を、﹏﹏﹏から選んで書きましょう。

> 江戸時代も半ばになると、（① 町人 ）のちからが武士をしのぐようになりました。江戸と大阪はその中心で町人の文化が発展しました。
> 右の写真は、（② 人形浄瑠璃 ）で、町人の生活や気持ちをえがいています。特に（③ 近松門左衛門 ）の作品は人気を呼びました。
> 一方江戸では、（④ 歌舞伎 ）が人気を呼びました。そして、この役者をえがいた（⑤ 浮世絵 ）が大量につくられました。⑤には「東海道五十三次」のような（⑥ 風景画 ）もありました。

﹏﹏﹏ 町人　浮世絵　人形浄瑠璃　風景画　歌舞伎　近松門左衛門 ﹏﹏﹏

(2) 風景画をえがいた作者と作品を線で結びましょう。

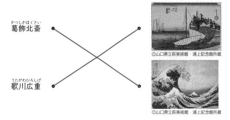

葛飾北斎

歌川広重

©山口県立萩美術館・浦上記念館所蔵

96

ポイント　町人が生んだ文化について理解しましょう。

② 次の図は、大阪の町のようすです。あとの問いに答えましょう。

(1) 次の（　）にあてはまる言葉を、﹏﹏﹏から選んで書きましょう。

> 政治の中心である（① 江戸 ）は、人口が（② 100 ）万人をこえる世界一の都市で、（「（③ 将軍のおひざもと ）」）といわれていました。一方、全国から米やその他の物資が集まる、経済の中心地（④ 大阪 ）は、（「（⑤ 天下の台所 ）」）といわれていました。

©大阪府立中之島図書館

﹏﹏﹏ 大阪　江戸　天下の台所　将軍のおひざもと　100 ﹏﹏﹏

(2) 二大都市が発展した理由を、地図を見て（　）にあてはまる言葉を書きましょう。

> すべてが江戸につながる東海道などの（① 五街道 ）は、将軍徳川家光が行った（② 参勤交代 ）によって整備されていき、全国各地の米や農産物は（③ 西まわり ）航路を使って大阪に集まってくるようになったからです。

※③船も可

97

① 江戸時代後半、新しい学問が広がりを見せました。次の文は、国学と蘭学のどちらですか。

① 外国のえいきょうのなかった大昔のころの日本人の心の考え方を学ぼうとしたもの。本居宣長は『古事記伝』を著した。
（ 国学 ）

② 西洋の優れた科学や技術をとりいれるため、オランダ語を通じて学ぼうとする学問。※オランダ＝和蘭陀
（ 蘭学 ）

② 右の図を参考に、次の（　）にあてはまる言葉を、﹏﹏﹏から選んで書きましょう。

西洋の進んだ医学を学ぶために、（① 蘭学 ）は重要でした。日本で初めて、オランダ語の医学書をほん訳したのが（② 杉田玄白 ）や前野良沢らが苦労して作り上げた（③ 解体新書 ）です。

また、地図の作成では（④ 伊能忠敬 ）が蘭学の天文学を学び、全国をまわって精密な日本地図を作り上げました。

©国立国会図書館

﹏﹏﹏ 杉田玄白　解体新書　伊能忠敬　蘭学 ﹏﹏﹏

©伊能忠敬記念館

98

ポイント　新しい学問の広がりの中で、不安定な世の中をなおそうとする動きを理解しましょう。

③ 次の絵を見てあとの問いに、﹏﹏﹏から選んで答えましょう。

(1) 百姓や町人の子どもを教える学校を何といいますか。
（ 寺子屋 ）

(2) どのような勉強をしましたか。
「読み・書き・（ そろばん ）」

(3) 江戸時代後半、多くの藩で学校が設立されました。（　）にあてはまる言葉を書きましょう。

藩が（① 武士 ）の子どもたちを教育するために建てたのが（② 藩校 ）です。そこでは、（③ 儒学 ）を中心に教えられました。

﹏﹏﹏ 儒学　藩校　そろばん　武士　寺子屋 ﹏﹏﹏

④ 江戸時代後半、大きなききんが何度もおこり、物価も大きく上がりました。新しい学問を学ぶ人や、武士の中からも幕府や藩を批判する人たちが現れました。

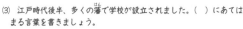

(1) 右のグラフを参考にして、都市や農村で起こった、幕府への反対運動を何というか書きましょう。

都市（ 打ちこわし ）
農村（ 一揆 ）

一揆と打ちこわしの件数グラフ

(2) 右の人物は、大阪の貧しい人たちを救おうと立ち上がりました。その人物名を書きましょう。
（ 大塩平八郎 ）

99

江戸(えど)時代(6)　ペリー来航(らいこう)

1　次の（　）にあてはまる言葉を、[　]から選んで書きましょう。

1853年、神奈川(かながわ)県浦賀沖(うらがおき)に（① ペリー　）に率いられた４せきの（② アメリカ　）艦隊(かんたい)が現れました。①はあわてふためく幕府(ばくふ)に対して、自国の船に食料や水、（③ 石炭　）などをあたえ、（④ 貿易　）を行うことなどが書かれたアメリカ大統領(だいとうりょう)の手紙をわたして去りました。

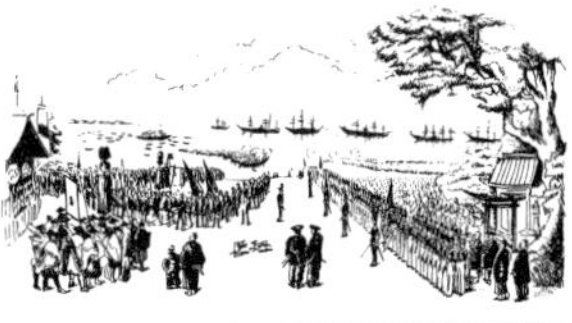

アメリカ　石炭　貿易　ペリー

2　次の問いに、[　]から選んで答えましょう。

(1) 1854年、アメリカの強い要求で結んだ条約(じょうやく)は何といいますか。
（ 日米和親　）条約

(2) この時に開港したのは函館(はこだて)とどこですか。　（　下田　）

(3) ４年後、貿易を進める条約を結びました。その条約を何といいますか。
（　日米修好通商　）条約

(4) (3)の条約は、日本にとって不平等な条約でした。次の（　）にあてはまる言葉を書きましょう。

① 日本で罪(つみ)をおかした外国人を、日本の（ 法律 ）で裁(さば)けないこと。

② 輸入品に自由に（　税　）をかけることができないこと。

①を治外法権(ちがいほうけん)（領事裁判権(りょうじさいばんけん)）をみとめる、②を関税自主権(かんぜいじしゅけん)がないともいうのよ。

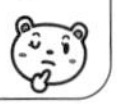

下田(しもだ)　税　日米修好通商(にちべいしゅうこうつうしょう)　日米和親(にちべいわしん)　新潟(にいがた)　法律(ほうりつ)

[ポイント] ペリー来航による開国によって武士の時代が終わり、倒幕運動につながっていくことを理解しましょう。

3　次の問いに答えましょう。

(1) （　）にあてはまる言葉を、[　]から選んで書きましょう。

開国して貿易がはじまると国内の品物が不足したり、（① 米　）などの生活必じゅ品の値段(ねだん)が激(はげ)しく上がり、生活に苦しむ人たちは、都市では（② 打ちこわし ）を、農村では（③ 一揆　）を各地でおこし、世直しを求めました。

一揆(いっき)　生糸(きいと)　打ちこわし　米

(2) 幕府への不満が高まる中、幕府をたおそうという運動もおこりました。倒幕(とうばく)に向けて活やくした人たちについて、[　]から選んで書きましょう。

① 薩摩 藩(はん)（鹿児島(かごしま)県）　←対立していた→　② 長州 藩（山口(やまぐち)県）

連合に力をつくす ↑ ③ 土佐 藩（高知(こうち)県）

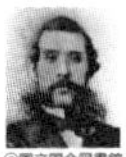

©国立国会図書館

（㋐ 大久保利通）

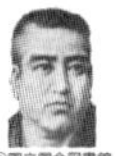

©国立国会図書館

（㋑ 西郷隆盛）

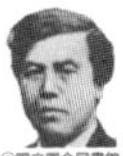

©国立国会図書館

（㋒ 木戸孝允）

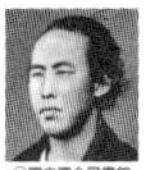

©国立国会図書館

（㋓ 阪本龍馬）

㋐～㋓：木戸孝允(きどたかよし)　西郷隆盛(さいごうたかもり)　坂本龍馬(さかもとりょうま)　大久保利通(おおくぼとしみち)

①～③：長州(ちょうしゅう)　薩摩(さつま)　土佐(とさ)

①と②の武士を中心に幕府をたおす計画が進められ、幕府はこれ以上政治を続けることができないと、政権(せいけん)を天皇(てんのう)に返しました。Ⓐ

(3) 下線部Ⓐについて、このときの将軍(しょうぐん)はだれですか。◯をつけましょう。
（ 徳川吉宗(とくがわよしむね)　〔徳川慶喜(よしのぶ)〕 ）

[まとめテスト]

江戸(えど)時代(1)　全国支配

1　次の年表を見て、あとの問いに答えましょう。

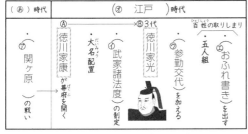

（あ）時代	（㋔ 江戸 ）時代					
・（㋐ 関ヶ原 ）の戦い →	Ⓐ 徳川家康 が幕府(ばくふ)を開く	・大名(だいみょう)配置	・（㋑ 武家諸法度）の制定	Ⓑ 3代 徳川家光	・（㋒ 参勤交代）を加える	百姓(ひゃくしょう)の取りしまり ・五人組 ・（㋓ おふれ書き）を出す

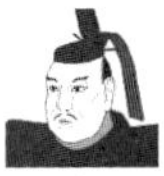

(1) あの時代を次の中から選んで、番号を書きましょう。（4点）
あ（ ② ）
①室町(むろまち)　②安土桃山(あづちももやま)　③鎌倉(かまくら)

(2) 空らんにあてはまる言葉を[　]から選んで、年表を完成させましょう。（5点×7）
徳川家光(とくがわいえみつ)　江戸(えど)　徳川家康(いえやす)　関ヶ原(せきがはら)　武家諸法度(ぶけしょはっと)　おふれ書き　参勤交代(さんきんこうたい)

(3) 右の図を見て、大名の配置について答えましょう。

① 外様(とざま)は、どこに配置されていますか。（7点）
（　(例) 江戸から遠い所　）

② なぜ①のように配置をしたのですか。（10点）
（関ヶ原の戦い、敵(てき)、反乱(はんらん)）

(例) 外様大名は、関ヶ原の戦いの前までは敵だったので、いつ反乱を起こすかわからないから。

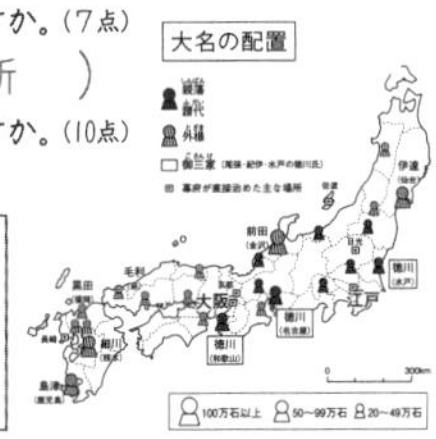

2　次の資料は武家諸法度の一部です。あとの問いに答えましょう。

(1) 参勤交代に関するものを右のあ～うから選んで記号を書きましょう。（4点）
（ う ）

(2) なぜ(1)を加えたのですか。（　）の言葉を使って書きましょう。（10点）
（費用　人質　大名の力）

あ 城を修理するときは、届(とど)け出ること。
い 大名は、勝手に結婚(けっこん)してはならない。
う 大名は領地と江戸に交代で住み、毎年４月に江戸に参勤すること。（妻子は江戸）

(例) 幕府に反乱を起こさないように妻子を人質にし、参勤交代で江戸と往復することでかなりの費用がかかることで、大名の力を弱めるため。

3　次の資料は百姓(ひゃくしょう)を支配したり、生活を制限させたりするものです。

(1) 五人組の役目を（　）の言葉を使って書きましょう。（見張り、年貢(ねんぐ)米、共同、責任）（10点）

(例) 五人組の中でおたがいを見張り、年貢米を納める責任を共同でもたせるため。

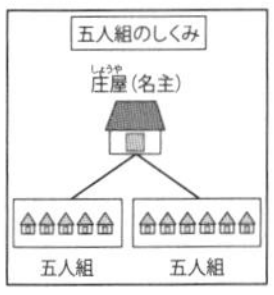

(2) 右の資料のあ～えにあてはまる言葉を書きましょう。（5点×4）

あ	草	い	田畑
う	なわ	え	茶

茶　田畑　なわ　草

一、朝早く起きて（あ）をかり、昼は（い）を耕し、夜は（う）をない……
一、酒や（え）を買って飲んではいけない。

おふれ書き

まとめテスト

江戸(えど)時代(2)　鎖国(さこく)への道

月　　日　名前　　　／100点

[1] 次の年表を見て、あとの問いに答えましょう。

安土桃山(あづちももやま)時代	江戸(えど)時代
・種子島(たねがしま)に(㋐ 鉄砲)が伝わる〔ポルトガル人〕 ㋑・(フランシスコ・ザビエル) キリスト教を伝える〔スペイン人〕 ※南蛮貿易(なんばんぼうえき)がさかん 天正遣欧少年使節(てんしょうけんおうしょうねんしせつ)を派遣(はけん)(ヨーロッパ)	朱印船貿易(しゅいんせんぼうえき)(日本町) キリスト教禁止令が出る ㋒・(島原・天草)一揆(いっき)が起きる (㋓ 絵ふみ)が行われる ㋔・(鎖国)の完成

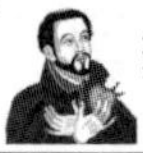
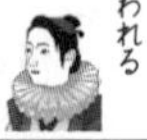

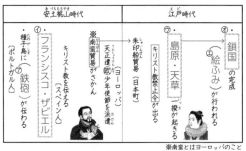

※南蛮とはヨーロッパのこと

(1) 空らんにあてはまる言葉を⬚から選んで、年表を完成させましょう。(5点×5)

鎖国(さこく)　フランシスコ・ザビエル　絵ふみ　鉄砲(てっぽう)　島原(しまばら)・天草(あまくさ)

(2) キリスト教と江戸幕府(ばくふ)の関係の変化について、(　)にあてはまる言葉を書きましょう。(5点×6)

[前] 南蛮貿易で、たくさんの(① 利益)と武器に使う(② 鉄砲)を手に入れることができる。そのために(③ キリスト教)を広めることを認(みと)めた。

キリスト教　利益　鉄砲

[後] キリスト教信者が増えてきて、信者たちが(㋐ 団結)すると、(㋑ 大名)もいっしょになって、(㋒ 幕府)の命令に従(したが)わなくなる。

団結　幕府　大名(だいみょう)

[2] 島原・天草一揆について正しいものに〇をつけましょう。(4点×2)

(　) 江戸幕府をたおすために立ち上がった。

(〇) わずか16才の天草四郎(しろう)が一揆を率いた。

(〇) 重い年貢(ねんぐ)の取り立てとキリスト教に対する厳(きび)しい取りしまりに反対して立ち上がった。

[3] 右の図の絵ふみは、何のために行われたのですか。(7点)

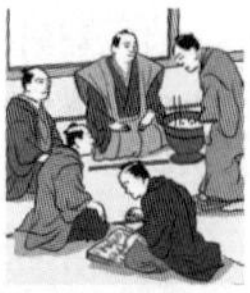

(例) キリスト教信者を見つけ出すため。

[4] 次の図は、鎖国が完成した後に貿易が行われているところです。

(1) Ⓐがあるのは、どこですか。また この島を何といいますか。(5点×2)

(長崎)(出島)

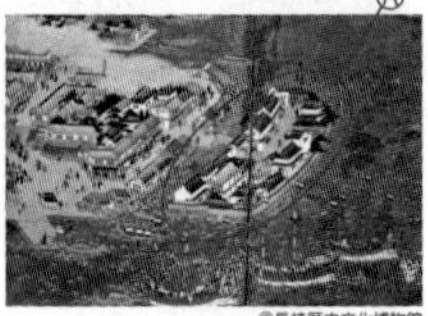

©長崎歴史文化博物館

(2) (1)ではどの国と貿易が行われていましたか。(5点) (オランダ)

(3) (2)以外に貿易を認められていた国は、どこですか。(5点)

(中国（清）)

(4) なぜこの2国だけ貿易が認められたのですか。(10点)

(例) オランダと中国は、日本ではキリスト教を広める活動をしないと約束したから。

まとめテスト

江戸(えど)時代(3)　新田開発・農具改良

月　　日　名前　　　／100点

[1] 次の図やグラフを見て、あとの問いに答えましょう。(5点×10)

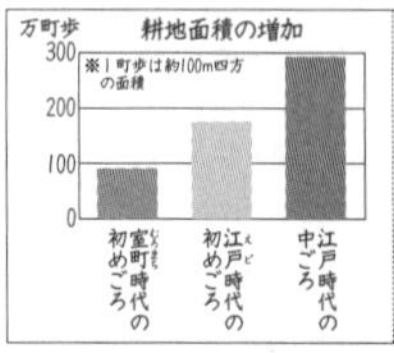

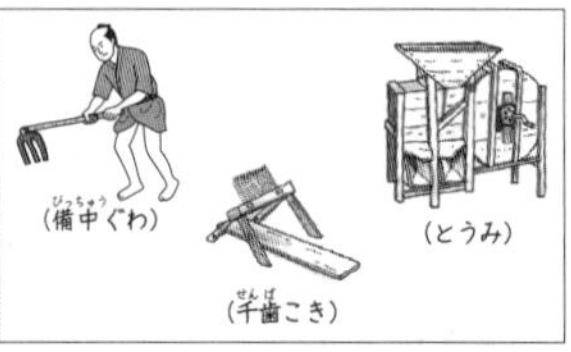

(1) 次の(　)にあてはまる言葉を、⬚から選んで書きましょう。

藩(はん)は、(① 参勤交代)にかなりの(② 費用)がかかりました。そこで(③ 年貢)を増やすために、荒(あ)れ地などを切り開く(④ 新田開発)に取り組みました。

年貢(ねんぐ)　参勤交代(さんきんこうたい)　新田開発　費用

(2) グラフから、江戸時代の初めと中ごろでは、どれくらい面積が増えましたか。　約(2)倍

(3) 農村で米の生産量を上げるためにどんなことをしましたか。

① 農具の改良
　㋐ 脱穀(だっこく)が楽になる(千歯こき)
　㋑ 土を深くまで耕す(備中ぐわ)
　㋒ もみともみ殻(がら)に分ける(とうみ)

② 肥料
　㋐ イワシを干した(ほしか)
　㋑ 菜種(なたね)油をとった後の(油かす)

ほしか　とうみ　千歯こき　油かす　備中ぐわ

[2] 農村では、米以外の農産物も盛(さか)んにつくられるようになりました。

(1) 次の中で正しいものに〇をつけましょう。(3点×3)

(〇) 菜種(なたね)　(　) メロン　(　) トマト

(〇) 綿　(　) マンゴー　(〇) 茶

(2) 農産物から製品もつくる手工業が行われるようになりました。①～③の製品を線で結びましょう。(7点×3)

① 米と水、こうじを使ってつくる。・　　・㋐ しょうゆ

② 大阪(おおさか)周辺でつくられた綿を使ってつくる。・　　・㋑ 綿織物

③ 大豆とこうじ、塩を使ってつくる調味料。・　　・㋒ 酒

[3] 次の五街道や航路の地図を見て、あとの問いに答えましょう。

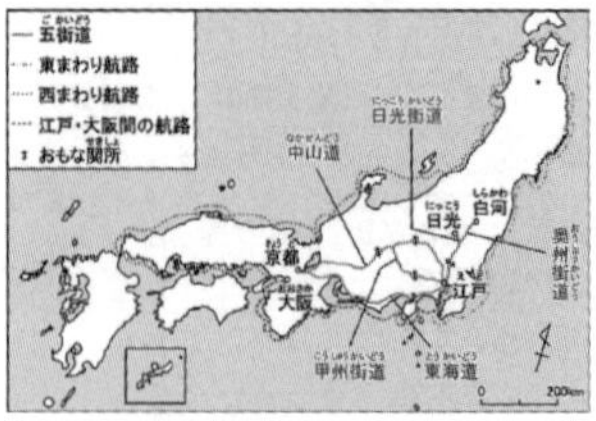

(1) 次の都市名を書きましょう。(5点×2)

① 五街道の出発地で「将軍(しょうぐん)のおひざもと」といわれる都市。(江戸)

② 各地の農産物が集まる「天下の台所」の都市。(大阪)

(2) 五街道や航路によってどうなりましたか。(　)の言葉を使って書きましょう。(全国、参勤交代(さんきんこうたい)、農産物)(10点)

(例) 五街道は参勤交代によって整備され、全国の米や農産物が航路によって大阪に集まってくるようになった。

まとめテスト

江戸時代(4)　文化・学問

月　日　名前　／100点

[1] 五街道が整備されると、上方と江戸で文化が盛んになりました。答えを[　]から選んで、次の表を完成させましょう。(　)には記号で書きましょう。（名前・代表作6点×4、他4点×4）

	上方（京都・大阪）の町人中心の文化	江戸の町人中心の文化
人物像	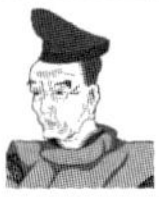	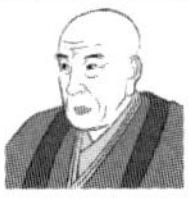
名前	近松門左衛門	歌川広重
文化	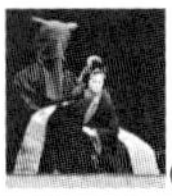（人形浄瑠璃）	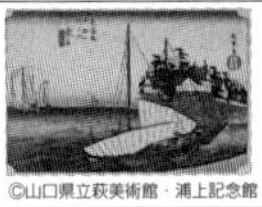©山口県立萩美術館・浦上記念館（浮世絵）
内容	（㋑）	（㋐）
代表作	曽根崎心中	東海道五十三次
特徴	（㋐）	（㋑）

名前	歌川広重　近松門左衛門
内容	㋐ 役者や宿場町などの風景をえがいた絵 ㋑ 町人の生活や心情を人形と語りで表したもの
代表作	東海道五十三次　曽根崎心中
特徴	㋐ 明るくて、商売の町なので活気に満ちている。 ㋑ 落ち着いていて、すっきりしている。

[2] 次の人物や絵について、あとの問いに答えましょう。

A 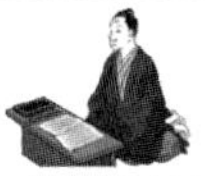
私は、古くからの日本人の考え方をあきらかにしようと①「古事記」を研究した本を書きました。

B 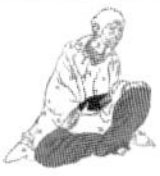
私は、オランダ語で書かれた医学書が実際の人体と同じであったことにおどろき、それを②日本語に訳した本を出版しました。

C 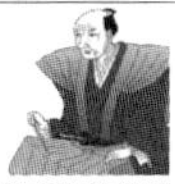
私は50才を過ぎてから、天文学や測量学を学び、全国を17年間、約4万km歩いて、それを③正確に表しました。

(1) A～Cの人物の名前を書きましょう。（7点×3）

A	本居宣長	B	杉田玄白	C	伊能忠敬

[杉田玄白　伊能忠敬　本居宣長]

(2) 文中の下線の言葉を書きましょう。（7点×3）

①（古事記伝）　②（解体新書）　③（日本地図）

[日本地図　古事記伝　解体新書]

(3) 江戸時代の新しい学問　㋐国学と㋑蘭学について、説明にあう番号を書きましょう。（5点×2）　㋐（③）　㋑（①）

① 西洋の文化や技術を学ぶ学問
② 中国から伝わった思想で、道徳を学ぶ学問
③ 日本人古来の考え方について学ぶ学問

(4) 右の絵は、百姓や町人の子どもたちが学ぶところです。何といいますか。（8点）
（寺子屋）

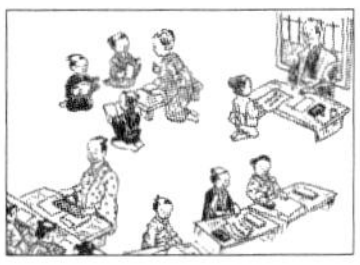

まとめテスト

江戸時代(5)　開国・倒幕運動

月　日　名前　／100点

[1] 次の年表を見て、あとの問いに答えましょう。

江戸時代

- 百姓一揆・①（打ちこわし）が起きる
- [大塩平八郎の乱]
- 1853年　②[ペリー]が浦賀に来航
- 1854年　Ⓐ（日米和親）条約
- 1858年　Ⓑ（日米修好通商）条約
  - ・[ア]を認める
  - ・[イ]がない
- 1866年　③（薩長）同盟を結ぶ
- [倒幕運動]
- ④[徳川慶喜]が政権を朝廷に返す

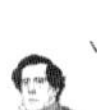

(1) 空らんにあてはまる言葉を、[　]から選んで書きましょう。（5点×6）

[徳川慶喜　ペリー　日米修好通商　日米和親　薩長　打ちこわし]

(2) 年表中のⒶとⒷで開港したところを次の地図から選んで記号を書き、年表中の[ア]と[イ]にあてはまる言葉を、[　]から選んで書きましょう。（2回使うのもあります。）（Ⓐ・Ⓑ3点×7、[ア]・[イ]5点×2）

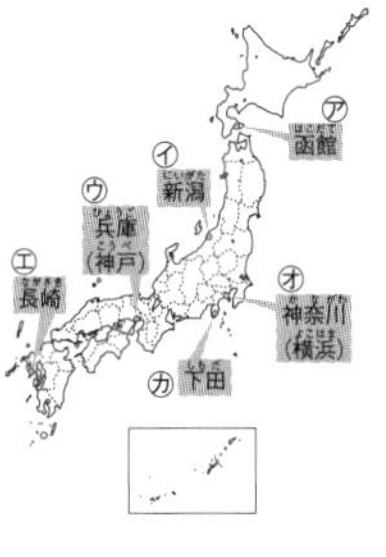

㋐ 函館
㋑ 新潟
㋒ 兵庫（神戸）
㋓ 長崎
㋔ 神奈川（横浜）
㋕ 下田

Ⓐ〔㋐〕〔㋕〕　※ⒶⒷ順不同
Ⓑ〔㋐〕〔㋑〕〔㋒〕〔㋓〕〔㋔〕

[ア]（治外法権（領事裁判権））を認める
外国人が日本で起こした事件を日本の法律で裁けない。

[イ]（関税自主権）がない
輸入品に自由に税金をかける権利がない。

[関税自主権　治外法権（領事裁判権）]

[2] 1830年代に大ききんが起き、大阪の貧しい人々を助けようと兵をあげた、もと幕府の役人はだれですか。（6点）　（大塩平八郎）

[3] 開国後の人々の暮らしについて、あとの問いに答えましょう。

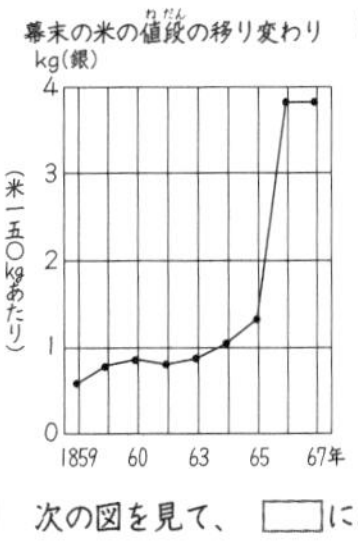

幕末の米の値段の移り変わり
kg(銀)
（米一五〇kgあたり）
4
3
2
1
0
1859
60
63
65
67年

(1) 次の文で、正しいものに○をつけましょう。（3点）

①（　）輸入品が多くなって、生活が豊かになった。
②（　）幕府は、輸入品で大きな利益を上げ、支配力が強くなった。
③（○）品物の値段が1866年に急げきに上がった。

[4] 次の図を見て、[　]にあてはまる人物の記号を書きましょう。（5点×6）

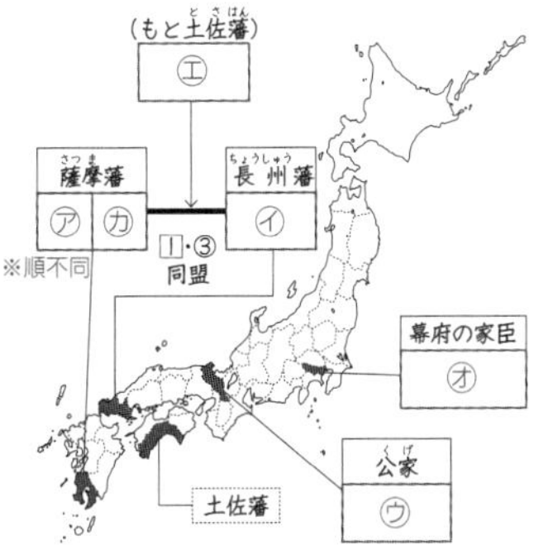

（もと土佐藩）
㋓
薩摩藩
㋐ ㋕
長州藩
㋑
[1]・③
同盟
※順不同
幕府の家臣
㋔
公家
㋒
土佐藩

[㋐ 大久保利通
㋑ 木戸孝允
㋒ 岩倉具視
㋓ 坂本龍馬
㋔ 勝海舟
㋕ 西郷隆盛]

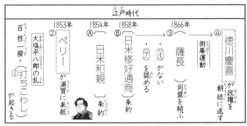

社会ゲーム　月　日 [名前]

勝ったのはどっちかな

1 次の戦いなどで勝った方に○でかこみ、引き分けのときは、引きのところに△をつけましょう。

	年代	戦いなど		引き	
①	645	大化の改新	中大兄皇子		蘇我入鹿
②	1185	壇ノ浦の戦い	平氏		源氏
③	1274 1281	元寇	幕府 (北条時宗)	△	元軍
④	1467	応仁の乱	細川勝元	△	山名持豊
⑤	1560	桶狭間の戦い	織田信長		今川義元
⑥	1575	長篠の戦い	武田勝頼		織田信長 徳川家康
⑦	1582	山崎の戦い	明智光秀		豊臣秀吉
⑧	1600	関ケ原の戦い	徳川家康		石田三成
⑨	1614 1615	大阪の陣	徳川家康		豊臣家
⑩	1877	西南戦争	西郷隆盛、士族		明治政府軍

月　日 [名前]

2 次のできごとなどで正しいものを選んで〔　〕に記号を書きましょう。

① 縄文遺跡があるところはどこかな。〔 ㋑ 〕
㋐ 登呂遺跡　㋑ 三内丸山遺跡　㋒ 吉野ケ里遺跡

② 米をたくわえておくところは何というかな。〔 ㋒ 〕
㋐ たて穴住居　㋑ 正倉院　㋒ 高床倉庫

③ 聖徳太子が建てた寺。〔 ㋐ 〕
㋐ 法隆寺　㋑ 唐招提寺　㋒ 東大寺

④ 聖武天皇は、何の力で社会の不安をしずめようとしたかな。〔 ㋑ 〕
㋐ キリスト教　㋑ 仏教　㋒ イスラム教

⑤ 奈良につくられた都。〔 ㋒ 〕
㋐ 難波宮　㋑ 平安京　㋒ 平城京

⑥ 織田信長、豊臣秀吉、徳川家康が城を建てた正しい順番。〔 ㋒ 〕
㋐ 安土城⇒江戸城⇒大阪城　㋑ 江戸城⇒安土城⇒大阪城
㋒ 安土城⇒大阪城⇒江戸城

⑦ 日本にキリスト教を伝えた人。〔 ㋐ 〕
㋐ フランシスコ・ザビエル　㋑ ペリー　㋒ 鑑真

⑧ 歌川広重の有名な浮世絵〔 ㋒ 〕
㋐ 富嶽三十六景　㋑ 見返り美人　㋒ 東海道五十三次

⑨ 杉田玄白がほん訳した本。〔 ㋒ 〕
㋐ 古事記伝　㋑ 大日本沿海輿地全図　㋒ 解体新書

⑩ 「天は人の上に人を造らず人の下に人を造らず」の本を書いた人。
㋐ 板垣退助　㋑ 福沢諭吉　㋒ 伊藤博文　〔 ㋑ 〕

明治時代(1)　新しい国づくり

1 次の問いに、[　]の中から選んで答えましょう。

一、政治は広く会議を開いて、多くの人々が意見を出し合って決めよう。
一、国民が心を一つにして、新政策を盛んにおこなおう。
一、役人も人々も、自分の願いを実現しよう。
一、昔からの習わしをやめて、道理に合うやり方をしよう。
一、新しい知識を世界から学び、天皇中心の国をさかんにしよう。

(1) 左の文は、1868年に明治天皇が出したものです。これを何といいますか。
（ 五か条の御誓文 ）

(2) 新しい政府の中心となったのはどこの藩の出身者たちですか。
（ 薩摩 ）藩
（ 長州 ）藩
※順不同

(3) 天皇中心の政治をするためにどのようなことをしましたか。
① 1869年、大名が今まで治めていた領地と領民を天皇に返すこと。
（ 版籍奉還 ）
② 1871年、藩を廃止して新たに県を置き、政府が認めた知事を県に派遣すること。
（ 廃藩置県 ）

(4) このように新しい世の中の基そを固めていくために進められた政治や社会の改革を何といいますか。（ 明治維新 ）

[五か条の御誓文　版籍奉還　明治維新
廃藩置県　薩摩　長州]

月　日 [名前]

ポイント　明治になって、天皇中心の政治を進めるために行った政策について理解しましょう。

2 明治時代になって、世の中がどう変わったのか、[　]から選んで答えましょう。(2回使う言葉もあります。)

	江戸時代	明治時代
国のトップ	(① 将軍)	(② 天皇)
仕事	(③ 身分)で決まった	(④ 自由)に選べるようになった
住む場所	(⑤ 身分)で決まった	(⑥ 自由)に選べるようになった
名前	(⑦ 武士)だけが名字を持てた	(⑧ 全ての人)が名字を許された
刀	(⑨ 武士)だけが持てた	(⑩ 持てなくなった)

[将軍　自由　全ての人　持てなくなった
天皇　武士　身分]

3 明治政府の政策で、人々の身分や地域について答えましょう。
① 江戸時代、町人や農民からも差別されてきた人々が、「解放令」によってなった身分。（ 平民 ）
② 士族を送って開発を進め、住んでいたアイヌの人たちの土地をうばったり、日本名にさせた地域。（ 北海道 ）
③ 琉球（王国）を廃止し、薩摩藩から廃藩置県で日本に組み込み、日本化を進めた地域。（ 沖縄県 ）

[沖縄県　北海道　平民]

明治時代(2)　新政府の方針

[1]　新政府は欧米諸国に習い、アジア諸国に勢力をのばすために強い国をつくろうとしました。①～④には［　］から、㋐～㋓には［　］からあてはまる言葉を選んで書きましょう。

④ 富国強兵

① 殖産興業

産業を盛んにするために、製糸や兵器などの（㋐ 官営工場　）を各地につくりました。

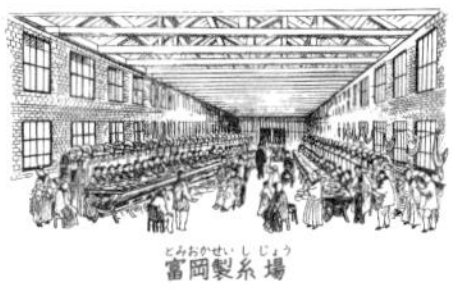

富岡製糸場

② 徴兵令　（1873年）

強力な軍隊をつくるために、（㋑ 20　）才以上の男子に入隊を義務づけました。しかし高額な税金をはらった人などは軍隊に入らなくてもよかったのです。

③ 地租改正　（1873年）

米で納める年貢方式をやめて、土地にかける税（地租）を（㋒ 現金　）で納めさせました。税金は、全国どこでも土地の値段の（㋓ 3　）%としました。

①～④

地租改正	殖産興業
富国強兵	徴兵令

㋐～㋓

3	官営工場	20	現金

月　日 [名前]

ポイント　外国に負けない「富国強兵」策を進めていったことを理解しましょう。

[2]　右のグラフを参考にして、（　）にあてはまる言葉を［　］から選んで書きましょう。

明治政府は、国を近代化するには、国民の教育が大切だと考え、1872年（① 学制　）を定め、全国の市町村には（② 学校　）をつくりました。初めのころは、学校へ行く子どもの数は多くありませんでした。それは、学校の建設費や（③ 授業料　）が高かったことと、子どもは大切な（④ 労働力　）だったからです。

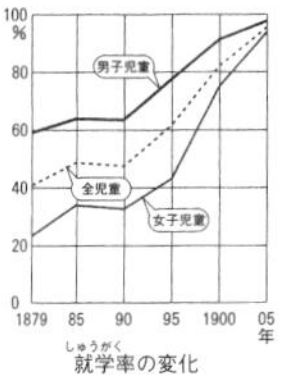
100
%
80
60
40
20
0
男子児童
全児童
女子児童
1879
85
90
95
1900
05
年

就学率の変化

授業料	学校	労働力	学制

[3]　次の説明文と関係することと人を［　］から選んで書きましょう。

A　日本で最初の官営工場。この工場を出発点として、日本の製糸業は変わり、明治時代の終わりには生産量・輸出量ともに世界一になった。

B　幕末に結ばれた不平等条約の改正を欧米諸国と交渉したが、日本の近代化のおくれを理由に成功しなかった。

C　最初の女子留学生。6才でアメリカにわたり、帰国後、女子教育の発展に力をそそぎ、女子英学塾（現在の津田塾大学）を創立した。

A	富岡製糸場	B	岩倉使節団	C	津田梅子

岩倉使節団	津田梅子	富岡製糸場	樋口一葉

明治時代(3)　暮らしや文化の変化

[1]　次の問いに、［　］からあてはまる言葉を選んで書きましょう。

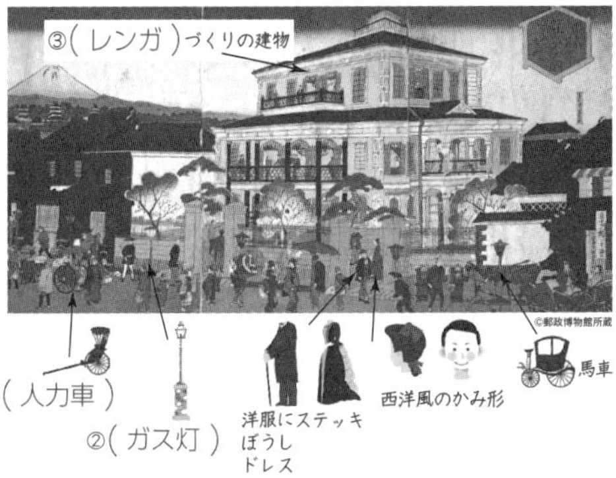
③（ レンガ ）づくりの建物
①（ 人力車 ）
②（ ガス灯 ）
洋服にステッキ
ぼうし
ドレス
西洋風のかみ形
馬車

©郵政博物館所蔵

(1)　上の図の①～③の（　）にあてはまる言葉を書きましょう。

(2)　上の図のように西洋の制度や生活の仕方などを取り入れ、人々の生活が大きく変化したことを何といいますか。（　文明開化　）

(3)　食生活や暦にも変化がありました。（　）にあてはまる言葉を書きましょう。

（④ 牛肉　）や（⑤ パン　）などが食べられるようになり、暦も（⑥ 太陽　）暦が採用され、1週間が7日、（⑦ 日曜日　）が休日という習慣が始まりました。

※④⑤順不同

牛肉	ガス灯	太陽	パン	レンガ	日曜日
文明開化	人力車				

月　日 [名前]

ポイント　文明開化による暮らしや文化の変化を理解しましょう。

[2]　明治時代は情報手段も発展しました。（　）にあてはまる言葉を、［　］から選んで書きましょう。

国を一つにまとめるために行ったのが通信手段の整備です。電報や（① 郵便　）制度が整えられ、右の写真㋐のような（② ポスト　）が全国に置かれました。

また、瓦版から発展した（③ 新聞　）も広く読まれるようになりました。

右の写真㋑の人物（④ 福沢諭吉）が著した『学問のすゝめ』は、人間の平等や学問の大切さを紹介し、ベストセラーになりました。

㋐

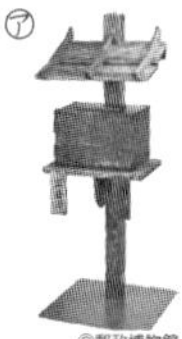

©郵政博物館

㋑

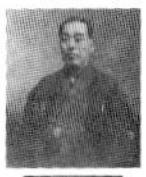

©公益財団法人 福澤旧邸保存会

新聞	福沢諭吉	ポスト	郵便

[3]　次の図を見て、（　）にあてはまる言葉を書きましょう。

交通の近代化を進めるために行ったのが、（① 鉄道　）の整備でした。右の図は、1872年に、①が日本で初めて新橋と（② 横浜　）間で開通したときの開業式をあらわしています。これにより（③ 大量　）の人や物が運べるようになりました。

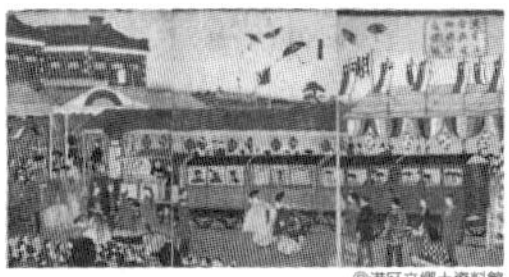

©港区立郷土資料館

自動車	横浜	大量	鉄道

明治時代⑷　自由民権運動から大日本帝国憲法、帝国議会へ

1 次の（　）にあてはまる言葉を、［　］から選んで書きましょう。

西郷隆盛を中心とする最後の士族の反乱である（① 西南戦争 ）が終わった後、政治が一部の人々だけで進めるのではなく（② 議会 ）で話し合って決めるべきだと主張する（③ 自由民権運動 ）が盛んになりました。それに対して政府は、右の図のように（④ 演説会 ）や新聞などを厳しく取りしまりました。

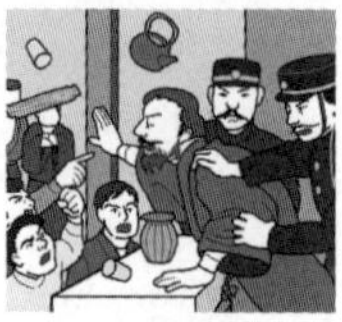

［ 演説会　自由民権運動　議会　西南戦争 ］

2 次の問いに、［　］から選んで書きましょう。

(1) 世論におされ、1881年政府は、1890年に（① 国会 ）を開くことを約束しました。そこで、右の人物の（② 伊藤博文 ）は、天皇中心の国づくりのため、（③ ドイツ ）をモデルにした憲法づくりを進めました。

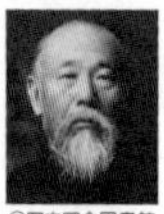

©国立国会図書館

［ 伊藤博文　国会　ドイツ ］

(2) 国会開設に備えて、次のAとBの人物は政党をつくりました。それぞれの人物名と政党名を書きましょう。

A 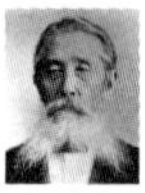

©国立国会図書館

B 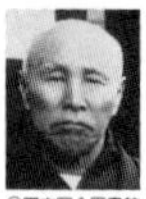

©国立国会図書館

	人物名	政党名
A	板垣退助	自由党
B	大隈重信	立憲改進党

［ 板垣退助　大隈重信　立憲改進党　自由党 ］

月　日 [名前]

ポイント 自由民権運動と、大日本帝国憲法を制定していった過程を理解しましょう。

3 次の資料や図を見て、あとの問いに答えましょう。

(1) 右の資料は、1889年に政府が発布した憲法です。この憲法を何といいますか。

（ 大日本帝国憲法 ）

大日本帝国憲法

第1条	日本は永久に続く同じ家系の天皇が治める。
第3条	天皇は神のように尊いものである。
第5条	天皇は議会の協力で法律をつくる。
第11条	天皇は陸海軍を統率する。
第29条	国民は法律の範囲内で言論・集会・結社の自由を持つ。

(2) 右の資料を参考にして、正しいものに○をつけましょう。

（　）主権（政治を行う権利）は国民にあった。

（　）軍隊は持たず、また、戦争はしない。

（○）天皇は軍隊を率い、法律をつくることができた。

（○）国民は法律の範囲内で言論・集会などの自由が保障された。

(3) 下線部の議会は、貴族院と衆議院によって構成されていました。選挙で選ばれていたのはどちらですか。

（ 衆議院 ）

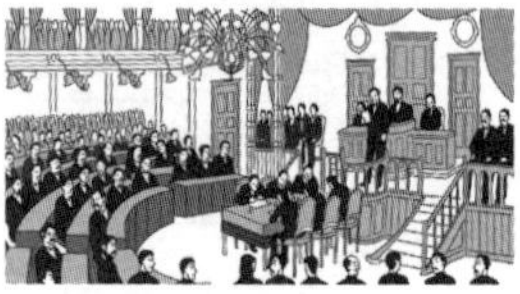

(4) (3)の選挙で投票できるのは、どのような人たちでしたか。

（① 25 ）才以上の（② 男子 ）で、一定額以上の（③ 税金 ）を納めている人に限られ、（④ 女子 ）には選挙権がありませんでした。

［ 25　20　税金　女子　男子 ］

明治時代⑸　日清・日露戦争から条約改正へ①

1 次の（　）にあてはまる言葉を、［　］から選んで書きましょう。

1886年、和歌山県沖でイギリスの商船（① ノルマントン号 ）が沈没しました。その際、船長や船員はボートで避難しましたが、（② 日本 ）人乗客は全員亡くなりました。

しかし、裁判では船長は無罪になりました。外国人は日本で裁判できない（③ 治外法権（領事裁判権））があったからです。この事件をきっかけに（④ 条約改正 ）の世論が高まりました。

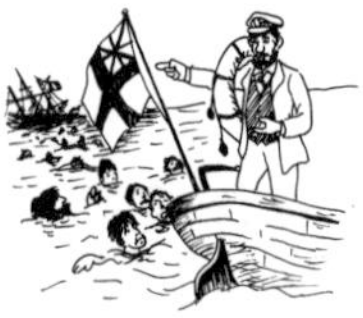

［ 治外法権（領事裁判権）　ノルマントン号　日本　条約改正 ］

2 右の絵は明治時代に起きた戦争の原いんを表しています。この絵を見て、あとの問いに答えましょう。

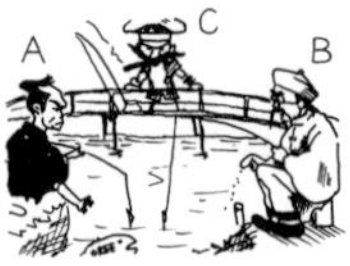

(1) A、B、Cの人物はそれぞれ国を表しています。国の名前を書きましょう。

A（ 日本 ） B（ 中国（清）） C（ ロシア ）

(2) AとBがつろうとしている魚はどこの国でしょう。

（ 朝鮮 ）

(3) このあと起きた戦争は何戦争でしょう。

（ 日清戦争 ）

［ 中国（清）　朝鮮　日本　日清戦争　ロシア ］

月　日 [名前]

ポイント 日清・日露戦争へとつながった経過と条約改正への動きを理解しましょう。

3 （　）にあてはまる言葉を、［　］から選んで書きましょう。

Ⓐ 日清戦争（1894年）

- （① 朝鮮 ）で政治改革を目指した反乱が起こり、①は清に援軍を求めた。
- 清は軍隊を送り、同時に日本も軍隊を送った。
- 1894年7月、（② 日清戦争 ）が起こる。
- ②は、日本が勝利し、右の地図の㋐の（③ 台湾 ）や㋑のリャオトン半島の領土、多額の（④ 賠償金 ）を得た。

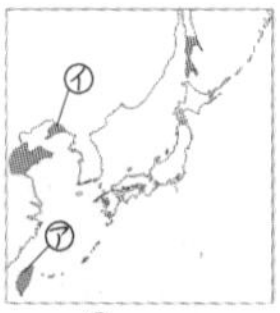

［ 日清戦争　台湾　賠償金　朝鮮 ］

Ⓑ 日露戦争（1904年）

朝鮮や（① 中国（清））に勢力をのばそうとしていた（② ロシア ）は、（③ フランス ）やドイツとともに、日本が得た中国の領土を中国へ返すように日本へ要求しました。これ以後、日本とロシアの対立が強まり、ロシアと戦えという国民の意見が高まり、（④ イギリス ）の応援のもと、日露戦争が始まりました。（⑤ 東郷平八郎 ）の指揮する艦隊はロシアの艦隊を破りました。

［ 中国（清）　ロシア　イギリス　フランス　東郷平八郎 ］

Ⓒ この戦争が終わった後の国民の反応はどうでしたか。右のグラフを参考にして（　）に○をつけましょう。

（○）戦争に勝ったのに、南樺太（サハリン）は得たが、賠償金は取れなかったので国民には不満が残った。

（　）日清戦争に比べて、戦費の額や戦死者の数も少なかったので国民は喜んだ。

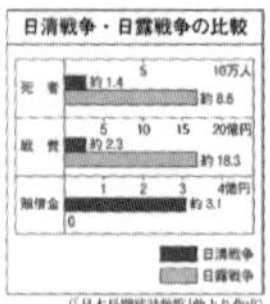

（『日本長期統計総覧』他より作成）

明治時代(6) 日清・日露戦争から条約改正へ②

① 次の詩は日露戦争に関して書かれたものです。あとの問いに答えましょう。

(1) この詩を書いた人はだれですか。
（ 与謝野晶子 ）

(2) この詩にこめた思いについて、正しいものに○をつけましょう。

（○）弟よ、君の両親は戦争で人を殺せ、自分も死ねと育ててきたのではないよ。

（　）弟よ、お国のために、敵を倒して手がらを立てておくれ。

> 君死にたまうことなかれ
> ああおとうとよ　君を泣く
> 君　死にたまうことなかれ
> 末に生まれし君なれば
> 親の情けはまさりしも
> 親は刃をにぎらせて
> 人を殺せと教えしや
> 人を殺して死ねよとて
> 二十四までを育てしや
> 　　　　　与謝野晶子 作

② 次の年表を見て、あとの問いに答えましょう。

1858年	日米修好通商条約（Ⓐ外国の治外法権（領事裁判権）を認める。Ⓑ日本に関税自主権がない不平等な条約）を結ぶ。
1886年	Ⓒノルマントン号事件（船が沈没した際、日本人乗客をイギリス人船長が助けなかった事件）が発生。
1894年	陸奥宗光によって（①）が廃止された。
1911年	小村寿太郎によって（②）が回復された。

(1) 年表中の①と②にあてはまる言葉は、下線部ⒶとⒷのどちらにあたりますか。それぞれ言葉で書きましょう。

① 治外法権（領事裁判権）	② 関税自主権

(2) 年表中のⒸの事件について、関係する権利はⒶとⒷのどちらですか。
（　Ⓐ　）

128

ポイント　日露戦争とその後の朝鮮との関係を学ぶと共に、不平等条約が改正されたことも理解しましょう。

③ 次の資料を見て、（　）にあてはまる言葉を[ ]から選んで書きましょう。

> 地図の上
> 朝鮮国に
> 黒々と
> 墨をぬりつつ
> 秋風を聴く
> 石川啄木

(1) 日本は、（① 日清 ）・（② 日露 ）戦争後、政治や外交の実権をにぎるなどえいきょうを強めていた（③ 朝鮮（韓国） ）を併合し、日本の（④ 植民地 ）としました。③では日本人が安い値段で土地を買い上げるなどしたため、人々は仕事を失い、（⑤ 日本 ）に移り住み、厳しい環境のもとで暮らした人もいました。

朝鮮（韓国）　日本　植民地　日清　日露

(2) 日本は朝鮮の人々の暮らしにも制限を加えました。学校では（① 日本語 ）で教育したり、日本の天皇を尊敬するように日本の（② 歴史 ）を教えたり、（③ 神社 ）を建てたりしました。それに対して全土で激しい抵抗運動がおこりました。

日本語　神社　歴史

129

明治時代(7) 産業と文化の発展

① 右の写真を見て、（　）の中にあう言葉を[ ]から選んで書きましょう。

(1) 日清戦争が始まるころ、日本の産業の中でも（① 生糸 ）の生産が増え、輸出世界一になりました。日清戦争後の条約で日本は多額の（② 賠償金 ）を（③ 中国（清） ）から得て、金属や造船、機械など（④ 重工業 ）が盛んになりました。（⑤ 軍艦 ）や大砲などの武器も国内で生産できるようになりました。重工業をささえたのが（⑥ 八幡製鉄所 ）です。

重工業　賠償金　八幡製鉄所　生糸　中国（清）　軍艦

(2) 工業化が進むと、働く人や自然環境に対する問題が表面化しました。日本で初めての（① 公害 ）といってよい（② 足尾 ）銅山鉱毒事件が発生したのです。鉱石から銅を取り出すときに出る有毒な物質が川を汚染し、稲を枯らし、（③ 人体 ）にも害をあたえたのです。それに対して立ち上がったのが、写真の（④ 田中正造 ）です。銅山の中止と人々の救済を国会でうったえましたが、政府は有効な対策をとることはありませんでした。

田中正造　足尾　公害　人体

130

ポイント　日清・日露戦争後の産業の発展と公害を学ぶと共に、医学・文学のすばらしさを理解しましょう。

② 次の（　）にあてはまる言葉を、[ ]から選んで書きましょう。

(1) 明治時代の後半には、日本の科学技術がめざましく発展しました。

特に（① 医学 ）の面では世界的な学者が次々と出ました。ペスト菌や破傷風の治療法の発見で有名な（② 北里柴三郎 ）、アフリカの黄熱病研究で業績を残した（③ 野口英世 ）、そして、赤痢菌の発見者である志賀潔などが感染症研究で世界に貢献しました。

©国立国会図書館

北里柴三郎　医学　野口英世

(2) 次の（　）にあてはまる言葉を、[ ]から選んで書きましょう。

文学では、なやみ苦しむ人々のありのままのすがたが小説に表現されるようになりました。

（① 夏目漱石 ）は「坊っちゃん」を著し、「たけくらべ」を書いた（② 樋口一葉 ）など、多くの小説家が活やくしました。

短歌や俳句に革新をもたらした右の写真の（③ 正岡子規 ）が優れた作品を発表しました。

©国立国会図書館

樋口一葉　正岡子規　夏目漱石

131

大正時代　自由・権利の時代

ポイント　大正時代の民主主義運動を理解しましょう。

月　日　[名前]

[1] 次の写真を見て、(　)にあてはまる言葉を[　]から選んで書きましょう。

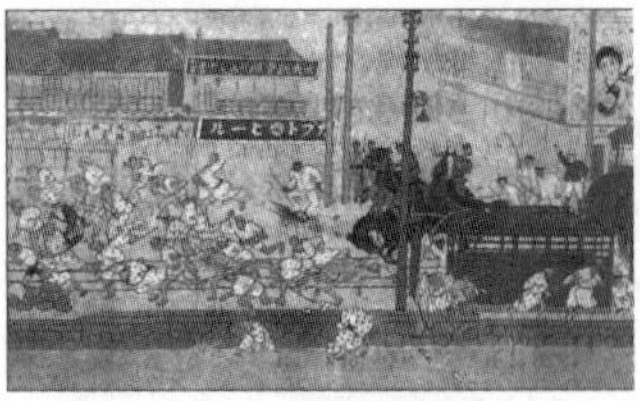

▲米騒動

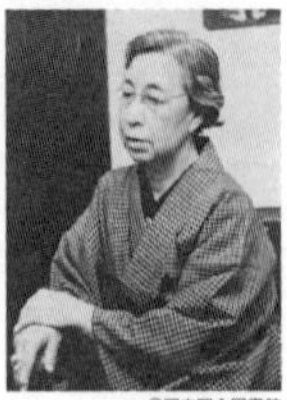

©国立国会図書館

▲平塚らいてう

民主主義の考え方の広まり

① (米騒動)…第一次世界大戦後の1918年米の値上がりで生活が苦しくなった富山県の女性の運動から始まり、全国に広まった。

② (全国水平社)…(解放令)が出されたにもかかわらず、差別され続けてきた人々が自分たちの力で差別をはねのけようと結成した団体。

③ (平塚らいてう)…女性の地位向上の運動を行った人物。

④ (普通選挙)…1925年、(25)才以上のすべての男子に認められた。

⑤ (治安維持法)…1925年、政治運動を取りしまるためにつくられた法律。

25　治安維持法　解放令　米騒動　全国水平社
普通選挙　平塚らいてう　民主主義

[2] 右の写真を参考にして、(　)にあてはまる言葉を[　]から選んで書きましょう。

日本は(①第一次世界大戦)後、不景気に見まわれました。さらに、1923年には東京、横浜を中心とした地域で(②関東大震災)が発生し、死者10万人以上という大きなひ害も出て、さらに苦しい時代となりました。このような時期に、(③ 大正)時代から(④ 昭和)時代へと進んだのです。

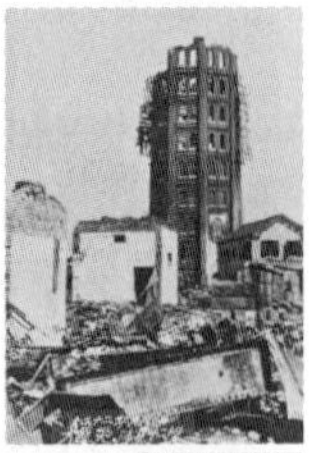

©防災科学技術研究所

明治　大正　昭和　関東大震災　第一次世界大戦

[3] 大正時代の終わりから、昭和時代の初めのことがらについて、右のグラフを参考にして正しいものに○をつけましょう。

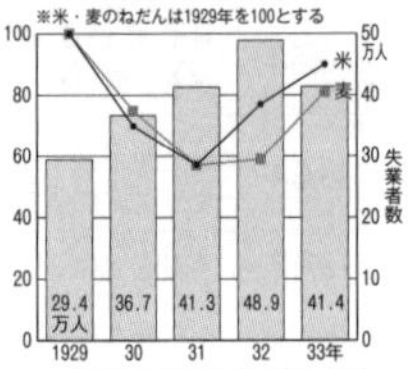
※米・麦のねだんは1929年を100とする
100
80
60
40
20
0
50 万人
40
30
20
10
0
失業者数
米
麦
29.4 万人
36.7
41.3
48.9
41.4
1929
30
31
32
33年

失業者数と農産物の価格の変化

(○) 農村では、農作物の値段が下がり、人々の生活の苦しさがいっそう増しました。

(　) 都市部では景気が良く、働く人たちの賃金も上がりました。

(○) 1932年まで失業者数が増え続けました。

(　) 第一次世界大戦の戦場にならず、工業がますます発展し、国力がのびて、欧米諸国をこえるようになりました。

まとめテスト　明治時代(1)　明治維新・自由民権運動

月　日　[名前]　/100点

[1] 次の資料を見て、あとの問いに答えましょう。(5点×4)

『基本方針』
一、政治は広く会議を開いて、多くの人々が意見を出し合って決めよう。
一、国民が心を一つにして、新政策を盛んにおこなおう。
一、役人も人々も、自分の願いを実現しよう。
一、昔からの習わしをやめて、道理に合うやり方をしよう。
一、新しい知識を世界から学び、天皇中心の国をさかんにしよう。あ

(1) 左の資料は、明治天皇が出したものです。何といいますか。
(五か条の御誓文)

(2) 下線部あの政治をするために行われたことを書きましょう。

① 領地・領民を天皇に返すこと。
(版籍奉還)

② 藩を廃止して、県を置くこと。
(廃藩置県)

(3) 江戸時代とはちがう、新しい世の中にするために進められた政治や社会の改革を何といいますか。
(明治維新)

明治維新　廃藩置県　五か条の御誓文　版籍奉還

[2] 政府は、工業を盛んにして強い軍隊を持つ国にしようとしました。図の[　]にあてはまる言葉を書きましょう。(5点×5)

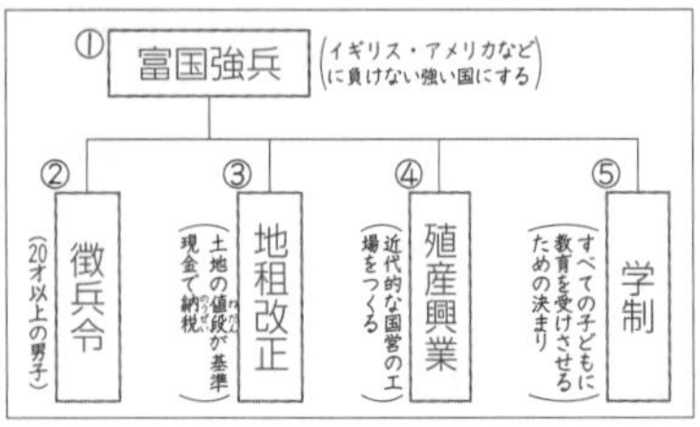
① 富国強兵
(イギリス・アメリカなどに負けない強い国にする)
② 徴兵令
(20才以上の男子)
③ 地租改正
(土地の値段が基準 現金で納税)
④ 殖産興業
(近代的な国営の工場をつくる)
⑤ 学制
(すべての子どもに教育を受けさせるための決まり)

殖産興業
地租改正
徴兵令
学制
富国強兵

[3] 政府に対する不満がどのように変わっていったのか考えましょう。

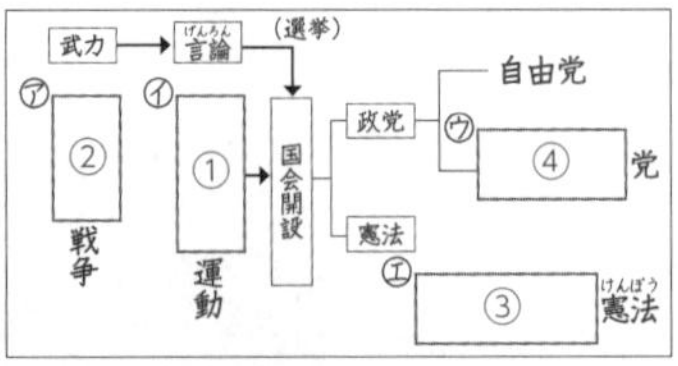
武力
言論
(選挙)
㋐
② 戦争
㋑
① 運動
国会開設
政党
㋒
④ 党
自由党
憲法
㋓
③ 憲法

(1) 図にあてはまる言葉の番号を書きましょう。(5点×4)

①自由民権
②西南
③大日本帝国
④立憲改進

(2) ㋐～㋓の中心になった人物を[　]から選んで書きましょう。(5点×4)

㋐	西郷隆盛	㋑	板垣退助
㋒	大隈重信	㋓	伊藤博文

伊藤博文　西郷隆盛　板垣退助　大隈重信

(3) 次の図は、㋓にもとづく国の仕組みを表しています。

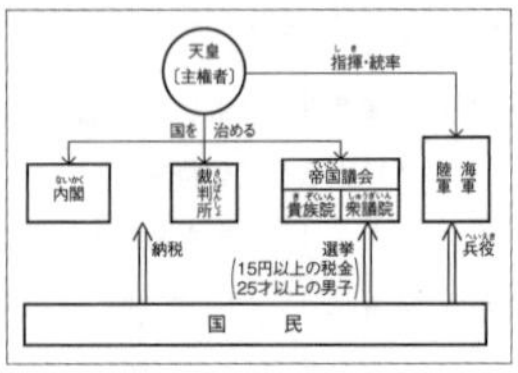
天皇
(主権者)
指揮・統率
国を　治める
内閣
裁判所
帝国議会
貴族院
衆議院
陸軍
海軍
納税
選挙
(15円以上の税金
25才以上の男子)
兵役
国　民

① 主権者はだれですか。(5点)
(天皇)

② 選挙で選ばれるのは、衆議院と貴族院のどちらですか。(5点)
(衆議院)

③ 選挙権は、だれにありましたか。(国民の約1%)(完答5点)

(25)才以上で、一定の税金を納めている(男子(男性))

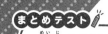

まとめテスト

明治時代(2)　条約改正、日清・日露戦争

□1 次の年表を見て、あとの問いに答えましょう。

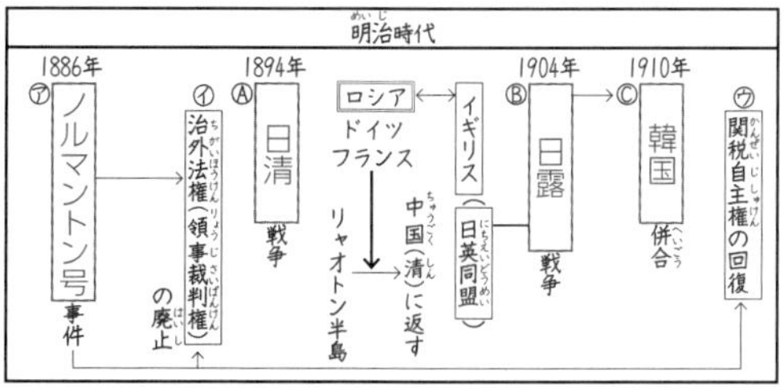

明治時代
1886年
㋐
ノルマントン号
事件
㋑
治外法権(領事裁判権)
の廃止
1894年
Ⓐ
日清
戦争
ロシア
ドイツ
フランス
リャオトン半島
中国(清)に返す
イギリス
日英同盟
1904年
Ⓑ
日露
戦争
1910年
Ⓒ
韓国
併合
㋒
関税自主権の回復

(1) □にあてはまる言葉を、┆┆から選んで書きましょう。（8点×4）

┆ 韓国　日露　日清　ノルマントン号 ┆

(2) ㋐の事件のあと、船長はイギリスの裁判で軽い罪にされただけでした。

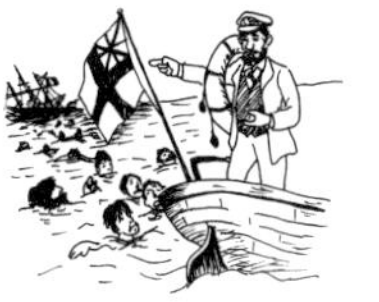

① なぜでしょうか。次の( )の言葉を使って書きましょう。(日本の法律)(10点)

(例) 外国の人が日本で事件をおこしても日本の法律で裁判できない条約があるから。

② この不平等条約㋑を改正させた外務大臣はだれですか。（8点）

(陸奥宗光)

③ 残る不平等条約㋒を改正させた外務大臣はだれですか。（8点）

(小村寿太郎)

┆ 小村寿太郎　東郷平八郎　陸奥宗光 ┆

月　　日 [名前]　　／100点

□2 不平等条約の改正に大きなえいきょうをあたえた、日清・日露戦争について答えましょう。

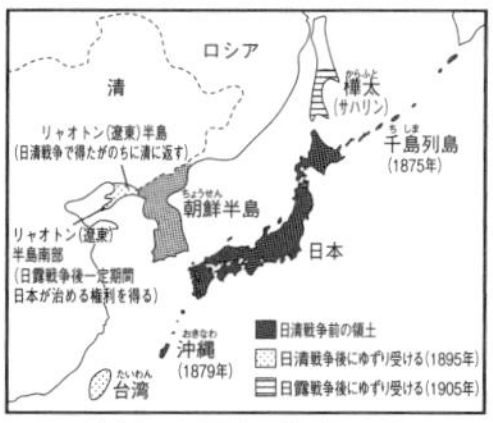

ロシア
清
樺太
(サハリン)
千島列島
(1875年)
リャオトン(遼東)半島
(日清戦争で得たがのちに清に返す)
朝鮮半島
リャオトン(遼東)
半島南部
(日露戦争後一定期間
日本が治める権利を得る)
日本
沖縄
(1879年)
台湾
日清戦争前の領土
日清戦争後にゆずり受ける(1895年)
日露戦争後にゆずり受ける(1905年)

(朝鮮は、1897年に韓国に改名)

(1) 日清戦争と日露戦争について記号で書きましょう。（2回使う言葉もあります。）（6点×4）

	日清戦争	日露戦争
戦争国	㋑と㋒	㋑と㋐
結　果	㋔と㋕	㋓と㋖

※戦争国・結果　順不同

┆ ㋐ロシア　㋑日本　㋒中国（清）　㋓満州の鉄道・南樺太　㋔リャオトン半島・台湾　㋕多額の賠償金を手に入れた　㋖賠償金を手に入れられなかった ┆

(2) 日露戦争で、相手の艦隊を破った人はだれですか。（8点）

(東郷平八郎)

(3) 日露戦争後、日本は朝鮮（韓国）を併合しました。そのことで朝鮮はどうなりましたか。正しいものに○をつけましょう。（5点×2）

( ) 朝鮮の学校では、今までと同じ歴史を教えた。

(○) 朝鮮の国の歴史は教えずに、日本の歴史を教えた。

(○) 朝鮮の国の人々から土地を取り上げた。

( ) 朝鮮の国の人たちのやりたい仕事を認めた。

まとめテスト

明治・大正時代　産業・文化と民主主義運動

□1 明治時代の産業について答えましょう。

〔 軽工業 〕 ➡ 〔 重工業 〕の発展	
㋐ 日清戦争前（1885年） 〔 富岡製糸場 〕 (生糸)	㋑ 日清戦争後（1899年） 〔 八幡製鉄所 〕 (日清戦争の賠償金の一部) ㋒ 日露戦争後（1913年） (造船)・機械・兵器工業

(1) 図の空らんにあてはまる言葉を、┆┆から選んで書きましょう。（4点×5）

┆ 重工業　軽工業　八幡製鉄所　富岡製糸場　造船 ┆

(2) 次のグラフを見て、あとの問いに答えましょう。

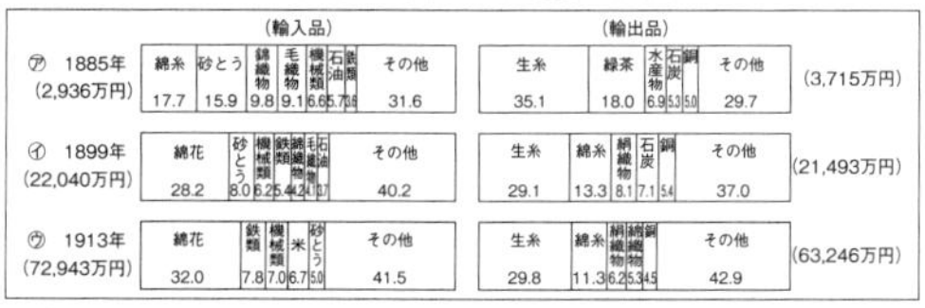

(輸入品)
(輸出品)
㋐ 1885年
(2,936万円)
綿糸 17.7
砂とう 15.9
綿織物 9.8
毛織物 9.1
機械類 6.6
石油 5.7
鉄類 3.6
その他 31.6
生糸 35.1
緑茶 18.0
水産物 6.9
石炭 5.3
銅 5.0
その他 29.7
(3,715万円)
㋑ 1899年
(22,040万円)
綿花 28.2
砂とう 8.0
機械類 6.2
鉄類 5.4
綿織物 4.2
毛織物
石油
その他 40.2
生糸 29.1
綿糸 13.3
絹織物 8.1
石炭 7.1
銅 5.4
その他 37.0
(21,493万円)
㋒ 1913年
(72,943万円)
綿花 32.0
鉄類 7.8
機械類 7.0
米 6.7
砂とう 5.0
その他 41.5
生糸 29.8
綿糸 11.3
絹織物 6.2
綿織物 5.3
銅 4.5
その他 42.9
(63,246万円)

① 上のグラフを参考にして、原料から製品になる順に書きましょう。（5点×2）

原料（綿花）⇒原料(綿糸)⇒製品(綿)織物

② ㋐～㋒の輸出品の第1位と、それからできる製品も書きましょう。

原料(生糸)⇒製品(絹)織物（5点×2）

③ 輸出品の銅をつくり出す過程で、発生した事件とひ害者の救済に取り組んだ人物を書きましょう。（6点×2）

(足尾銅山)鉱毒事件　人名〔 田中正造 〕

月　　日 [名前]　　／100点

□2 産業の発達にともなって、民主主義もおこってきます。（5点×6）

① 社会運動…㋐(女性)の地位向上運動…〔平塚らいてう〕
(もとは、㋐は太陽だった。)
㋑(差別)をなくす運動…〔 全国水平社 〕
(四民平等のもとで苦しめられてきた人々の解放)

② 選挙法の改正…25才以上のすべての(男子)に選挙権があたえられる。
↑
(治安維持法)の成立〔政治や社会を大きく変えようとい う運動を厳しく取りしまる。〕

┆ 治安維持法　全国水平社　女性　男子　差別　平塚らいてう ┆

□3 この時代、世界や日本で活やくする人たちがいました。関係することを線で結びましょう。（3点×6）

① 医学
㋐ 北里柴三郎 ・　　・ あ 赤痢菌の発見
㋑ 志賀　潔 ・　　・ い 黄熱病の研究
㋒ 野口英世 ・　　・ う 破傷風の治りょう法の発見

② 文学、教育
㋐ 津田梅子 ・　　・ あ 「坊ちゃん」の作者
㋑ 与謝野晶子 ・　　・ い 「君死にたまうことなかれ」
㋒ 夏目漱石 ・　　・ う 女子の教育の育成

昭和時代(1)　戦争への道

月　日 [名前]

ポイント　世界的な不景気の中、満州国を建国して中国と戦争になっていった過程を理解しましょう。

[1]　右の地図を見て、（　）にあてはまる言葉を、[　]から選んで書きましょう。

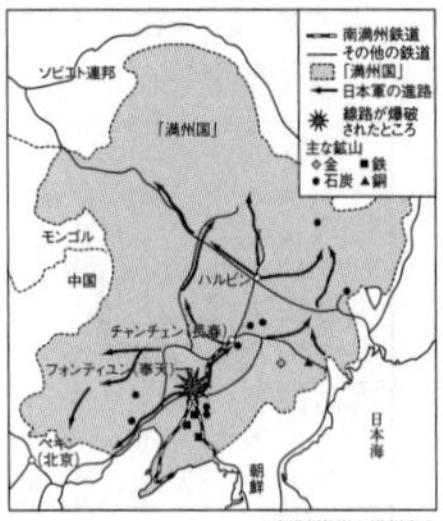

▲南満州鉄道と満州事変

昭和の初めの不景気で人々の生活はゆきづまりました。そして、政治家や（①　軍　）は中国の東北部である（②　満州　）に注目しました。

1931年、日本軍は鉄道を爆破し、中国軍のしわざであるとして攻撃を始めました。この事件を（③満州事変）といい、満州全土を占領して、（④　満州国　）という国をたてました。しかし、（⑤国際連盟）には認められませんでした。そこで政府は⑤を脱退し、世界から孤立してしまいました。

国際連盟　満州　満州国　軍　満州事変

[2]　政府や軍はどうして満州に注目したのでしょうか。その理由で正しいものに○をつけましょう。

（　）満州の人口は多く、日本の工場で働かせることができるから。
（○）日本の農家の田や畑の面積がせまいので、満州の広い土地に移住させて食料を作らせるため。
（　）満州人は貧しいくらしをしているので援助するため。
（○）満州は石炭などの資源にめぐまれているため。
（　）満州の鉄道を使って観光資源の開発をするため。

[3]　右の地図を見て、（　）にあてはまる言葉を[　]から選んで書きましょう。

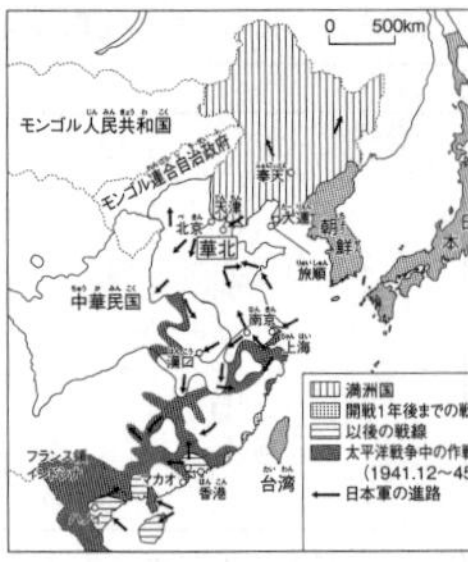

日本は満州国を守るために（①　中国　）に攻撃をしかけました。1937年、北京郊外で日中両軍がしょうとつしました。この事件をきっかけに（②　日中戦争　）が始まりました。

日本軍は大陸中部の（③シャンハイ）や（④ナンキン　）からじょじょに占領地域を広げていきました。しかし、大陸はあまりにも広く、戦いは長期化していきました。　※③④順不同

シャンハイ　ナンキン　中国　日中戦争

[4]　日本は1939年には東南アジアへ勢力を広げました。その理由についてあとの問いに答えましょう。

(1)　日本は東南アジアにある資源をもとめました。その資源とは何ですか。[　]から1つ選びましょう。　（　石油　）

石油　石炭　鉄鉱石

(2)　2つの国が東南アジアを通じて中国を援助していました。その国の名前を書きましょう。

（　アメリカ　）（　イギリス　）　※順不同

アメリカ　イギリス	日本　ドイツ　イタリア

昭和時代(2)　アジア・太平洋戦争①

月　日 [名前]

ポイント　満州事変から敗戦までの15年間に人々の暮らしが追いこまれていった過程をおさえましょう。

[1]　次の地図を見て、（　）にあてはまる言葉を[　]から選んで書きましょう。

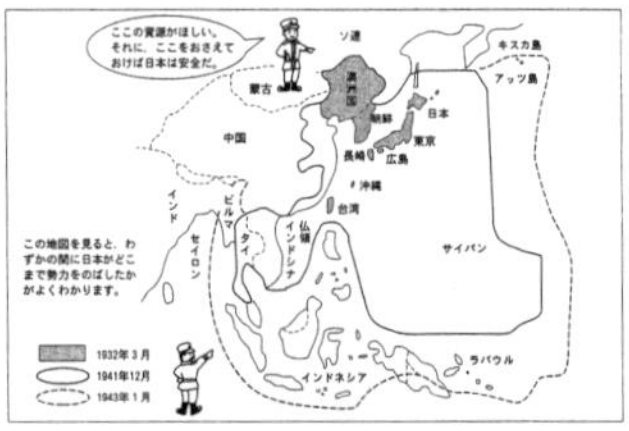

1941年、ついに日本は（①アメリカ　）、イギリスなどの国との戦争に入りました。（②　太平洋戦争　）です。

最初は勝ち進み、太平洋の島々や（③　東南アジア　）全域まで占領地域を広げました。しかし、国力の差ははっきりしており、①におされ続けるようになりました。1944年後半になると、①軍の（④空しゅう　）が毎日のようになり、翌年には（⑤　沖縄　）で地上戦が行われ、8月には（⑥　広島　）、（⑦　長崎　）に原子爆弾を落とされ、ついにポツダム宣言を受け入れ、8月15日に終戦となりました。

沖縄　太平洋戦争　広島　アメリカ　長崎 イギリス　東南アジア　空しゅう

※⑥⑦順不同

[2]　日本が広大な地域を占領したことについて、正しいものに○をつけましょう。

（　）人々の自治や独立を認めた。
（　）学校やライフラインの整備など、生活向上をめざした。
（○）資源や食料、労働力などを奪い取った。

[3]　次の（　）にあてはまる言葉を、[　]から選んで書きましょう。

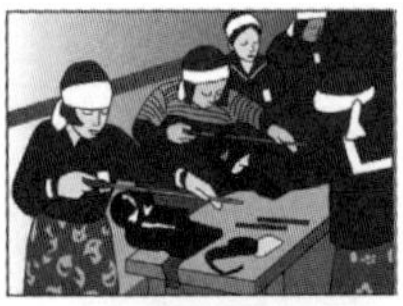

戦争が激しくなると、（①　男子　）の多く（500万人以上）が兵士として戦場に送られました。国内の生活も軍が優先となり、労働力や物が不足しました。中学生たちまで（②　工場　）で働いたり、『ぜいたくは敵だ』と食料や日用品が（③　配給制　）となったり、と全ての面でがまんを強いられました。（④　報道　）や出版の自由もなくなりました。

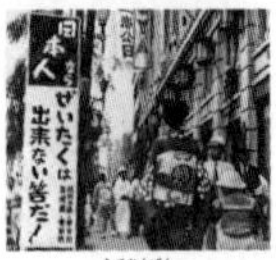

立看板

報道　男子　工場　配給制

[4]　戦争中の人々の生活について、正しいものに○をつけましょう。

（○）食料不足を補うために、運動場や空き地を畑にした。
（　）外国からの輸入で食料は豊富であった。
（○）若い男子はほとんどが戦争に行ったので、国内に残っていたのは女性や老人、子どもが多かった。
（○）防火訓練など、隣組の組織などを活用して行った。
（　）この戦争が「おかしい」と思っている人は、いつでもどこでも「戦争反対」と言うことができた。

昭和時代(3)　アジア・太平洋戦争②

① 次の絵を見て、（ ）にあてはまる言葉を　　　から選んで書きましょう。

(1) 小学生の子どもたちにも戦争のえい
きょうが広がってきました。校庭で
（① 畑 ）仕事や戦争のための
（② 訓練 ）が中心になっていきま
した。学習内容は国語も算数も戦争一色に
なりました。

（③ 空しゅう）が激しくなると、都市
部の子どもたちは、（④ 集団そかい）
で、いなかの寺などで合宿をしました。
そこでは（⑤ 食料 ）不足などで苦
しい思いをしました。

訓練　食料　集団そかい　畑　空しゅう

(2) 太平洋の島々を占領したアメリカ軍は、1944年
末から日本の各都市に（① 空しゅう ）を行いまし
た。1945年3月には（② 東京 ）や（③ 大阪 ）な
ど大都市を攻撃し、多くの人が亡くなりました。
※②③順不同

東京　大阪　空しゅう

146

月　日　名前

ポイント　戦争による日々のえいきょうや、敗戦までの過程をお
さえましょう。

② 次の写真を見て、（ ）にあてはまる言葉を　　　から選んで書きま
しょう。

(1) 1945年4月アメリカ軍は（① 沖縄 ）に上陸し、激しい地上戦が行
われました。日本軍だけでなく県民も、いっしょになって戦いました。
しかし、兵力の差は圧倒的で、3か月ほどで占領されてしまいま
した。軍と県民とで（② 20 ）万人以上の人々が亡くなりました。
人口60万人から考えると大きな犠牲でした。

(2) 戦争はますます厳しくなっていき、8月6日
に（③ 広島 ）、8月9日には（④ 長崎 ）
に原子爆弾が投下されました。いっしゅんに
して、20万人以上の人々が犠牲になり、とう
とう政府が（⑤ ポツダム ）宣言を受け入
れ、降伏しました。

ポツダム　長崎　沖縄　広島　20

③ 次の資料を見て、答えましょう。

(1) 日本人の犠牲者は、兵士、市民を合わせ
て約何万人ですか。

約（ 310 ）万人

国・地域	兵士の死者・ゆくえ不明者	一般市民の死者
中　国	約1000万人	
朝　鮮	約　20万人	
南アジア（ベトナムなど）	約 890万人	
日　本	約230万人	約 80万人

(2) アジアで一番犠牲者が多い国はどこで、約何万人ですか。

国（ 中国 ）約〔 1000 〕万人

147

昭和時代(4)　民主主義と日本国憲法

① 日本は連合軍の指導により改革を行いました。改革とそのえいきょう
について、あとの問いに答えましょう。

(1) 次の（ ）にあてはまる言葉を、　　　から選んで書きましょう。

1945年9月	軍隊の解散
11月	政党の復活　言論・思想の自由を認める
12月	・（① 20 ）才以上の（② 男女 ）全てに選挙権が与えられ、女性議員も誕生。・男女が（③ 平等 ）になる。・（④ 農地改革 ）…政府が土地を買い上げて、小作人に安く売りわたしたことにより、多くの農民が自分の土地をもてるようになる。・労働者の権利が保障され、（⑤ 労働組合 ）の結成をすすめる。
1946年11月	Ⓐ新しい憲法が出される。
1947年3月	Ⓑ教育の制度が変わる。

男女　農地改革　20　労働組合　平等

(2) 下線部Ⓐの名前を書きましょう。　（ 日本国憲法 ）

148

月　日　名前

ポイント　戦後の日本がどのような改革をしていったのか理解し
ましょう。

(3) この憲法は重要な3原則を基本にしています。答えましょう。
① （ 平和 ）主義…戦争で国どうしの問題を解決しない。
② （基本的人権）の尊重…自由、平等など、
人として守られるべ
き権利を尊重する。
③ （ 国民 ）主権…国民の一人ひとりが政
治の主人公

(4) 次の（ ）にあてはまる言葉を、　　　から選んで書きましょう。
憲法では、政治は国民の（① 代表者 ）が行い、政治によって得
られた幸福や利益は、（② 国民 ）が受けると定めています。この
ように、多くの人が参加して話し合い、ものごとを決めていく政治のや
り方を（③ 民主主義 ）といいます。

国民　代表者　民主主義

(5) 下線部Ⓑについて、（ ）にあてはまる言葉を　　　から選んで書き
ましょう。
学校では校舎が焼けてしまったので、運動場な
どの（① 青空教室 ）で学んだり、ノートやえん
筆などの学習用具も満足にない状態でした。そん
な中でも1947年には（② 学校給食 ）が始まり、
子どもの（③ 栄養 ）不足を補う取り組みが始まりました。教育制度
が改められ、義務教育が小学校（④ 6 ）年、中学校（⑤ 3 ）年と
なりました。

▲青空教室

3　6　学校給食　青空教室　栄養

31

149

昭和時代(5)　国際社会への復帰と経済の発展

ポイント　敗戦後の日本が、経済的発展をとげようとする過程と国際平和について理解しましょう。

月　　日　[名前]

[1]　次の年表を見て、①と②にあてはまる言葉と、Ⓐ～Ⓒの国名を[　]から選んで書きましょう。

年	できごと
1945	（ ① ）設立 〔ⒶとⒷの対立深まる〕 ⇓
1950	朝鮮戦争
1951	（ ② ）平和条約 Ⓐと安全保障条約
1956	Ⓑと国交回復 ⇓ ①に加盟
1965	韓国と国交回復
1972	Ⓒと国交正常化

①	国際連合
②	サンフランシスコ
Ⓐ	アメリカ
Ⓑ	ソ連
Ⓒ	中国

サンフランシスコ　国際連合
ソ連（現在のロシア）　中国
アメリカ

[2]　次の問いに答えましょう。

(1)　次の図は、朝鮮戦争のようすを表しています。①と②の国の記号と、③にあてはまる言葉を[　]から選んで書きましょう。

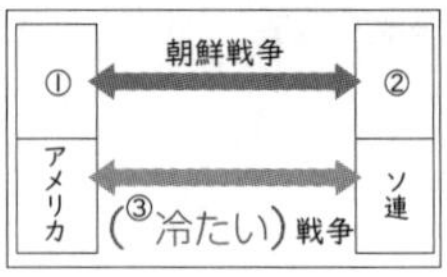

①〔 ㋑ 〕②〔 ㋐ 〕

国名	㋐　朝鮮民主主義人民共和国 ㋑　大韓民国
言葉	冷たい　南北

(2)　日本の近くで、いまだに国交が回復していない国を[　]の㋐と㋑から選びましょう。　〔 ㋐ 〕

(3)　日米安全保障条約によって戦後もアメリカに占領され、1972年にやっと返還された県はどこですか。　（ 沖縄 ）県

[3]　次の文章を読んで、あとの問題に答えましょう。

日本の経済は、1950年代後半から1970年代初めにかけてめざましく発展しました。(A) 鉄鋼や石油化学などの工業が発達し、1964年にはアジアで初めてのスポーツの祭典が(B)、東京で開かれました。国民の生活も豊かになり、各家庭に「三種の神器」(C)が普及しました。

しかし、工業が急速に発展する一方で、水・空気などがよごされ(D)ました。

(1)　下線部A～Dと関係する言葉を、[　]から選んで書きましょう。

A	高度経済成長	B	オリンピック
C	冷蔵庫・洗濯機・（テレビ）	D	公害

オリンピック　公害　高度経済成長　東海道新幹線　テレビ

(2)　Bに合わせて、東京・大阪間に何が開通しましたか。　（ 東海道新幹線 ）

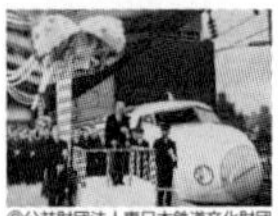
©公益財団法人東日本鉄道文化財団

[4]　現在、次の国々と関係するものを線で結びましょう。

① 中華人民共和国（中国）　―　㋒ 尖閣諸島
② 大韓民国（韓国）　―　㋐ 竹島
③ ロシア連邦（ロシア）　―　㋑ 北方領土
④ 朝鮮民主主義人民共和国（北朝鮮）　―　㋔ らち問題
⑤ アメリカ合衆国（アメリカ）　―　㋓ 基地問題

まとめテスト
昭和時代　満州事変から太平洋戦争

月　　日　[名前]　／100点

[1]　次の年表を見て、あとの問いに答えましょう。

昭和時代

年	できごと
1929	世界的な不景気 → 生活が苦しくなる
1931	Ⓐ（満州事変）が起こる
1932	満州国を独立させる
1937	Ⓑ（日中戦争）が始まる　南京事件
1939	第二次世界大戦が始まる
1941	Ⓒ（太平洋戦争）が始まる　・東京大空襲　あ唯一の地上戦　い原子爆弾投下
1945	敗戦（ポツダム宣言）

(1)　空らんⒶ～Ⓒにあてはまる言葉を、[　]から選んで書きましょう。　（6点×3）

太平洋戦争　満州事変　日中戦争

(2)　なぜ、日本は満州国を中国から独立させようとしたのですか。（　）にあてはまる言葉を書きましょう。　（6点×3）

世界中の不景気の中で、日本も人々の生活は（①苦しく）なりました。そこで、軍は、広大な（②満州）地域を占領すると、石炭や鉄鉱石などの豊かな（③資源）が手に入り、景気が良くなると考えたのです。

資源　満州　苦しく

(3)　(2)の結果について、正しいものに○をつけましょう。　（5点）

①（　）中国は、満州国を認めた。
②（　）世界に認めてもらうために何回も会議に参加した。
③（○）国際会議で認めてもらえずに国際連盟から脱退した。

(4)　年表のⒷからⒸにどうしてなっていったかを、（　）にあてはまる言葉を[　]から選んで書きましょう。（2回使う言葉もあります。）　（5点×5）

長引く（①日中）戦争で、（②石油）などの資源が不足してきたので、それを求めて（③東南アジア）へ進出しようとしました。しかし、そのことに反対する（④アメリカ）などは、日本に石油の輸出禁止を打ち出しました。そこで、日本は（⑤アメリカ）と戦争を始めることになったのです。

石油　東南アジア　日中　アメリカ

(5)　年表あ・いの場所を地図から選んで、記号と地名を書きましょう。　（6点×3）

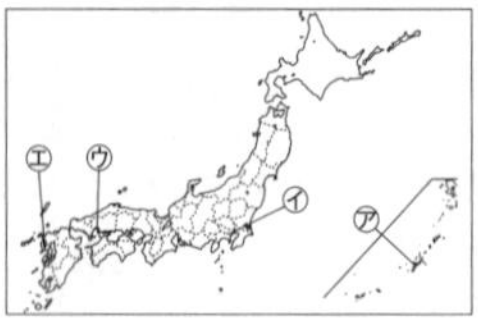

	記号	地名
あ	㋐	沖縄
い	㋒	広島
	㋓	長崎

※い順不同

(6)　Ⓒのときの国民の生活で、関係するものを線で結びましょう。　（4点×4）

① 切符制・配給制　―　食料品などの配給制。
② 学童の集団そかい　―　親元をはなれて地方での生活。
③ 学校での授業　―　戦争の訓練などが行われた。
④ 女学生の労働　―　兵器工場で働く。

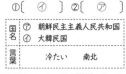

まとめテスト

これからの日本

[1] 次の年表を見て、あとの問いに答えましょう。　（5点×10）

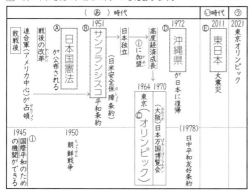

（あ）時代 ／ （い）時代 ／ （う）

- 敗戦後
- 連合軍（アメリカ中心）が占領
- 戦後の改革
- Ⓐ 日本国憲法 が公布される
- Ⓑ 1951 サンフランシスコ 平和条約（日米安全保障条約）
- 日本独立
- ①に加盟
- 高度経済成長
- Ⓓ 1972 沖縄県 が日本に復帰
- 1964 東京 Ⓒ（オリンピック）
- 1970（大阪）日本万国博覧会
- Ⓔ 2011 東日本 大震災
- 2021 東京オリンピック
- 1945 ① 国際平和のための機関ができる
- 1950 朝鮮戦争
- （1978）日中平和友好条約

(1) あ～うにあてはまる時代を、書きましょう。

あ	昭和	い	平成	う	令和

(2) 空らんのⒶ～Ⓔにあてはまる言葉を、[ ]から選んで書きましょう。

サンフランシスコ　オリンピック　日本国憲法　東日本　沖縄県

(3) Ⓐの原則のひとつで、二度と戦争をしない考えを何といいますか。

（　平和　）主義

(4) ①の機関は、国際連盟と国際連合のどちらですか。

（　国際連合　）

月　日　[名前]　/100点

[2] 次の地図を見て、公害・領土問題について答えましょう。

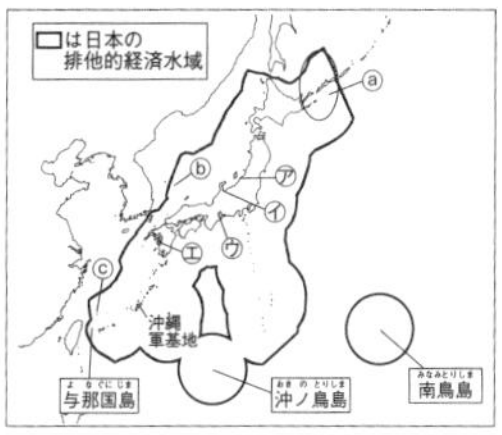

□は日本の排他的経済水域
沖縄米軍基地
与那国島
沖ノ鳥島
南鳥島

(1) 4大公害病が発生した場所を記号で書きましょう。（2点×4）

公害病の名前	記号
新潟水俣病	㋐
水俣病〔熊本県〕	㋓
四日市ぜんそく〔三重県〕	㋒
イタイイタイ病〔富山県〕	㋑

(2) なぜ、(1)のような公害が発生したのですか。（　）にあてはまる言葉を、[ ]から選んで書きましょう。　（4点×3）

このときは（①高度経済成長）期で、工業が大きく発展し、物をつくることが第一だったので、河川や大気などの（②かん境）や人々の（③健康）のことが考えられていなかったから。

健康　かん境　高度経済成長

(3) 領土問題で関係するものを線で結び、場所を記号で書きましょう。　（3点×6）

① 韓国 ―― 竹島〔ⓑ〕
② 中国 ―― 尖閣諸島〔ⓒ〕
③ ロシア ―― 北方領土〔ⓐ〕

(4) 1951年に結ばれた日米安全保障条約が原因で、大きな問題になっているのは何ですか。（6点）

沖縄の（　アメリカ　）軍基地

(5) 日本の周りで、いまだに国交が開かれていない国はどこですか。（6点）

（　朝鮮民主主義人民共和国　）
※北朝鮮でも可

日本とつながりの深い国(1)

[ポイント] 日本と貿易のさかんな国々と、きん密なアメリカとの関係を理解しましょう。

月　日　[名前]

[1] 次の地図は日本と貿易額の多い国を表しています。

(1) 日本と貿易額が多い国を書きましょう。

1位（　中国　）
2位（　アメリカ　）
3位（　韓国　）

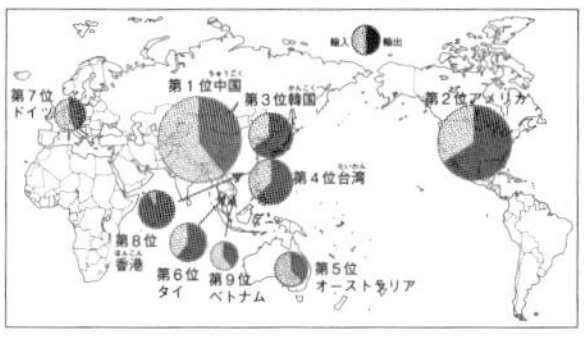

輸入
輸出
第1位中国
第2位アメリカ
第3位韓国
第4位台湾
第5位オーストラリア
第6位タイ
第7位ドイツ
第8位香港
第9位ベトナム

(2) 地図上で日本との貿易が行われている州に○をつけましょう。

（○）ヨーロッパ州　（○）北アメリカ州　（○）アジア州
（○）オーストラリア州　（　）南アメリカ州　（　）アフリカ州

[2] 右のグラフは日本で働く外国人の国別の割合と労働者数を表しています。

(1) 中国の次に多い国を右のグラフAから2つ書きましょう。

（　ブラジル　）（フィリピン）
※順不同

A 外国人の国別割合

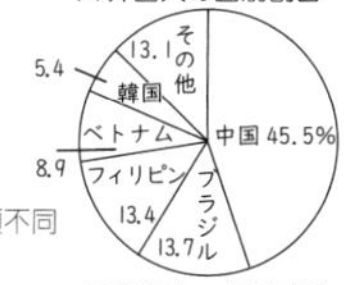

中国 45.5%
ブラジル 13.7
フィリピン 13.4
ベトナム 8.9
韓国 5.4
その他 13.1

(2) Bのグラフについて（　）にあてはまる言葉を、[ ]から選んで書きましょう。

（①少子高れい化）の問題をかかえる日本にとって、外国からの労働者は年々（②増えて）います。外国の人々の（③文化）や習慣をよく理解して、地域で（④共生）していくことが求められています。

B 外国人の労働者数

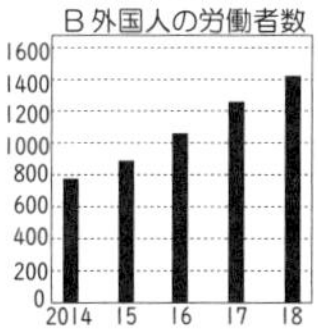

1600
1400
1200
1000
800
600
400
200
0
2014
15
16
17
18

（日本国勢図会 2019/20）

共生　少子高れい化　文化　増えて

[3] 次の問いに、[ ]から選んで答えましょう。

(1) 右の図はどこの国の国旗ですか。

（　アメリカ合衆国　）

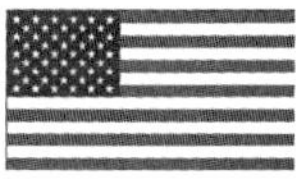

(2) この国旗の星は何の数を表していますか。

（　州　）の数

(3) この国が日本の鎖国を終わらせました。鎖国の時に日本にやってきたのはだれですか。

（　ペリー　）

(4) この国の基本的なデータを書きましょう。

日本の面積は約38万km²だよ。

面積	約983万km²　日本の約（ 26 ）倍
人口	約（ 3 ）億人
首都	（ ワシントンD.C. ）
言語	（ 英語 ）

3　26　州　ペリー　ワシントンD.C.　英語　アメリカ合衆国

(5) この国の産業の特ちょうで正しいものに○をつけましょう。

（○）広大な農地があり、機械を使って大規模な農業をしている。
（　）山間部や砂漠が多いため、農業は盛んではない。
（　）中小企業が多く、ものづくりが得意である。
（○）ＩＴ企業は、技術力で世界を引っ張っている。
（○）さまざまな国から移民を受け入れ、多民族の人が暮らしている。

日本とつながりの深い国(2)

[1] 次の問いに、____から選んで答えましょう。

(1) 右の図はどこの国の国旗ですか。
（　中華人民共和国　）

(2) 右の写真は、この国の旧暦のお正月の様子を表しています。何というでしょう。
（　春節　）

(3) 日本はこの国から多くの文化を学びました。正しいものに○をつけましょう。
（○）茶　（　）キリスト教　（○）漢字　（　）鉄砲

(4) この国との間に1937年に始まった戦争は何ですか。
（　日中戦争　）

(5) この国の基本的なデータを書きましょう。 日本の面積は約38万km²

面積	約960万km² 日本の約（ 25 ）倍
人口	約（ 14 ）億人
首都	（　ペキン　）
言語	（　中国　）語

春節　25　14
中華人民共和国
ペキン(北京)
日中戦争　中国

(6) 現在の中国について、正しいものに○をつけましょう。
（　）観光で日本を訪れるこの国の人はまだ少ない。
（○）世界有数の工業国として、経済発展がめざましい。
（○）石炭や鉄鉱石の他、レアメタルなどの資源が豊富である。
（　）人口は世界の人口の1／3以上を占めている。
（○）日本の最大の貿易相手国である。

162

ポイント 日本とつながりの深い中国とブラジルについて理解しましょう。

[2] 次の問いに、____から選んで答えましょう。

(1) 右の図はどこの国の国旗ですか。
（ブラジル連邦共和国）

(2) この国と日本のつながりは100年以上前に、働きロを求めて多くの日本人が移住したことから始まります。現在、約150万人の日本人や子孫がいます。かれらは何人と呼ばれていますか。
（　日系人　）

(3) 右の写真は、この国のキリスト教のお祭りを表しています。毎年世界各地からたくさんの人が訪れるこの祭りを何といいますか。
（　カーニバル　）

(4) この国の基本的なデータを書きましょう。 日本の面積は約38万km²

面積	約852万km² 日本の約（ 22 ）倍
人口	約（ 2 ）億人
首都	（　ブラジリア　）
言語	（ポルトガル）語

日系人　22　2
カーニバル
ポルトガル
ブラジリア
ブラジル連邦共和国

(5) 次の（　）にあてはまる言葉を書きましょう。
この国は、（①サッカー）のワールドカップで最多5回の優勝を果たしています。（②南アメリカ）大陸にあり、広大な（③アマゾン）の熱帯林など自然豊かな国です。（④コーヒー）豆などの農産物、（⑤鉄鉱石）などの資源は日本に多く輸出されています。

コーヒー　鉄鉱石　アマゾン　サッカー　南アメリカ

163

日本とつながりの深い国(3)

[1] 次の問いに答えましょう。

日本の石油の輸入先(2016年財務省)

(1) 右のグラフは、日本が輸入している「ある工業原料」の輸入先を表しています。この原料は何でしょう。
（　石油　）※原油でも可

(2) サウジアラビアの特ちょうについて、____から選んで書きましょう。
この国の国土は（①砂ばく）や山岳地帯が多く、（②かんそう）した気候の地域です。主な産業は(1)の輸出で、その利益で国の近代化を図り、高層ビルが立ち並ぶ都市が建設されています。また、南西部には（③イスラム）教の聖地メッカがあり、多くの人が参拝をしにきます。

かんそう　イスラム　砂ばく　キリスト

(3) サウジアラビアの女性の服として、正しいものに○をつけましょう。

（　）（　）（○）（　）

(4) この国の基本的なデータを書きましょう。 日本の面積は約38万km²

面積	約221万km² 日本の約（ 6 ）倍
人口	約（ 3400 ）万人
首都	（　リヤド　）
言語	（アラビア）語

3400　アラビア
リヤド　6

164

ポイント 日本とつながりの深いサウジアラビアと韓国について理解しましょう。

[2] 次の問いに、____から選んで答えましょう。

(1) 右の写真はある国の料理です。ご飯と汁ものはスプーン、おかずははしを使って食べます。この国の名前を書きましょう。（大韓民国）

(2) 江戸時代、将軍が代わるごとに、お祝いと友好を目的に日本を訪れた使節団を何といいますか。
（　朝鮮通信使　）

(3) この国の人々の間に深く根づいていて、上下関係や伝統などを重視する中国の孔子が起こした教えを何といいますか。
（　儒教　）

(4) この国で使われている文字は何ですか。（ハングル）文字

(5) この国で多く食べられているつけ物は何ですか。（　キムチ　）

(6) パソコンが広く行きわたっているこの国で、さかんに利用されているものは何ですか。
（インターネット）

(7) この国の基本的なデータを書きましょう。 日本の面積は約38万km²

面積	約10万km² 日本の約1／（ 4 ）倍
人口	約（ 5000 ）万人
首都	（　ソウル　）
言語	（　韓国　）語

4　5000　インターネット　韓国　儒教　ハングル
大韓民国　キムチ　朝鮮通信使　ソウル

165

まとめテスト

日本とつながりの深い国

[1] 次の問いに答えましょう。 (5点×6)

(1) 右のグラフは、日本に住む外国人を表しています。Aの国はどこですか。正しいものに○をつけましょう。

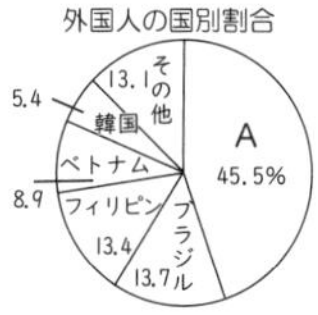

外国人の国別割合
A
45.5%
その他
13.1
韓国
5.4
ベトナム
8.9
フィリピン
13.4
ブラジル
13.7

(　)アメリカ　　(　)タイ
(　)北朝鮮　　(○)中国

(2) 日本はアメリカと盛んに貿易を行っています。右のグラフを参考にしてアメリカからの主な輸入品には㋐、アメリカへの主な輸出品には㋑を、(　)に書きましょう。

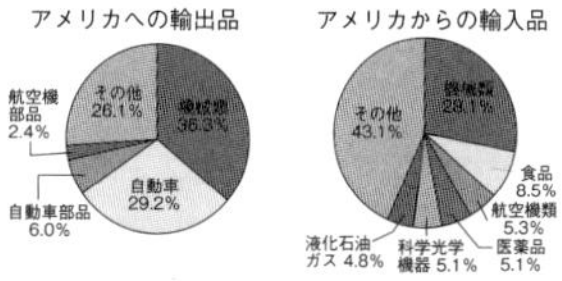

アメリカへの輸出品
その他 26.1%
機械類 36.3%
自動車 29.2%
自動車部品 6.0%
航空機部品 2.4%
アメリカからの輸入品
機械類 28.1%
その他 43.1%
食品 8.5%
航空機類 5.3%
医薬品 5.1%
科学光学機器 5.1%
液化石油ガス 4.8%

(㋐)大豆　　(㋑)自動車　　(㋐)薬

(3) 右の地図は日本との貿易額の多い国を表しています。日本の最大の貿易相手国はどこですか。

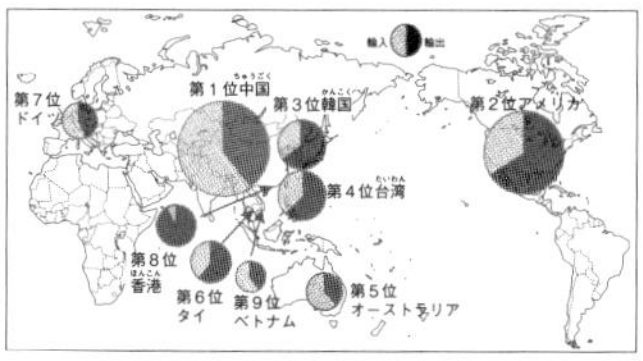

輸入
輸出
第1位中国
第2位アメリカ
第3位韓国
第4位台湾
第5位オーストラリア
第6位タイ
第7位ドイツ
第8位香港
第9位ベトナム

(　中国　)

(4) 右の地図について、正しいものに○をつけましょう。

(○)中国との貿易は輸入額のほうが多い。
(　)アメリカとの貿易は輸入額のほうが多い。
(　)上位8位までの国々は、全てユーラシア大陸にある。

月　日 [名前]　　/100点

[2] 日本とつながりが深い国に関して、次の表を完成させましょう。
[　]には国名を書き、(　)には[　]から選んで答えましょう。
正式な国名で書きましょう。 ([　]7点×5、(　)5点×7)

国名	言葉	歴史・文化	日本とのつながり
中華人民共和国	中国語	万里の長城 中国料理 漢字	日本に(　米　)づくりや(　仏教　)を伝える。かつて日本との間で戦争があった。
アメリカ合衆国	(　英語　)	ペリー来航 ファストフード	(　貿易　)や安全保障で、つながりが深い国。野球などで日本人の活やく。
ブラジル連邦共和国	ポルトガル語	明治時代から多くの日本人が移住	移民とその子孫約150万人が住む。鉄鉱石や農産物の(コーヒー豆)を輸出。
サウジアラビア	アラビア語	世界最大のイスラム教の国	日本に(　石油　)を輸出。砂漠が多いが、イスラム教の聖地メッカがある。
大韓民国	(　韓国語　)	古代にさまざまな文化を伝える	日本とはIT産業を通じての貿易が盛ん。音楽などの文化交流も多い。

貿易　石油　韓国語　コーヒー豆
英語　米　仏教

世界の課題と国際協力(1)

[1] 次の写真について、あとの問いに答えましょう。

(1) 次の(　)にあてはまる言葉を、[　]から選んで書きましょう。

① 1945年、(①第二次世界大戦)が終わって、その教訓から世界の(②　平和　)を願い、国と国の争いを(③　戦争　)で解決することがないように(④国際連合)が結成されました。日本は敗戦国であったため、加盟が認められたのは(⑤1956　)年で、やっと国際社会に復帰できました。

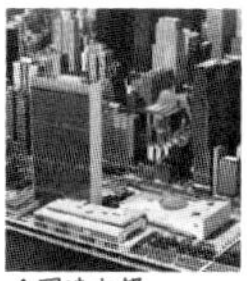
▲国連本部
(ニューヨーク)

戦争　国際連合　平和　第二次世界大戦　1956

② この組織の目的は、全ての国を(①　平等　)にあつかい、(②　経済　)や社会文化の問題を解決し、(③　人権　)と自由を尊重するために、国々が(④　協力　)しあうとされています。

協力　人権　経済　平等

(2) この組織は多くの専門機関を持っています。次の機関名の記号を書きましょう。

① 紛争や戦争を話し合って解決する。 →(　㋑　)
② 教育、科学、文化を通して平和を守る。 →(　㋐　)
③ 子どもを戦争や貧困から守る。 →(　㋒　)

㋐ユネスコ　㋑安全保障理事会　㋒ユニセフ

月　日 [名前]

ポイント　国際連合の仕組みと働きについて理解し、世界の課題について考えましょう。

[2] 次の問いに[　]から選んで答えましょう。

(1) 今、世界の各所で自分の国を追われて他の国へ逃げる人々がいます。この問題を何といいますか。 (　難民問題　)

(2) 貧しさのせいで、子どもが学校に行けずに働いたり、売られたりしている問題を何といいますか。 (　貧困問題　)

(3) 二酸化炭素の排出量の急増によって、地球全体の温度が上昇し、かんそうやごう雨などの異変が起こっている問題を何といいますか。

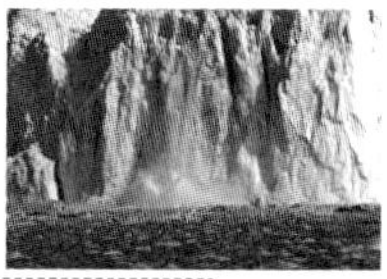

(　地球温暖化問題　)

地球温暖化問題　難民問題　貧困問題

[3] 次の問いに[　]から選んで答えましょう。

[2]の問題は、一国だけで解決できません。(①　国際連合　)を中心に各国の政府や(②　NGO　)が協力する必要があります。①は2015年、世界から(③　貧困　)をなくすことや、(④地球かん境　)の悪化への取り組みについて17項目を決め、(⑤持続可能な社会　)をめざすことを決めました。

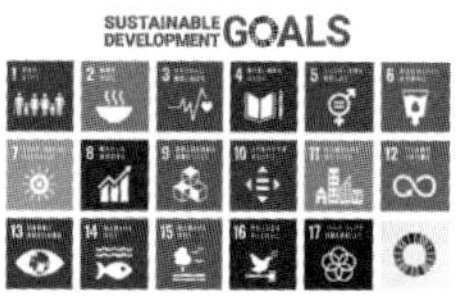

SUSTAINABLE DEVELOPMENT GOALS

NGO(非政府組織)　貧困　地球かん境
持続可能な社会　国際連合

世界の課題と国際協力(2)

ポイント　日本が果たすべき国際協力と世界の課題について考えましょう。

月　日 [名前]

[1]　次の（　）にあてはまる言葉を、[　　]から選んで書きましょう。

① 日本人は、多くの分野で世界中で指導にあたっています。写真のような（①農業指導）を行ったり、安全な水を確保されない地域では（②井戸）をほったり、（③水道）の整備や学校を建設したりしています。また、紛争や災害が起きたときに（④人命）を助けるための救援活動も行っています。

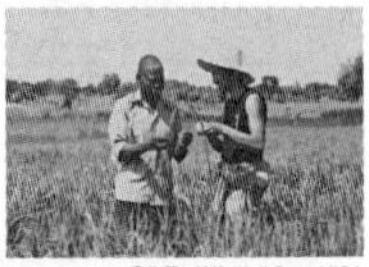
©佐藤　浩治/Koji Sato/JICA

［ 水道　人命　農業指導　井戸 ］

② 日本の国際協力について、[　　]から選んで答えましょう。

A　国の活動

・発展途上国の経済の発展や福祉の充実のために先進国の政府が行う援助を（① ODA）といいます。（②青年海外協力隊）は日本が行っている①の活動の一つです。発展途上国の人々の生活を支援するため、現地で生活をしながら、教育や農林水産業、保健衛生などのさまざまな分野で、技術指導などを行っています。

B　民間団体の活動

・政府から独立して活動する民間団体を（③ NGO）といいます。発展途上国の開発や、医療、環境保護、人権の保護など、専門を生かした分野で活動しています。

［ 青年海外協力隊　NGO　ODA ］

[2]　次の（　）にあてはまる言葉を、[　　]から選んで書きましょう。

現在世界で最も大きな課題となっているのが（①地球温暖化）のえいきょうで（②ごう雨）や干ばつ（雨が降らないので作物が育たない）、そして南極の氷がとけることなどによる（③海面）の上昇で、島がしずむといった問題です。これは、国々の（④工業化）や生活の向上によって大量のエネルギー消費により、（⑤二酸化炭素）の排出の増加が進み、引き起こされた問題です。

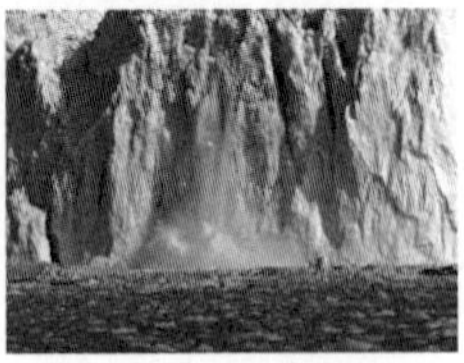

［ 二酸化炭素　海面　ごう雨　工業化　地球温暖化 ］

[3]　子どもの権利条約は、ユニセフの活動の基本となっています。これを参考にして、正しいものに○をつけましょう。

（○）子どもは差別されることなく、その発達が保障される。
（○）子どもは自分の考えやその表現が保障される。
（○）子どもは教育を受ける権利がある。
（　）子どもは働く自由がある。

・防げる病気で命をうばわれないこと。
・教育を受け、休むことや遊ぶことができること。
・親などの虐待から守られること。
・自由に意見の発表ができること。

まとめテスト

世界の課題と国際協力

月　日 [名前]　/100点

[1]　右の写真を見て、次の問いに答えましょう。

(1) この写真は子どもを援助する国際機関の活動です。この機関の名前を書きましょう。（8点）

（ユニセフ）

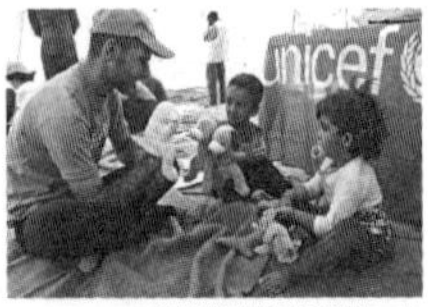

©UNICEF/UNI169308/Khuzaie
提供：(公財) 日本ユニセフ協会

(2) この機関がしている仕事で正しいものに○をつけましょう。（6点×3）

（○）世界中の子どもに安全な水と成長するための栄養がいきわたるようにする。
（　）世界中の子どもに仕事をあたえる。
（○）世界のすべての子どもが教育を受けられるようにする。
（　）難民の子どもを外国に行けるようにする。
（○）災害や紛争に巻きこまれた子どもの援助をする。

(3) (1)の活動の基本には、1989年に国連で決めた子どもに関する条約があります。その条約の名前を書きましょう。（8点）

（子どもの権利）条約

[2]　次の権利と、その説明に関係するものを線で結びましょう。（5点×3）

① 守られる権利 ― 子どもの時は働かされたり、兵士にされたりせずに守られること。
② 育つ権利 ― 教育が受けられること。
③ 生きる権利 ― 生まれた国の環境による病気などで命をうばわれないこと。病気の治療を受けられること。

[3]　現在、地球で起きている環境問題について、関係するものを線で結びましょう。（6点×4）

① 砂漠化 ― ㋑ 地球の気温上昇や開発により、森林や農地が砂漠に変わっていくこと。
② 海面上昇 ― ㋓ 南極の氷がとけるなどして、海水面が上がり、海にしずむ国がでてきている。
③ 大気汚染 ― ㋐ 冬の暖房などで石炭、石油を燃やすことで空気がよごれ、健康被害を招いている。
④ 水問題 ― ㋒ 森林が失われることによって、水をたくわえられなくなり、水不足を招いている。

[4]　2015年、世界各国は国際社会が共通して取り組むべき目標(①)を採択しました。これについてあとの問いに答えましょう。

(1) 採択したのは、何という国際機関ですか。（9点）（国際連合）

(2) 下線部①について17の目標がありますが、以下の文でふくまれているものに○をつけましょう。（6点×3）

（○）貧困をなくす。
（○）人や国の差別をなくす。
（　）森林を伐採して世界中に工場を建てる。
（○）自然の力を利用した安全なエネルギーの開発を行う。

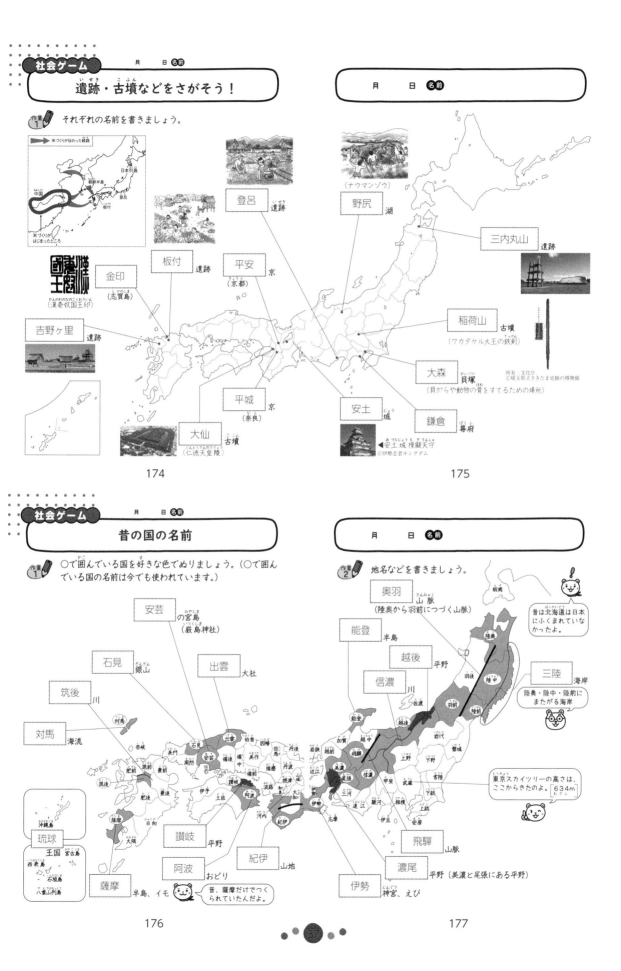

作業1　それぞれの名前を書きましょう。

米づくりが伝わった経路

日本列島
朝鮮半島
中国
米づくりが
はじまったところ

（ナウマンゾウ）

登呂
遺跡

野尻
湖

三内丸山
遺跡

金印
（志賀島）
漢委奴国王印

板付
遺跡

平安
京
（京都）

稲荷山
古墳
（ワカタケル大王の鉄剣）

吉野ヶ里
遺跡

大森
貝塚
（貝がらや動物の骨をすてるための場所）

所有：文化庁
Ⓒ埼玉県立さきたま史跡の博物館

平城
京
（奈良）

安土
城

大仙
古墳
（仁徳天皇陵）

鎌倉
幕府

安土城 模擬天守
Ⓒ伊勢忍者キングダム

作業1　〇で囲んでいる国を好きな色でぬりましょう。（〇で囲んでいる国の名前は今でも使われています。）

作業2　地名などを書きましょう。

奥羽
山脈
（陸奥から羽前につづく山脈）

昔は北海道は日本にふくまれていなかったよ。

安芸
の宮島
（厳島神社）

能登
半島

越後
平野

三陸
海岸
陸奥・陸中・陸前にまたがる海岸

石見
銀山

出雲
大社

信濃
川

筑後
川

対馬
海流

東京スカイツリーの高さは、ここからきたのよ。 634m

琉球
王国
宮古島
西表島
石垣島
八重山列島

讃岐
平野

紀伊
山地

飛騨
山脈

阿波
おどり

濃尾
平野（美濃と尾張にある平野）

薩摩
半島、イモ

昔、薩摩だけでつくられていたんだよ。

伊勢
神宮、えび

学年末テスト

日本国憲法・政治

[1] 次の図を見て、あとの問いに答えましょう。

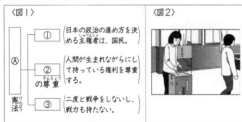

〈図1〉

Ⓐ 憲法
- ① 日本の政治の進め方を決める主権者は、国民。
- ② の尊重 人間が生まれながらにして持っている権利を尊重する。
- ③ 二度と戦争をしないし、戦力も持たない。

〈図2〉

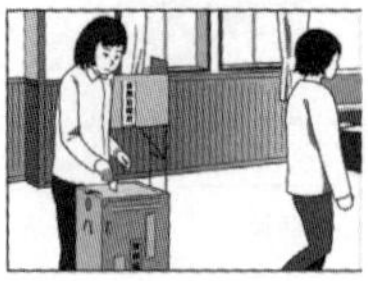

(1) 図1のⒶと①～③にあてはまる言葉を書きましょう。〈知識〉(6点×4)

Ⓐ(日本国)憲法

①	国民主権	②	基本的人権	③	平和主義

(2) 図2は、わたしたちが政治に参加する大切な機会を表しています。これを何といいますか。〈知識〉(6点) (選挙)

(3) (2)は、図1の三原則の中のどれにもとづいていますか。番号で書きましょう。〈技能〉(6点) 〔 ① 〕

(4) みなさんも18才になれば、(2)の権利を得ることになります。その大切さを、上の図を見て書きましょう。〈思考〉(10点)

(例)
日本の政治の進み方を決める主権者は、国民なので、その政治に参加する大切な機会だから。

月　日 [名前]　/100点

[2] 次の文章は[1]のⒶの前文です。あとの問いに答えましょう。

国の政治は、( )から厳粛にゆだねられた行為であって、その権威はもともと( )がもっているものである。政治の力は、( )の代表者によって使われ、そこから得られる幸福と利益は( )が受けるものである。

(1) 文章の( )にはすべて同じ言葉が入ります。漢字2文字で書きましょう。〈知識〉(6点) | 国 | 民 |

(2) 国の政治は、三権分立によってバランスが保たれるようになっています。次の説明にあたるのは三権の中のどの組織ですか。〈知識〉(6点×3)

① 国の法律や予算を決める。 (国会)

② 大臣や役人が実際の政治を進める。 (内閣)

③ ①や②が憲法にい反していないかを判断する。(裁判所)

[3] 政治の目的は「すべての国民の幸せなくらし」です。

(1) 保育所の建設までの図を見て( )にあてはまる言葉を書きましょう。〈知識・技能〉(6点×4)

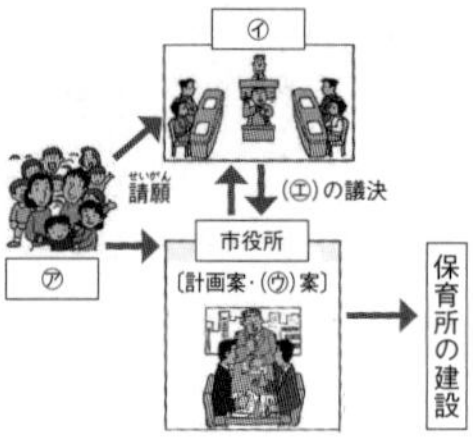

① (㋐ 市民)の願いを、市役所や(㋑ 市議会)に出す。

② 担当者が、(㋒ 予算)がどれくらいかかるか検討し、計画案を作る。

③ 計画案を㋑で話し合い、(㋓ 賛成)の議決をする。

④ 保育所の建設にとりかかる。

(2) 保育所の建設費には何をあてますか。〈知識〉(6点)

市民が納めた(税金)

学年末テスト

歴史(1)「古代」

[1] 2つの図を比べ、あとの問いに答えましょう。

㋐

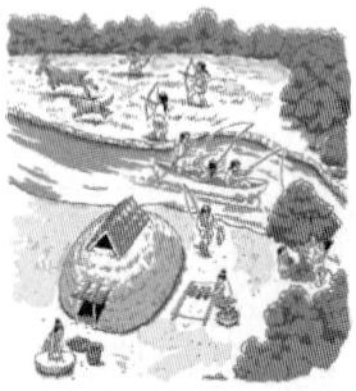

㋑

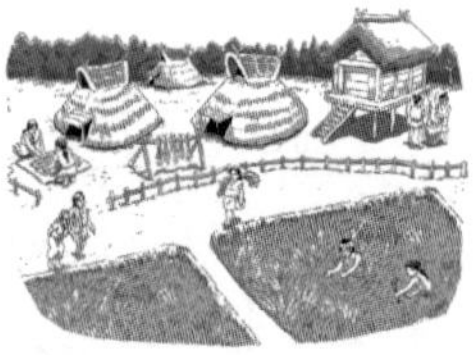

(1) ㋐と㋑を比べて、変化した点を3点書きましょう。〈思考〉(8点×3)

(例)
・動物をかったり、木の実をとったりする生活から米づくりへ。
・米を保存するための高床倉庫がある。
・生活する集団が大きくなった。(定住)

(2) ㋐、㋑はそれぞれ何時代と呼ばれていますか。〈知識〉(5点×5)

㋐ 縄文 時代　㋑ 弥生 時代

(3) ㋑の時代になると、むらどうしの争いが始まり、より勢力の強い集団(くに)ができます。その代表的なくにとその女王の名前を書きましょう。

邪馬台国　女王 卑弥呼

(4) ㋑の時代の遺跡で九州にある有名な遺跡の名前を書きましょう。

吉野ヶ里 遺跡

月　日 [名前]　/100点

[2] 右の写真を見て、あとの問いに答えましょう。

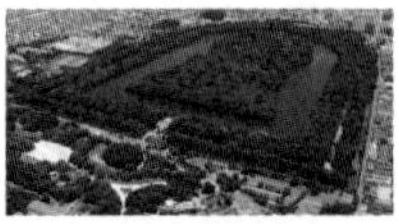

(1) 写真の建造物を何といいますか。〈知識〉(5点)

大仙古墳(仁徳天皇陵)

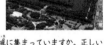

(2) このような巨大な建造物は、どの地域に集まっていますか。正しいものを○で囲みましょう。〈知識〉(5点)

九州地方(福岡、佐賀)　近畿地方(奈良、大阪)

(3) この建造物が盛んにつくられたころ、国が統一されました。その政権の名前を書きましょう。〈知識〉(5点) 大和 政権(朝廷)

(4) この建造物は国民に対して、何を示したかったのですか。( )の言葉を使って書きましょう。(王、権力)〈思考〉(11点)

(例) 王が持っている権力の大きさ

[3] 次の資料を見て、あとの問いに答えましょう。〈知識〉(5点×5)

一、和を大切にし争いをやめよ
一、仏教をあつく敬え
一、天皇の命令に従え

(1) 右の資料は何と呼ばれる法律ですか。

十七条の憲法

(2) だれが出したものですか。また、出した理由は何ですか。

聖徳太子　天皇 中心の国を作るため。

(3) この人は中国にも使いを出しました。その国と使者の名前を書きましょう。

国 隋　使者 小野妹子

歴史(2) 「貴族の時代」

① 次の写真を見て、あとの問いに答えましょう。

(1) この仏像は何と呼ばれていますか。〈知識〉(5点×2)

　東大　寺の　大仏

(2) 何時代にだれによってつくられましたか。〈知識〉(5点×2)

　奈良　時代　聖武天皇

(3) この仏像は、だれの協力によってつくられましたか。〈知識〉(5点)

　行基

(4) 天皇がこの仏像をつくろうとした理由を、（　）の言葉を使って書きましょう。（世の中の乱れ　仏教）〈思考〉(10点)

(例)
仏教の力で世の中の乱れをしずめて、人々の心を一つにするため。

② 奈良時代の農民の姿です。この絵を見て、あとの問いに答えましょう。〈知識・技能〉(5点×3)

農民には重い税がかけられました。その税には①田畑を国からもらう代わりに米を納める　②地方の特産物を都に届ける　③国の役所で働くか布を納めるがありました。①、②、③は何と呼ばれる税ですか。

① 租
② 調
③ 庸

③ 次の資料を見て、あとの問いに□□から選んで答えましょう。

(1) この和歌はある貴族がよんだものです。この貴族はだれですか。また、何時代につくられましたか。〈知識〉(5点×2)

　藤原道長　平安　時代

この世をば　わが世とぞ思う　望月の　かけたることも　なしと思えば

(2) この和歌の意味を書きましょう。〈思考〉(10点)

(例) この世は、私のためにある世界だと思う。満月がどこも欠けてないように、すべて自分の思うままで不安に思うことは何もない。

(3) この時代の政治は貴族がしていました。貴族の仕事や生活について答えましょう。〈知識〉(5点×6)

① 貴族の仕事は、朝廷の　行事　をこなすこと。

　寝殿　造の大きなやしきに住み、けまりやすごろくといった文化や　和歌　などの教養をみがいていました。

② 貴族によって、日本風の文化も発展しました。漢字から、日本独自の文字である　かな文字　が発明され、それを用いて、朝廷の貴族の暮らしをえがいた小説『源氏物語』を　紫式部　が、また、貴族たちの日々の姿や季節の変化を　清少納言　が『枕草子』としてえがきました。また、和歌集もつくられました。

平安　かな文字　行事　藤原道長
清少納言　紫式部　寝殿　和歌

182　183

歴史(3) 「武士の時代」

① 右の図を見て、あとの問いに答えましょう。

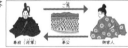

(1) 次の（　）にあてはまる言葉を、□□から選んで書きましょう。〈知識〉(5点×5)

平安時代の末期には貴族どうしの争いの中で（①　武士　）の勢力が大きくなりました。特に（㋐　平氏　）と（㋑　源氏　）が2大勢力でした。はじめは㋐が朝廷をしのぐほどでしたが、多くの武士の支持を得て㋑が㋐をほろぼし、（②　鎌倉　）に幕府を打ち立てました。武士の時代の始まりです。幕府は全国を支配するために（③　守護　）と地頭を置き、朝廷の力を少しずつうばっていきました。

平氏　源氏　武士　鎌倉　守護

(2) 鎌倉幕府を建てた人はだれですか。また、その人は何という位につきましたか。〈知識〉(5点×2)

人名　源頼朝　位　征夷大将軍

(3) なぜ鎌倉幕府はほろびたのですか。（　）の言葉を使って書きましょう。（御家人　元寇　領地）〈思考〉(10点)

(例)　将軍と御家人は「ご恩」と「奉公」という関係で成り立っていました。元寇の時、御家人は命がけで戦ったのですが、ご恩としての領地を得ることができませんでした。こうした御家人の不満が高まっていったからです。

② 室町時代は文化が発展した時期です。右の写真を見てあとの問いに答えましょう。

(1) □□に建物の名を書きましょう。〈知識〉(5点×2)

㋐　銀閣　㋑　金閣

(2) 次の表にあてはまる言葉を、□□から選んで書きましょう。〈知識〉(㋐、㋑は各完答10点)

	建てた将軍	文化の名前
㋐	足利義政	東山文化
㋑	足利義満	北山文化

足利義満　東山文化
足利義政　北山文化

③ 次の説明を読んで、その文化名を書きましょう。〈知識・技能〉(5点×5)

① 1100年続く京都の町人のお祭り。　祇園祭

② 僧侶や貴族から始まった、中国から伝わった飲み物を文化まで高めた作法。　茶の湯

③ 雪舟が有名。墨のこい、うすいで立体的な風景画などをえがいた。　水墨画（すみ絵）

④ お面を付けて、人の心などを舞で表す芸術。　能

⑤ ④の合い間に演じられるこっけい劇。　狂言

狂言　祇園祭　能　茶の湯　水墨画（すみ絵）

184　185

学年末テスト

歴史(4) 「天下統一への道」

月　日 [名前]　/100点

[1] 右の図を見て、あとの問いに答えましょう。

(1) 図の人物は戦国時代に新しい考えで天下統一の道を進んだ人物です。この人物の名を書きましょう。 〈知識〉(7点)

織田信長

(2) この人物は新しい考えでさまざまな政策を実行しました。政策名と説明を線で結びましょう。 〈知識〉(5点×3)

① 楽市・楽座 ―― ㋑ 安土城下に商人を集めるために税金をなくした。

② 新しい戦術 ―― ㋐ 鉄砲をたくさん製造し、鉄砲隊を中心にした集団戦法をとった。

③ キリスト教、南蛮貿易 ―― ㋒ 西洋の新しい文化を取り入れるとともに、仏教勢力をおさえた。

(3) この時代に南蛮人が伝えたさまざまな文化やものを書きましょう。〈知識〉

① 鉄砲を最初に日本に伝えたのはどこの国の人たちですか。 (7点)

ポルトガル

② 鉄砲は最初日本のどこに伝わりましたか。(7点) 種子島

③ キリスト教を伝えた宣教師はだれですか。 (7点)

フランシスコ・ザビエル

④ 他に南蛮人が伝えたものを◯で囲みましょう。 (完答7点)

〔 さつまいも　(カステラ)　英語　(カルタ) 〕

[2] 右の図を見て、あとの問いに答えましょう。

©高台寺

(1) 図の人物は、織田信長のあとをついで、天下統一をなしとげた武将です。だれですか。〈知識〉(7点)

豊臣秀吉

(2) この武将が建てた右の城の名前を書きましょう。 〈知識〉(7点)

大阪 城

(3) 次の文で、この武将がしたことで正しいものに○をつけましょう。 〈知識〉(4点×2)

(　)室町幕府をほろぼした。 (　)江戸に城を築き、幕府を開いた。

(○)検地、刀狩をした。 (○)朝鮮出兵をしたが敗北した。

(4) 検地・刀狩のねらいを、[　]の言葉を用いてまとめましょう。 〈思考〉(7点×3)

検地で ① 年ぐ を安定してとれるようにし、刀狩で武器を ② 百姓 から取り上げることで逆らえないようにして、③ 武士 との身分のちがいをはっきりさせること。

[百姓　武士　年ぐ]

(5) この武将の死後、関東にいた武将が1600年にあった戦いで勝利し、やがて江戸に幕府を開きました。その武将の名前と戦いの名前を書きましょう。 〈知識〉(完答7点)

武将 徳川家康　戦い 関ケ原 の戦い

学年末テスト

歴史(5) 「長く続いた江戸時代」

月　日 [名前]　/100点

[1] 右の図を見て、あとの問いに答えましょう。

(1) 右の図は、三代将軍が定めた法律によって、全国の大名が行いました。これを何といいますか。また、その内容を説明しましょう。 〈知識〉(5点)〈思考〉(15点)

参勤交代

(例) 各地の大名を1年おきに領地と江戸を行き来させること。

(2) 徳川の初代～三代将軍は、大名の力をそぐために、さまざまな政策をとりました。それぞれの説明と線で結びましょう。 〈知識〉(3点×3)

① 武家諸法度 ―― ㋒ 大名が力を持たないように細かいきまりを決めた。

② 大名の配置 ―― ㋑ 譜代大名を江戸の近くに、外様大名を遠くに配置した。

③ 普請(工事をさせる) ―― ㋐ 城の建設や河川の改修工事をさせお金を使わせる。

(3) 幕府は武士だけでなく、多くの政策で国を安定させようとしました。次の中で正しいものに○をつけましょう。 〈知識〉(4点×4)

(○) 百姓におふれ書きを出した。 (○) 身分制度を固定した。

(○) キリスト教を禁止した。 (○) 鎖国をした。

(　) 住む場所や仕事を自由に選べるようにした。

[2] 右の絵を見て、あとの問いに答えましょう。 〈知識〉(5点×6)

(1) 右の絵は江戸時代に盛んになり、現在に続く伝統芸能です。何ですか。

歌舞伎

(2) 上方(大坂)で盛んだった人形劇を何と言いますか。また、有名な劇作家はだれでしょう。

芸能 人形浄瑠璃　劇作家 近松門左衛門

(3) 江戸時代中期からは人々のようすをえがいた色あざやかな絵画が広まりました。

① その絵画は何と呼ばれていますか。 浮世絵

② 江戸から京都までをえがいた風景画で有名な画家はだれですか。その代表作は何ですか。

画家 歌川広重　作品名 東海道五十三次

[3] 江戸時代後半になると、西洋の学問を学ぼうとする人が増えてきました。 〈知識〉(5点×5)

(1) その学問を何といいますか。 蘭学

(2) その学問で医学を学び、日本で初めての解剖書を出した人の名前を二人書きましょう。また、その本の名を書きましょう。

前野良沢　杉田玄白　※順不同　書名 解体新書

(3) 日本全国を測量し、正確な日本地図を作成したのはだれですか。

伊能忠敬

学年末テスト

歴史(6)「ペリー来航から明治時代へ」

[1] 右の図を見て、あとの問いに答えましょう。〈知識〉

(1) 幕府に対して、開国をせまったのはだれですか。また、乗ってきた船は何と呼ばれましたか。（7点×2）

ペリー　船は 黒船

(2) (1)がきっかけになって、明治新政府が誕生しましたが、中心になった人の名前を○で囲みましょう。（完答7点）

〔 西郷隆盛（○）　福沢諭吉　大久保利通（○）　徳川慶喜 〕

(3) 明治政府は西欧諸国に負けない力をつけることを重視しました。それを四文字熟語で何といいますか。（7点）

富国強兵

(4) (3)の政策を表にしたものです。完成させましょう。（6点×5）

政策名	内容
殖産興業	国が工場を作り、工業を盛んにする。
地租改正	安定した財源を確保する。
徴兵令	武士ではなく国民を兵士とする。
学制	国民すべてが義務教育を受ける。
文明開化	西欧の新しい文化を取り入れる。

徴兵令　学制　地租改正　文明開化　殖産興業

月　日 [名前]　／100点

[2] 次の絵を見て、あとの問いに答えましょう。〈知識〉（7点×5）

(1) 図は西欧諸国との不平等を、当時の国民に印象づけた事件のようすです。事件の名前は何ですか。

ノルマントン 号事件

(2) 不平等とはどんな内容ですか。説明にあてはまる言葉を書きましょう。

① 輸入するものに、日本が自由に関税をかけられない。

関税自主権 がない。

② 犯罪を犯した外国人を日本の法律で裁判できない。

治外法権 を認める。
（領事裁判権）

(3) 次のことがらは、どの戦争のことですか。

① 戦争に勝ち、多額の賠償金で工業を発展させた。

日清戦争

② 多くの死者、費用を使い、戦争に反対する人もいた。

日露戦争

[3] 明治期に活やくした「吾輩は猫である」などの作品で知られる、右の写真の人物の名前を書きましょう。〈知識〉（7点）

夏目漱石

©国立国会図書館

学年末テスト

歴史(7)「戦争への道」

[1] 次の問いに答えましょう。〈知識〉

(1) 明治時代が終わると、日本に自由や人権を求める人たちが出てきました。

① 女性は男性に比べて、憲法上でも多くの差別がありました。それを解放する運動をした人はだれですか。（7点）

平塚らいてう

② 解放令後も差別されていた人々が結成した団体は何ですか。（7点）

全国水平社

③ 「全国民に選挙権を」の運動を何といいますか。その結果も書きましょう。（4点×2）

普通選挙 運動

25 才以上の男子に選挙権があたえられる

[2] [1]の運動をおしとどめることが起こりました。それについて、次の（　）にあてはまる言葉を[　]から選んで書きましょう。〈知識〉（6点×5）

この時代の初めは、ヨーロッパで始まった（①第一次世界大戦）のえいきょうで、日本の（②輸出）がのびて景気がよかったのですが、戦後は一転して（③不景気）になりました。また、（④関東大震災）が発生し、アメリカの不況のえいきょうを受けていっそうひどくなり、とくに（⑤農村）では子どもを売るということまで起こりました。

関東大震災　輸出　農村　不景気　第一次世界大戦

月　日 [名前]　／100点

[3] 次の資料を見て、あとの問題に答えましょう。

㋐満州国を建国

㋑日中戦争の広がり

㋒韓国併合

韓国皇太子と伊藤博文

㋓東南アジア進出

(1) 上の図を時代順に記号を並べましょう。〈知識〉（完答15点）

㋒ → ㋐ → ㋑ → ㋓

(2) 次の説明は㋐〜㋓のどれにあてはまりますか。〈知識〉（6点×3）

（㋓）占領地から石油などの資源をかくとくした。

（㋒）朝鮮半島を支配し、日本語教育などをした。

（㋑）1937年、中国との全面戦争が始まった。

(3) 日本は満州の何をねらって進出したか、説明しましょう。〈思考〉（15点）

（例）　広大な土地と、石炭などの豊かな資源。

学年末テスト

歴史(8)「アジア・太平洋戦争」

[1] 右の地図や年表を見て、あとの問いに答えましょう。〈知識〉(5点×10)

(1) 1941年、戦争が始まりました。何と呼ばれる戦争ですか。また、相手国を2カ国書きましょう。

[太平洋] 戦争

相手国は [アメリカ]

※順不同 [イギリス]

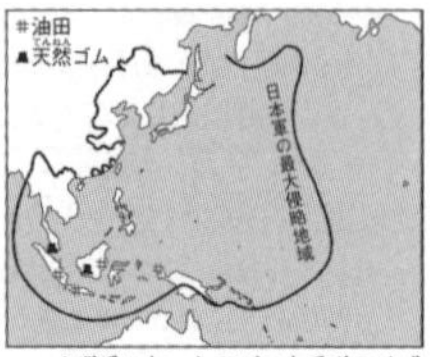

▲戦場となったアジア太平洋の地域

(2) 日本が優勢だったのはおよそどれくらいの期間ですか。

[6] ケ月

(3) 日本が占領したのは東南アジアとどこですか。

[南太平洋の島々]

(4) アメリカは日本本土にどのような攻撃をしましたか。

① [空しゅう]

(5) アメリカ軍が上陸して地上戦があったのは何県ですか。

② [沖縄] 県

1941/12/8	太平洋戦争が始まる
1942/2/15	シンガポール占領
	南太平洋の島々占領
1942/6/5～7	ミッドウエー海戦で敗戦
	アメリカ軍の反撃開始
1944秋	アメリカ軍の①が激化
1945/3	②県に上陸
1945/8/6	③を④に投下
/9	③を⑤に投下
1945/8/15	敗戦

(6) 1945年8月にアメリカは新型爆弾を使用しました。それは何ですか。また、投下された都市はどこですか。

③ [原子] 爆弾 ④ [広島] 市 ⑤ [長崎] 市

月　日 [名前]　/100点

[2] 右の図を見て、あとの問いに答えましょう。

(1) 戦争中の小学生（中・高学年）は、いなかで集団生活をしていました。それを何といいますか。〈知識〉(6点)

[集団そかい]

(2) 国はなぜ、そのような策をとったのですか。(　)の言葉を使って書きましょう。（都市、空しゅう）〈思考〉(13点)

[(例) 都市でも空しゅうがはげしくなったので、小学生を少しでも安全ないなかにひなんさせるため。]

(3) 子どもたちにとってつらかったことは何でしょうか。〈思考〉(13点)

[(例) 親もとをはなれることと、じゅうぶんに食べ物を食べられなかったこと。]

(4) 町に残った子どもたちの生活で正しいものに○をつけましょう。〈知識〉(3点×4)

(○) 学校では勉強よりも畑仕事や訓練が中心だった。
(　) 食料や衣料品はいつでも買うことができた。
(○) 中学生は工場の働き手だった。
(○) 夜、空しゅうから逃れる日々が続いた。
(○) いつもおなかをすかせていた。

(5) 戦争はいつ終わりましたか。〈知識〉(完答6点)

終戦 [1945] 年 [8] 月 [15] 日

学年末テスト

歴史(9)「新しい日本の出発と経済発展」

[1] 右の図を見て、あとの問いに答えましょう。〈知識〉(6点×9)

(1) 戦争後、日本が新しい国家を目指すための基本的な考えを示したものは何ですか。

[日本国憲法]

(2) (1)の3つの原則の説明の(　)にあてはまる言葉を書きましょう。

㋐ 国民主権…国の方針や政治を決めるのは(国民)である。

㋑ 基本的人権の尊重…(国民)は健康で幸せな生活ができる(権利)を生まれながらに持っている。

㋒ 平和主義…争いごとを(戦争)で解決することは永久にしない。また、そのための(戦力)は持たない。

(3) (1)の憲法で男女平等となりました。それを示すことがらについて(　)にあてはまる言葉を書きましょう。

女性にも(選挙権)があたえられ、(女性議員)もたん生しました。

(4) 日本は、1951年にはサンフランシスコ平和条約を結んで、1956年には国際社会に復帰しました。加盟を認められたのは何という機関ですか。

[国際連合]

▲サンフランシスコ条約に調印する吉田茂首相

月　日 [名前]　/100点

[2] 次の問いに答えましょう。

(1) 次の説明はどのことがらを指したものですか。[　　]から選んで書きましょう。〈知識〉(5点×7)

① 日本は1950年の朝鮮戦争をきっかけに急激に経済回復をしました。そのことを何といいますか。

[高度経済成長]

② 1964年に日本で開かれた世界的なスポーツ大会は何ですか。

[東京オリンピック]

③ 日本の技術によって1964年に東京・大阪間に開通した鉄道は何ですか。

（東海道）[新幹線]

④ 最新の技術を紹介する博覧会を1970年に大阪で開きました。何というイベントですか。

[日本万国博覧会]

⑤ 技術の向上は家庭生活をも豊かにしました。「3種の神器」と呼ばれた電気製品を書きましょう。※順不同

[テレビ] [冷蔵庫] [洗たく機]

テレビ　日本万国博覧会　新幹線　高度経済成長
冷蔵庫　洗たく機　東京オリンピック

(2) 今世紀に入ると、日本はさまざまな問題に直面しています。次の図の問題について説明しましょう。〈思考〉(11点)

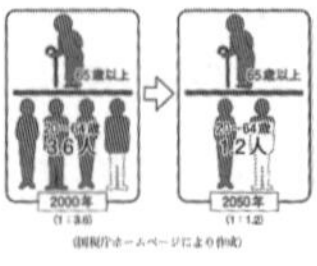

[(例) 2050年になると、65才以上の高れい者を支える20～64才の割合がへるため、その人たちの負担が大きくなる。]

日本の伝統的工芸品

✏ 絵を見て、各地の伝統的工芸品を書きましょう。

🐻 長い歴史をもつ手工業で、今後受けついでいくべきものとして国が認めたものだよ。

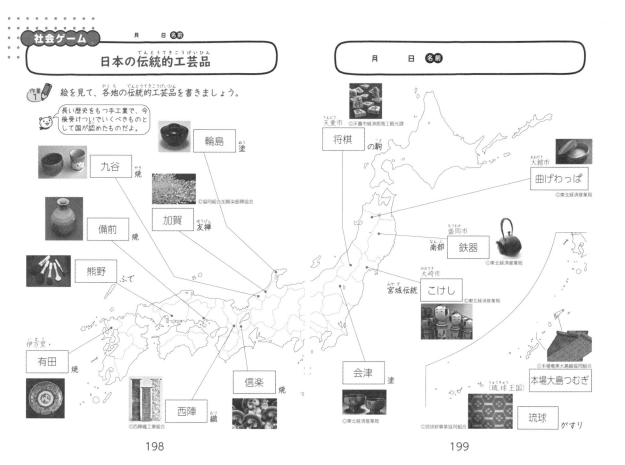

輪島 塗

九谷 焼

©協同組合加賀染振興協会

加賀 友禅

備前 焼

熊野 ふで

伊万里・有田 焼

©西陣織工業組合

西陣 織

信楽 焼

天童市
©天童市経済部商工観光課
将棋 の駒

大館市
曲げわっぱ
©東北経済産業局

盛岡市
南部 鉄器
©東北経済産業局

大崎市
宮城伝統 こけし
©東北経済産業局

会津 塗
©東北経済産業局

©本場奄美大島紬協同組合
本場大島つむぎ

琉球王国
琉球 がすり
©琉球絣事業協同組合

198

199